日本軍「慰安婦」問題の核心

林　博史

花伝社

日本軍「慰安婦」問題の核心◆目次

資料編

序章

安倍政権と「慰安婦」否定派のキャンペーン

二〇一四年は、敗戦後の日本の歴史のなかでもとりわけ異常な年だった。この年は日本の大きなターニングポイントだったと後の歴史家によって語られるかもしれない。まったくの嘘でも大きな声で繰り返せば、これほどの影響力をもつのか。テレビ、新聞、雑誌など圧倒的多数のマスメディアがそうした嘘のキャンペーンを繰り広げ、少しでも真っ当な、冷静な議論をする人々が「非国民」だとか「売国奴」といった罵詈雑言を浴びせられ罵られる事態は、七〇年の「戦後」の歴史のなかでも、一九五〇年のレッドパージのころの時期くらいしか思いつかない。一九三〇年代後半のファシズムと侵略戦争に突き進んでいった時代もこういうものだったのだろうか。

国際社会が一致して、日本軍「慰安婦」制度を、日本軍が組織的に女性に対する人権侵害をおこなったと厳しく批判しているなかで、日本国内では事実が抹殺される状況が広がっている。一九三三年にリットン報告書を四二対一、つまり日本一国だけが反対し、国際連盟を脱退した出来事を思い出させるものがある。独善的になった日本は、その後ドイツとイタリアというファシズム諸国と同盟を結び、世界を敵に回して侵略戦争をおこなった。しかし、今の「慰安婦」問題ではドイツ、イタリアも日本には付いてこないだろう。その意味では独善性は極まっていると言えるかもしれない。

もちろん二〇一四年がそうした転機の一年だったことは、「慰安婦」問題だけではなく、集団的自衛権、特定秘密保護法、原発再稼動などの出来事も忘れることはできない。

＊「慰安婦」という言葉は女性たちの置かれた実態を表していない、偽りの表現であり、括弧をつけて用いるのが妥当であるが、煩雑になることを考慮し、原則として括弧なしで使う。ただし初出において括弧をつけていた場合はそのまま括弧を使っている場合もある。

二〇一四年の動きを振り返ると、安倍政権とそれを支える否定派（日本軍「慰安婦」制度が重大な人権侵害であり犯罪であることを否定しようとする人々のことを「否定派」と呼ぶ）の動きが一気に広がった一年だった。

二〇一二年一二月に政権に復帰した安倍晋三首相は、しばらくは歴史問題について静かにしていたが、一三年秋ごろより、否定派メディアが慰安婦問題で河野談話攻撃を開始した。一四年に入ると河野談話見直しの動きが急激に進んだ。そのため、その策動を止めるべく、三月八日、一六人の呼びかけで「河野談話の維持・発展を求める学者の共同声明」を出し、三月末までに一六一七人に上る研究者の賛同署名を集めて記者会見をおこない、日本政府に提出した（その後、寄せられた方を含め一六九九人で署名活動を打ち切った）。私も呼びかけ人の一人として参加するとともにその事務局を担当した（共同声明は巻末資料編に掲載）。

国内外からの批判を受けて、安倍首相は三月一四日の参議員予算委員会で、「河野談話の見直しはしない」と述べたが、河野談話作成過程について検討するとして、「河野談話作成過程等に関する検討チーム」を設置し、その報告書が六月二〇日に出された。報告書のなかで、一六人の元慰安婦の方々からの日本政府による聞き取りは、「必要最小限の形でいわば儀式として実施」したものであり、「事実究明よりも……日本政府の真相究明に関する真摯な姿勢を示すこと、元慰安婦に寄り添い、その気持ちを深く理解する」意図でおこなわれたものであり、その聞き取り内容が河野談話に反映されたものではないとされ、「聞き取り調査終了前に既に談話の原案が作成されていた」と記されている。

「この一六人の証言だけに基づいて河野談話で強制性を認めたのだから、証言が信頼できない以上、河野談話を見直せ」、という否定派メディアの論理は、完全に否定された。

しかし他方で、この報告書は、河野談話作成時においてもすでに明らかになっていた文書の存在（たとえばスマラン事件関係文書）を無視して、「一連の調査を通じて得られた認識は、いわゆる『強制連行』は確認できないというものであった」と述べ、安倍政権に擦り寄るような記述をしていたことも見逃せない（この検討チームの報告については、吉見義明「河野談話検証は何を検証したのか」『世界』二〇一四年九月、を参照）。

ここで動きが収まるかに見えたが、二〇一四年八月五日と六日に掲載された朝日新聞の検証特集記事「慰安婦問題　どう伝えたか　読者の疑問に答えます」は、否定派によるすさまじいまでのキャンペーンの絶好の口実となった。朝日新聞はそのなかで「吉田清治氏が済州島で慰安婦を強制連行したとする証言は虚偽だと判断し、記事を取り消します」とし、また「慰安婦と挺身隊の混同がみられた」ことも認めた。この特集は一九九〇年代以来の研究成果を踏まえて朝日新聞がどのように「慰安婦問題」について報道していこうとするのかという前向きな視点がない、逃げ腰のものであった。

この点検記事に対して、読売新聞や産経新聞などの全国紙や多くの週刊誌・月刊誌などをはじめ、さらには政府自民党はじめとする政治勢力が、〈吉田証言はウソ→強制連行はなかった→慰安婦問題は朝日による捏造→国際社会にウソを広めた〉という単純な図式で、朝日新聞攻撃と、慰安婦問題そのものが捏造だという異常なまでのキャンペーンをおこないはじめた。

そもそも吉田証言が慰安婦問題の発端だったという認識そのものが間違いである。吉田氏の問題の著書『私の戦争犯罪』（三一書房）は一九八三年に出版されており、この時期は中曽根内閣のときで、元日本軍将兵らの加害証言が出始めたときだった。しかし慰安婦問題は、戦時中の日本軍による加害行為の一つとは考えられていても、特に社会問題にはならなかった。慰安婦問題が大きな国際的な社会問題となったのは、言うまでもなく一九九一年八月に韓国で金学順（キム・ハクスン）さんが、元慰安婦として初めて名乗り出たことだったことは衆目の一致するところだろう。さらに同年一二月に金さんを含む三人の元慰安婦の女性たちが韓国人の元軍人・軍属たちとともに日本政府を相手取って賠償を要求する訴訟を起した。こうした元慰安婦だった女性たちが名乗り出て証言を始めたことは、研究者を含め多くの良心的な日本人に大きな衝撃を与えた。その一人が吉見義明氏で、吉見氏は金さんの証言を聞いてから改めて防衛研究所図書館に通い関連文書を探し、それを九二年一月に発表した。ここで発表された文書によって「民間の業者」が勝手に連れて歩いただけだという日本政府の言い訳が完全に否定され、日本政府は日本軍の関与を認めざるを得なくなり日本の国家としての責任が追及されるようになる。金学順さんに勇気付けられて、韓国をはじめ各国の被害者が次々と名乗り出て、慰安婦問題が国際問題となった。

日本軍慰安婦問題の研究も実質的にこの時点から始まる。そのときに吉田清治証言の扱いが問題になったが、信頼できる証言としては扱えないというのが研究者の共通の理解となった。この問題の最初のまとまった研究成果と言える、吉見義明氏の『従軍慰安婦』（岩波新書、一九九五年）においても、また吉見義明氏と私が共同で編集した『共同研究　日本軍慰安婦』（大月書店、一九九五年）においても、共に吉田証言はまったく利用していない。河野談話の検証結果報告でも、河野談話作成にあたって吉田証言には依拠しなかったことが明確に指摘されている。したがってこの朝日新聞の検証記事を理由に河野談話見直しを要求するのはまったくの筋違いでしかないし、慰安婦研究の成果には何ら影響を及ぼすものでもない。

ここで朝日新聞が吉田証言を「虚偽」と断定したことについて、信頼できる資料（証言）としては使えないということとの関係について触れておきたい。

吉田証言については、吉田清治氏から生前に聞き取りを行い、そのテープをとっていた人たちが続けてその内容を公表している。吉見義明氏と一緒に吉田氏に会った上杉聰氏（日本の戦争責任資料センター事務局長）は、吉田氏は複数の部下たちの証言を「時と場所を変えて組み合わせ、一つの物語にした」のであり、歴史の証言としては採用できないが、その物語を構成している個々の証言をウソだと全否定することはできないと主張している（上杉聰「拉致事件としての『慰安婦』問題―『強制連行』問題から撤退した朝日新聞」『季刊戦争責任研究』第八三号、二〇一四年一二月）。

また当時、新聞『赤旗』の記者として吉田氏にインタビューした今田真人氏もそのインタビュー記録を公開し、朝日新聞による「裏付け得られず虚偽という判断」は認識論として「大きな誤りに陥っている」とし、加害証言をおこなう者への攻撃を考えれば、関係者が特定されないように脚色していることなどは理由があることであり、吉田証言を虚偽として否定することはできないと主張している（今田真人『吉田証言は生きている』共栄書房、二〇一五年）。

私は吉田清治氏に直接会ったことはなく、吉見義明氏や上杉聰氏から間接的に聞いているだけで、また諸資料から判断しているのだが、複数の証言を「時と場所を変えて組み合わせ、一つの物語にした」ということがわかった時点で、吉田証言は、事実を実証すべき著作においては、信頼できる資料としては一切使えないという判断をおこなった。したがって私が慰安婦問題について書いた論文その他には吉田清治証言は一切引用していない。しかし「虚偽」という判断もしていない。なぜなら「虚偽」であると証明するのはきわめて難しいからである。

一つの例をあげると、学徒出陣でフィリピンに送られた阿利莫二氏（当時、法政大学教授）の戦争体験記である『ルソン戦―死の谷』（岩波新書、一九八七年）がある。非常に興味深く、貴重な体験記であるが、阿利氏は「序」のなかで「また事柄の性質上、抑制、創作の挿入も時におこなわざるをえなかった」と記していた。この本が刊行されたとき、現代史の研究者たちの間でも話題になったが、この「序」にそのように書かれているために、この本全体が、歴史の証言（資料）として使えなくなって残念だという話がなされたことを覚えている。著者が「創作」した部分があると認め、かつどの箇所が創作かがわからない以上、全体の九九パーセントが事実だったとしても、すべてが信頼できる資料としては扱えなくなってしまうのだ。しかしだからと言って、この本が「虚偽」だとは言えないことも明らかだろう。

仮にある事件の関係者一〇〇人にインタビューをしたとき、九〇人がなかったと証言したとしても一〇人があったと証言すれば、それはあったと判断できるだろう。かりにそれが九八対二でも、あったと言える可能性は高い。九九対一の場合、それだけでは判断できずその他の証言や資料、状況などを総合して判断するしかないが、なかったと結論付けるのは容易いことではない。

朝日新聞が具体的にどのような裏づけ調査をおこなったのか、詳細が明確にされていないので断定できないが、紙面で書かれているような調査方法から判断する限りでは、そこから「虚偽」だと断定するのは、事実に誠実であろうとする研究者であれば、きわめて困難である。また秦郁彦氏が一九九二年におこなった済州島の調査（「従軍慰安婦たちの春秋」『正論』一九九二年六月）が、「虚偽」だと論証したものという評価をおこなう者がいるが、こうした調査の経験者であれば言うまでもないことであるが、あの程度の調査では、「今回の調査では、あったことは確認できなかった」というのが精一杯であり、「なかった」ことを証明したなどとは言えるものではない。

なお上杉氏は吉田氏の証言テープを、一度は朝日新聞に提供しようとしたが最終的には提供を拒否した。なぜなら、テープを基に朝日の記者が書いた解説では「吉田氏が自らの証言の核心を否定する趣旨の発言」をおこなったとされていたからである。上杉氏の論文で紹介されている吉田氏の証言を読んでいただくとわかるが、関係者が特定されないような脚色をしたことは述べていても、とてもその解説のようには解釈できない。朝日の記者たちは最初から「虚偽」という結論にすべてを流し込もうとしていたとしか考えられない。上杉氏や吉見氏らがテープの提供を拒否したのは当然であろう。

私の判断は、吉田氏の証言は事実を実証するための歴史の資料としては信用できないので使えない。個々の内容については事実に基づくものが含まれていたとしても、それが確認できない以上は、そう判断せざるをえない。また同時に、「虚偽」であるという疑い（可能性）は残ると思われるが、今後さらに研究が進み、朝鮮半島での状況がさらに解明されていくなかで最終的な判断がなされることになるだろう。

一言だけ追加すれば、吉田証言が否定されたのだから、強制連行はなかった、慰安婦問題はすべてが虚構だという主張こそが、「虚偽」だと断定されるべきものだろう。

研究は、多くの元慰安婦の女性たちの証言、さらには元日本軍将兵の証言や戦記・回想録、日本軍や政府の数多くの公文書などに基づいておこなわれ、慰安婦制度の全体構造とその中での女性たちの被害実態が解明されてきた。それらの成果はさまざまな出版物、講演会を通し市民に広げられ、元慰安婦の方たちが日本政府を相手取った訴訟においても活用されてきた。

否定派のキャンペーン（一見中立を装った論者もこのデタラメなキャンペーンに加わっている）は、この二〇年来の研究成果をまったく無視したものでしかない。また河野談話発表以降も五〇〇点以上の慰安婦関連の公文書が発見されている。本来、日本政府がきちんと収集しそれらを踏まえた対応がなされるべきである。

さらに否定派による攻撃の一つが、朝日による捏造が「慰安婦」を国際問題化したかのような主張である。国連人権委員会から「女性への暴力に関する特別報告者」に任命されたクマラスワミ氏が一九九六年に提出した日本軍慰安婦問題に関する報告書、いわゆる「クマラスワミ報告書」のなかで、吉田清治証言を引用していることを理由に、朝日が報道した「間違った」情報に基づいて国際的に日本批判がなされているかのような言い方がされている。

日本の戦争責任資料センターは、クマラスワミ報告書を邦訳し簡易製本版として自費出版しているが、その冒頭に解説をつけ、報告書のなかに事実誤認がいくつもあることを指摘し、その原因の一つがジョージ・ヒックスの *Comfort Women* という本に依拠していることだとして、ヒックスが引用した吉田清治証言を利用していることも批判している。ヒックスの著作は間違いが多く、日本の研究者は誰も引用しないものだが、それに依拠している点にこの報告書の最大の問題点がある。

しかし報告書を読めばわかることだが、吉田清治証言はほんの二、三行付け足し程度に紹介しているだけで、同時に吉田証言が信用できないという議論も紹介している。吉田証言を削除しても文章の流れには影響ない程度の記述に留まっている。

この報告書の特徴は一つの章を被害女性たちの生の証言の要約にあてていることである。クマラスワミ氏は「調査団の活動中、特別報告者がとくに心掛けたのは、元『慰安婦』の要求を明確にすることと、現在の日本政府が本件の解決のためどんな救済策を提案しつつあるのかを理解することであった」と述べ、さらに「この報告の意図が、暴力の被害を受けた女性たちの声に人々が耳を傾けるようにすることである」とも述べている。つまりこの報告書は被害女性の声を重視して作成されたもので、そのうえに立って勧告がなされたのである。

否定派は、朝日による捏造が慰安婦問題が国際問題化した原因であるかのように主張しているが、朝日新聞の第三者委員会の委員であった林香里氏が海外のメディアを分析して明らかにしているように、そのような事実は確認できなかったことも指摘しておきたい（林香里氏の報告書「データから見る『慰安婦』問題の国際報

道状況」http://www.asahi.com/shimbun/3rd/20141222O4.pdf)。

ところで朝日新聞八月五日付の検証記事においては、杉浦信之編集担当の名前で、「慰安婦問題の本質 直視を」と題された総括的な論説が一面に掲載され、そのなかで「戦時中、日本軍兵士らの性の相手を強いられた女性がいた事実を消すことはできません。慰安婦として自由を奪われ、女性としての尊厳を踏みにじられたことが問題の本質なのです」と明確に指摘したうえで、「女性の人権問題」として理解しようとしていた。また「被害者を『売春婦』などとおとしめることで自国の名誉を守ろうとする一部の論調が、日韓両国のナショナリズムを刺激し、問題をこじらせる原因を作っている」と、否定派の議論こそが国際関係の悪化を招いていることも指摘しており、問題の多い検証記事ではあるが、その中で前向きに取り組もうとする姿勢も見られた。しかし否定派のキャンペーンのなかで朝日新聞はますます後ろ向きの姿勢を強めてしまった。

一〇月に朝日新聞は「朝日新聞の慰安婦報道について検証する第三者委員会」を立ち上げたが、慰安婦問題について業績を上げてきた研究者も、国際人権機関に関わってきた人たちも排除された。しかも、女性の人権を扱うべき委員会に女性が七人中一人しか入らず、女性の尊厳を踏みにじった女性の人権問題として慰安婦問題を報道していこうとする方向性を否定するような委員が多数を占めていた。そうした委員会の構成に朝日新聞の姿勢が示されている。

この第三者委員会の報告は一二月二二日に発表され、それを受けた朝日新聞の対応が二七日付紙面に掲載された。唯一の女性委員であった林香里委員が報告書のなかで個人の意見として、「女性の人権」という「論点が委員会で取り上げられなかった」と批判しているが、そもそもそうした視点がない委員ばかりを選んだ朝日新聞に、そうした視点が欠落しているからだと言う外はない。

第三者委員会の報告書への批判は、私も参加した八人の研究者・弁護士による朝日新聞社に対する申入書に基本的な点が書かれているので、それに譲ることとする（巻末資料編参照）。

第三者委員会報告にもまして問題なのは朝日新聞の姿勢である。一二月二七日付の渡辺雅隆社長の言葉や、第三者委員会報告書を受けての「改革の取り組み　進めます」という朝日新聞としての今後の取り組みの方向を示す特集においては、「女性としての尊厳を踏みにじられた」という視点も、女性の人権という視点も完全に欠落してしまっている。ただ「慰安婦となった女性の多様な実態と謙虚に向き合い」というだけで、問題を明らかにずらしたものとなっている。

慰安婦にされた女性たちの「境遇は一様ではありません」というのは言うまでもないことだが、問題は、日本国家が組織的に女性の人権を蹂躙するような制度を作り実施したことにある。たとえば、国際的な人身取引による売春の強制が今日世界的に問題になっているが、そこでの女性たちの境遇は一様でないだろう。なかにはごく一部であるが成功して帰国できる例もあるかもしれない。しかしだからといって人身取引と強制売春が許されるわけではない。女性に売春を強制していた暴力団あるいは犯罪組織が、「女のなかには自分の意思で来た者もいる」とか、「多額の金を稼いで貯金した女もいる」という言い訳をしたとしても、とうてい正当化できるものではない。

別の例を考えれば、黒人奴隷制において、奴隷主によってはある程度優遇された例があったかもしれない。しかしいくら優遇された事例を集めたとしても、奴隷制そのものが人権を蹂躙する制度であることを否定する理由にはならない。黒人奴隷たちが歌ったり踊ったりしていたから奴隷制も一概に悪かったとは言えない、などという議論は成り立ち得ない。ましてそうした仕組みを国家機関が作り実施しているならば、待遇がいい女性もいるといって正当化することはとうてい許されるものではない。国家がそのような仕組みを作り運営していた以上、そのなかで一部でも人権を蹂躙し、あるいは国内外の法に違反する事例があったならば、国家として謝罪と償いを行うのは当然のことだろう。人権の視点を欠落させて、「多様な実態」のみに目を向けようとするのは、問題の重要な点から目を背けようとするものでしかない。

林香里委員が指摘している次の点はきわめて重要である。

「検証した欧米各紙には、慰安婦問題を東アジアのローカルな話題として限定せずに、より広いテーマとして捉えるものが目に付いた。すべての報道がそうではないが、欧米の報道には、元慰安婦たちの個人的経験を、人道主義的、普遍的観点から捉え直そうとする試みが見出される。つまり、そこには、慰安婦をはじめ、戦時の性暴力被害に遭った女性たちの経験を、近代の国家権力の暴走の構造的な副産物であると捉え返す視点が存在した。

こうした記事には、帝国主義や軍事・独裁政権は、女性、被植民者、被支配者たちの権利を周縁化しながら、差別構造を内在させて国家の発展を導いたとする、近代への批判的世界観が存在する。差別の構造は日本だけにあったのではなく、欧州、米国、アジアなど広く近代国家の問題だった。そして、今日現在も、性的搾取が目的の女性や子どもの人身取引の問題が日本だけでなく世界各地に存在する。欧米の各紙には、こうしたまなざしから慰安婦問題を取り上げようとするものがあった。

これに対して、否定派の議論は上記のような欧米で慰安婦問題が議論されている文脈からすると、ほとんど理解されない。しかも、海外の有識者ヒアリングで多くの有識者が語っていたとおり、日本側のこだわりには、何か別の目的があるのではないかとさえ勘繰られてしまう。そうした疑念が、欧米の慰安婦報

道量の底上げをしていた。」（報告書八一―八二頁）

残念ながら朝日新聞にはこうした視点がまったく見られない。これは朝日新聞だけの問題ではなく、ほとんどすべてのメディアに共通する点であり、また圧倒的多数の政治家や日本社会全体の問題でもある。

なお慰安婦報道に関わった元朝日新聞記者らに対する脅迫（その家族や勤務する大学への脅迫も含めて）はきわめて悪質である。しかしそれに対する政府やメディアの反応は鈍い。慰安婦問題で事実に基づいて発言する者はなんらかの形で脅迫・いやがらせを受けているのが今日の日本社会である。否定派が占める安倍政権の下でそうした事態が深刻化しており、ヘイトスピーチ（正確には言論の外見をとった憎悪犯罪）への規制の必要とあわせて、日本の自由民主主義を破壊しつつあることにもっと注意を払う必要があるだろう。

日本社会の未来のために解決すべき課題

こうした中で日本軍慰安婦問題について解決すること、すなわち、日本国家が女性の人権を侵害した重大な人権侵害であり、その事実を認め、被害者に謝罪し、その償いを実行することは、被害女性の人権回復、救済のために必要であることは言うまでもない。

九〇年代に多くの市民がこの問題に取り組み始めたきっかけは、被害者が生きているうちにその名誉と人権回復を実現したいという思いからだったと言ってよいだろう。つまり、吉田清治証言が人々を動かしたのではなく、元慰安婦の女性たちが名乗り出たことが人々に衝撃を与え、戦後補償運動に駆り立てていったのである。その思いは、元慰安婦の女性たちが次々に亡くなり、高齢化している今日、ますます強くなっている。

米国がアメリカ・インディアンに対して、一〇〇年以上がたってから土地の強奪や虐殺など非人道的行為を謝罪し賠償をおこなったことは、それ自体としては大きな意味があることだが、やはり直接の被害者が生きている間に実現すべきだったろう。

慰安婦問題の解決は、被害者個々人の救済と人権回復のみならず、さらにそれにとどまらない意義を有している。

第一に、日韓関係をはじめとして、日本の植民地支配・占領によって被害をうけた国々・地域の人々との関係の改善、信頼関係の回復という点である。慰安婦問題は日本軍によるさまざまな残虐行為を含む日本の侵略戦争と植民地支配にともなう加害の象徴的な位置にある。この問題で真摯な対応をおこなうことは、韓国や中国、東南アジア諸国、さらには米国や英国、オランダ、オーストラリアなども含めて、全般的な信頼醸成に大いに貢献するだろう。

第二にそのことは、日本社会における人権、特に女性の人権の尊重という日本社会の規範を築いていく大きな一歩となるだろう。慰安婦問題は、戦時性暴力であると同時に、人身売買や強制売春などさまざまな女性への人権侵害が複合したものであり、日本社会の意識を変えることにつながるだろう。

第三に、自らの過ちを認めることは誠実で勇気ある者だけができることである。過去を克服することを通じての日本社会のモラルの回復、日本の市民が未来を築いていく自信と展望を獲得することにつながるだろう。過去の「栄光」にしがみついて、それの弁護・正当化に汲々とするような社会に未来はない。「過去の克服」こそが未来を切り拓くことができる。

第四に、そうしたことを通じて、人権を重視し前向きにその努力をおこなう平和国家日本の国際社会における評価と地位を得ることにつながるだろう。

第三の点について少し述べると、近年の日本では、他者を攻撃中傷するだけの言論が横行している。韓国・朝鮮人や中国人への差別意識が掘り起こされて増幅されている。強者・権力者を擁護し（自己を強者と一体化させながら）、その立場から被害者・弱者を攻撃・中傷する点に共通性がある。そこでの攻撃罵倒の対象は韓国中国だけでなく、差別抑圧迫害されている人々に向けられる。元慰安婦の女性たちだけでなく、在日韓国朝鮮人、基地撤去を求める沖縄の人々、原発事故の被害者、生活保護を受けている人たちもそうである。

今日、日本は経済停滞が続き、人口が減少し、将来がよくなる展望が失われ、かつ人々の生活を保障していた集団（会社、地域社会・家族）が解体され、一人ひとりがバラバラにされて人権を無視した競争社会に投げ込まれている。見下していた中国、韓国が台頭し、経済的に追い抜かれたことも差別意識を刺激している。こうした中で、事実かどうかは問題ではなく、自分が安心できるものを「事実」だと信じたい、自分が責められるようなことは否認したいという傾向が強まっている。差別迫害されている者や弱い者を攻撃し叩くことによって、自己の優位さ、強さを示し、「不安」を解消し「自信」を持ちたい衝動と言えるかもしれない。よりよい未来を築く展望も自信もないから、過去の歴史のなかになにか誇れるものを見つけようとするしかない。かれらの攻撃対象は弱者あるいは反撃されても自分が不利益を被らないような者ばかりである。強者の横暴は容認される。安倍政権の下でそれを批判するものに対する政治的な圧力、圧迫が強まり、経済界では人権など無視することが堂々となされている中で、人権意識を身につけよという方が無理なのかもしれない。

こうした動向は、卑屈な後ろ向きの姿勢であり、未来を展望するものは何も生まれない。過去の幻影の中に「誇り」を見出そうとするだけの、後ろ向きの幻想に過ぎない。

現在の日本社会において人権が充分守られていると考えている者はいないだろう。しかしそれが当たり前と言ってしまっていいのだろうか。人権を掲げるということは、現実はそうなっていないが、人権が保障され人々が人間らしく生きていける社会を作っていこうという決意と呼びかけである。それは自由民主主義社会の規範であるべきだろう。

規範とは、よりよい社会に向かって目標を設定し努力するという営みであり、それが揶揄中傷されているのが日本社会の現状である。よりよい未来にむけてがんばろうという呼びかけこそがいまの日本社会には必要であると思う。「過去の克服」は、よりよい未来を作っていこうという人々の自信と力と希望を作り出す営みでもある。これこそが「未来志向」である。本書はそうした未来を作ろうとする、一人の研究者の営みを集成したものである。

本書は、これまでに発表した論文、インタビュー、講演録を合わせて編集したものである。重複する箇所は一部省略したり、必要な追加修正をおこなった。また今日の状況に合わせて新たに書き下ろしたものをそれぞれの部の最後に補論として収録した。また関連する資料を巻末に掲載したのでご参照いただければ幸いである。

初出一覧

序章　（書き下ろし）

第Ⅰ部　問題の所在をめぐって
第１章　「日本軍慰安婦問題の現在」『歴史地理教育』2012年12月号、歴史教育者協議会
第２章　「いつまで史実を否定し被害者をふみにじるのか（上）『慰安婦』問題は当時から政府・軍による犯罪にほかならなかった」『前衛』2007年8月号
第３章　「安倍首相･橋下市長の日本軍『慰安婦』発言はどこがまちがっているのか」『前衛』2013年9月号

第Ⅱ部　資料に基づく日本軍「慰安婦」研究
第１章　「次々発見が続く河野談話を裏づける新資料」『前衛』2014年6月号
第２章　「東南アジアの日本軍慰安所――マレー半島を中心に」西野瑠美子・林博史編『「慰安婦」・戦時性暴力の実態Ⅱ―中国・東南アジア・太平洋編』緑風出版、2000年12月
第３章　「日本軍『慰安婦』研究の成果と課題」『女性・戦争・人権』第11号、行路社、2011年10月

第Ⅲ部　歴史資料隠蔽と歴史の偽造
第１章　「公文書･天皇関係書類の廃棄と『慰安婦』隠し――日本軍電報の暗号解読資料」『季刊戦争責任研究』第63号、日本の戦争責任資料センター、2009年3月
第２章　「『慰安婦』など性的強制事件と軍による隠蔽工作」『季刊戦争責任研究』第82号、日本の戦争責任資料センター、2014年6月
第３章　「ジャワ島における日本軍『慰安婦』等強制事件――ジョンベル憲兵隊ケース」『季刊戦争責任研究』第83号、日本の戦争責任資料センター、2014年12月

第Ⅳ部　米軍の性売買政策・性暴力
第１章　「アメリカ軍の性対策の歴史――1950年代まで」『女性・戦争・人権』第7号、行路社、2005年3月
第２章　「東アジアの米軍基地と性売買・性犯罪」『アメリカ史研究』第29号、日本アメリカ史学会事務局、2006年8月
第３章　「日本軍『慰安婦』と米軍の性犯罪」『平和運動』第517号、日本平和委員会、2014年3月

＊各補論は書き下ろし

第Ⅰ部　問題の所在をめぐって

第一章　日本軍慰安婦問題の現在

『歴史地理教育』二〇一二年一二月号

二〇一一年一二月十四日、ソウルの日本大使館前での水曜デモが一〇〇〇回を迎え、大使館前に「平和の碑」が建立された。日本政府が元日本軍慰安婦の女性たちの訴えを無視し続けてきた結果だった。

その直後の日韓首脳会談で李明博大統領は慰安婦問題の早期解決を野田首相に強く求めた。しかし野田首相は、「解決済み」だと誠意ある対応を拒否しただけでなく「平和の碑」の撤去まで求めた。韓国政府がこうした早期解決の要求をするに至った、この二〇年あまりを振り返って、今日の課題を考えたい。

1　慰安婦問題の発端と研究成果

一九九〇年六月、参議院予算委員会において、日本政府は、従軍「慰安婦」は「民間の業者がそうした方々を軍とともに連れて歩いている」という答弁をおこない、日本軍・政府の関与を否定した。こうした日本政府の対応に怒った金学順さんが九一年八月に自分は「慰安婦」であったと名乗り出て、日本政府を厳しく告発した。彼女の勇気ある行動は息をひそめて生きていたアジア各地の被害者たちに勇気を与え、次々に名乗り出る

平和の碑

こととなった。

　同時に研究者にも大きな衝撃を与え、吉見義明氏は一九九二年一月に軍関与を示す資料を発表した。その結果、日本政府は軍関与を認めざるを得なくなり、直後に訪韓した宮沢喜一首相は盧泰愚大統領に「お詫び」を表明した。

　その後、日本政府は関連資料の調査をおこない、同年七月に第一次発表、翌九三年八月に、河野洋平内閣官房長官が第二次調査結果の発表と共に軍関与と強制を認め、「お詫びと反省の気持ち」を表明する談話を発表した。日本政府は、アジア女性国民基金などいくらかの措置はおこなったが、解決済みとして法的責任を認めることはあくまでも拒否し、今日にいたるまで問題は解決していない。

　一九九二年以来、日本軍慰安婦研究は急速に進んだ。研究者や市民による日本国内外における徹底した資料調査はもちろんであるが、元慰安婦女性たちや関係者からの詳細な聞き取り調査、現地調査などが総合されて日本軍慰安婦制度の実態が解明され、被害の実相が戦後の苦しみも含めて浮き彫りにされていった。また国際法や国内法に照らしての法的責任や、女性の人権の観点からの個人補償のあり方の提言などもおこなわれた。さらに日本軍慰安婦制度だけでなく、他国の軍隊による戦時性暴力の研究、あるいは平時における公娼制や性売買、性犯罪、人身売買との関係など、広がりの中でこの問題を捉えようとする研究も進められている。

実証的な研究の主な成果をまとめておきたい(1)。

第一に日本軍慰安婦制度の計画、設立、運営に日本軍と政府が組織的に関わっていたことである。関与していた日本政府関係機関としては、陸軍海軍だけでなく、県知事や警察幹部を含む内務省、外務省、朝鮮総督府や台湾総督府も含まれる。

第二に日本軍はいわゆる慰安所を占領したほとんどの地域で設置したことである。また連合軍を迎え撃つために大量の兵力を配備した日本本土や沖縄などにも設置された。そこには、日本、植民地だった朝鮮と台湾からだけでなく、占領地域の地元女性たちも慰安婦に徴集され被害を受けた。

第三に日本軍慰安婦制度は軍によって組織され管理された、明確な性奴隷制であり、性差別、民族差別、階級階層差別などの差別が複合した、女性の人権に対する重大な侵害であった。同時に日本の植民地主義が生み出した制度であった。

第四に慰安婦制度導入の理由の一つが、兵士による地元女性への強かんを防止することだったが、強かんはなくならず、むしろ慰安所と強かんは並存し、慰安所の存在がかえって兵士の強かんを増長させることもあった。慰安婦制度は、制度化された慰安所から、拉致監禁下の輪かん、個別の強かんなど多様な戦時性暴力のなかの一つのタイプであることが明らかにされた。

第五に日本軍慰安婦制度は、婦女売買禁止条約や奴隷制を禁止した奴隷条約、強制労働禁止条約など当時のいくつもの国際法に違反する行為であり、さらに戦時国際法にいう通例の戦争犯罪であるとともに人道に対する罪にあたるものである。また当時の日本刑法二二六条の国外移送罪（国外移送目的の略取、誘拐、人身売買罪を含む）にもあたる。つまり多くの国際法だけでなく国内法に照らしても違反であり犯罪であった。

第六に慰安婦にされた女性たちの苦しみは戦争中だけでは終わらなかった。連行されて現地に放置された慰安婦もいたし、故郷に帰ることができなかった女性も少なくなかった。病気やけが、精神的なトラウマ、ＰＴＳＤに悩まされ、さらには社会的な差別も受けた。

こうした研究成果はアカデミズムの研究によって得られたものというよりは、被害者を支援する多くの市民の努力と、傍観者的なアカデミズムに批判的な、一握りの研究者との共同作業のなかで得られたものと言える。元慰安婦の女性たちの証言は、彼女たちを支え、日本政府による謝罪と賠償を勝ち取るための訴訟支援などの運動を担ってきた人々（多くが女性である）が、被害者に寄り添いながら聞き取っていったものであり、運動と研究は不可分であった。[2]

2　なぜ沈黙させられてきたのか

なぜ彼女たちは戦後数十年も沈黙を余儀なくされてきたのだろうか。[3]アメリカが、天皇や七三一部隊などを免責し、さらに将来の米軍の軍事行動を制約しないようにするために、毒ガス戦、無差別空襲などの戦争犯罪行為を意図的に免責したことはよく知られている。

さらに冷戦の下で、日本を同盟国として確保利用することが優先され、サンフランシスコ平和条約では日本の戦争責任や軍備制限などの規定を入れず、賠償も大幅に軽減された。日本の侵略戦争によって最も深刻な被害を受けた中国はサンフランシスコ会議に招待されず、植民地だった韓国・北朝鮮も共に排除された。その後、日本はフィリピンなど東南アジア四カ国と賠償協定を結ぶが、国家間での役務の提供（事実上の経済援助）に限定され、被害者はまったく無視された。

日本はアメリカの圧力をうけて中国政府を認めず、台湾の中華民国政府と国交を結ぶが、国共内戦に敗北して大陸から追い出された国民党政権は、自らの生き残りのために賠償請求権を放棄して日本政府の支援を求めた。当然のことながら被害者の声は無視された。

中国と日本は一九七二年にようやく国交を回復するが、中国共産党は一九五〇年代以来、日本との関係改善を求めて、日本に対しては寛大な政策を追求しており（文化革命期を除いて）、被害を受けた民衆の怒りを抑えようとしてきた。日中国交回復にあたってもソ連に対抗するために日米からの協力を必要とした中国は被害者の声を抑えた。一党支配の下で、被害者は声を上げられないという状況がずっと続いてきたのである。

フィリピンのマルコス政権、インドネシアのスハルト政権など、東南アジアでは日米の支援を受けた反共独裁政権が維持されたが、その間、日本軍による被害者は声を挙げることができなかった。

韓国とは一九六五年に日韓協定が締結され国交が回復した。国交正常化交渉のなかでも慰安婦問題はまったく取り上げられなかった。韓国でも元慰安婦の声は抑えられた。他方、北朝鮮とは国交はなく、北朝鮮の被害者はまったく無視され続けている。

このように日本は独裁政権を支援することにより、被害者の声を抑えてきたのである。賠償交渉にあたって、日本もそれらの政権も国家賠償という観点しかなく、被害者の人権という視点はまったく欠けていた。冷戦構造の下で、「反共」という理由がそうした独裁と人権蹂躙を正当化する口実にされた。そうした独裁政権を頂点で支えていたのはアメリカであるが、日本は側面から経済面でそれを支えていた。こうしたなかで東アジアの民衆、特に被害者たちは分断され、抑えられる状況が続いていたのである。

さらに日本軍慰安婦の女性たちが名乗り出られなかった理由としては、それぞれの社会の、性犯罪被害者を差別する体質がある。つまり性犯罪の被害女性は、被害者であるにもかかわらず、周りから穢れた女性とみなされ、かえって差別・迫害されるという事態である。これは韓国や日本、中国など東アジアではその傾向が強い。そのため被害者は自らの体験を誰にも、しばしば家族にも話すことができず、結婚を断念することも多かった。そのことは彼女たちの精神的苦痛を一層強め、苦しめることになった。彼女たちの被害は、慰安婦だった時期の被害だけにとどまらず、戦後も何十年にもわたって続くことになる。こうした状況を打ち破ろうとする女性たちの運動がそれぞれの社会での元慰安婦の名乗り出を可能にしていった。

なお日本政府が、自らの責任・関与を否定したこと、その後も日本政府がこの問題は解決済みだとしてなんらの謝罪行為を拒否し、あるいは心無い右翼・政治家が日本の責任を否定し、彼女たちを売春婦呼ばわりしているることが、セカンドレイプ、サードレイプとして彼女たちを苦しめ続けている。

3　内外の運動の展開と到達点

一九九〇年代以来の慰安婦問題の解決をめざす運動を考えてみたい。その運動の中心は女性たちだった。日本政府に謝罪と賠償を求める裁判は、一九九一年一二月に金学順さんら「慰安婦」被害者が原告に加わった「アジア太平洋戦争韓国人犠牲者補償請求訴訟」を皮切りに、韓国、在日韓国人、フィリピン、オランダ、中国、台湾の元慰安婦を原告とする訴訟がおこされた。

最終的にはすべて原告敗訴となったが、多くの判決が日本軍慰安婦の被害の事実を認め、さらに立法による解決を訴えた判決も出されたことは大きな成果だった。[4] またこれらの訴訟を支えるために、日本の市民たちが各国の市民グループとの提携協力を進め、国際的な市民運動として展開していったことも重要である。

国連の人権委員会では（二〇〇六年より人権理事会）一九九二年以来、くりかえしこの問題が取り上げられた。その背景には、一九九〇年代の旧ユーゴスラビアにおける戦時性暴力の深刻な被害があった。つまり日本軍慰安婦制度を大戦後、連合国が戦争犯罪としてきちんと裁かなかったこと、すなわち戦時性暴力の不処罰が、現在にいたるまでの戦時性暴力の横行を招いてしまったという反省である。この問題は国際社会が取り組むべき課題として認識され、また日本政府がきちんと責任を取る措置をおこなうことが世界の模範になりうるという期待もあった。

人権委員会が設置した「女性に対する暴力、その原因と結果に関する特別報告者」ラディカ・クマラスワミさんの報告や、人権小委員会による「武力紛争下における組織的強かん、性奴隷制、及び奴隷制類似慣行に関する特別報告者」ゲイ・J・マクドゥーガルさんの報告など、日本政府に被害者救済のための対策をとるように勧告がなされた。

最近では、国連の自由権規約委員会が二〇〇八年一〇月に日本政府の報告書に対して、「当該締約国は『慰安婦』制度について法的責任を受け入れ、大半の被害者に受け入れられ尊厳を回復するような方法で無条件に謝罪し、存命の加害者を訴追し、すべての生存者に権利の問題として十分な補償をするための迅速かつ効果的な立法、行政上の措置をとり、この問題について生徒および一般公衆を教育し、被害者の名誉を傷つけあるいはこの事件を否定するいかなる企てにも反駁し制裁すべきである」という最終所見を発表している。[5]

国際的な、特にアジアの市民の共同の取り組みとして　二〇〇〇年一二月に東京で開催された「日本軍性奴隷制を裁く女性国際戦犯法廷」を取り上げなければならないがスペースの関係で省略する。[6]

こうした国際的な取り組みにもかかわらず、九〇年代半ばより、事実を隠蔽あるいは捻じ曲げて、日本の戦争を正当化しようとする動きが強まり、問題解決への大きな障害となっている。その詳細は後で触れるがここで一点だけ述べておく。

慰安婦問題の解決への取り組みのなかで、自国の過ちや問題についても冷静に議論しようとする人々が生まれている。特に韓国がそうである。元慰安婦の声を抑圧してきたのが、対日協力者の独裁政権であったことから、慰安婦問題に取り組む人々は韓国の独裁政権・保守政権や韓国社会そのものを批判的に克服しようとしている。

しかし、日本の右派の声が強くなると、韓国の右派が元気づけられて、自国への反省を求める人々を攻撃する。つまり自国への反省を拒否する人々は一見対立しているように見えるが、実のところ互いにエールを送り励ましあっている。自己中心の国家主義者たちの〝国際連帯〟である。相手方の国家主義者の存在は、自らの国家の過ちを反省しないための絶好の口実にされる。他方、自国の過ちを自省しようとする人たちは、国家の枠を超えて、民衆を犠牲にする国家と国家権力を批判的にとらえ、民衆の共同と連帯を追求しつつある。日本対韓国という国家単位の対抗図式ではなく、帝国主義と人権抑圧の国家権力を正当化する人々と、市民の人権の視点からそれを批判的にとらえようとする人々の対抗関係が生まれてきている。

いま何をすべきか

冒頭に紹介した韓国政府の対応は、二〇一一年八月に出された、元慰安婦たちが韓国政府を訴えた案件での韓国憲法裁判所の判決がきっかけとなっている。慰安婦問題の解決のために、韓国政府が日韓条約で定められた手続きをとってこなかった「不作為」が違憲であると認定されたのである。

これまでに日本軍慰安婦が重大な戦争犯罪、人道に対する罪、さまざまな国際法や国内刑法にも違反する犯罪であることは十分に立証されてきている。日本の裁判所は訴えを却下したが、立法による解決を促す意見を述べた判決も出ている。要するに、日本が立法による解決（被害者への公式謝罪、個人賠償、再発防止措置など）をおこなうことが求められているし、日本にやる意思があれば実行できることである。具体的な措置は、二〇〇七年に多くのNGOが共同で発表した「日本軍『慰安婦』問題における謝罪には何が必要か」[7]をはじめすでにいくつかの提言がなされているが、さらに日韓両政府が取るべき具体的な措置をこの九月に日本の戦争責任資料センターが両政府に提言をおこなった。法的な障害はなにもない。必要なことは実行するという日本政府の意思だけであり、それを実行させる市民の力である。

（1）林博史「日本軍「慰安婦」研究の成果と課題」（『女性・戦争・人権』第一一号、二〇一一年）でくわしく紹介している。吉見義明『日本軍「慰安婦」制度とは何か』（岩波書店、二〇一〇年）も参照。
（2）その代表的な仕事として、アクティブ・ミュージアム「女たちの戦争と平和資料館」編『証言　未来への記憶　アジア「慰安婦」証言集』ⅠⅡ　南・北・在日コリア編　上下』（明石書店、二〇〇六、二〇一〇年）。
（3）林博史『戦後平和主義を問い直す』（かもがわ出版、二〇〇八年）第三章、参照。
（4）押川宏子・大森典子『司法が認定した日本軍「慰安婦」　被害・加害事実は消せない』（かもがわ出版、二〇一一年）参照。
（5）国際機関の動向は、渡辺美奈「日本軍『慰安婦』問題をめぐる国連機関の動き」（『季刊戦争責任研究』第四七号、二〇〇五年三月）、渡辺美奈「『慰安婦』問題をめぐる世界の動き」（『季刊戦争責任研究』第六二号、二〇〇八年一二月）参照。
（6）VAWW-NET Japan編『日本軍性奴隷制を裁く二〇〇〇年女性国際戦犯法廷の記録』全六巻（緑風出版、二〇〇〇年―二〇〇二年）参照。
（7）日本の戦争責任資料センターのウェブサイト参照 http://space.geocities.jp/japanwarres/center/hodo/hodo39.htm。二〇一二年九月の提言も同サイト参照。

第二章　「慰安婦」問題は当時から政府・軍による犯罪にほかならなかった

——いつまで史実を否定し被害者をふみにじるのか

『前衛』二〇〇七年八月号

1　「慰安婦」問題で何があきらかにされてきたのか

四〇〇点を超える公文書が存在

日本における「慰安婦」問題の研究は、九一年に、韓国の金学順さんが名乗り出て後、ようやく研究者の手で、日本軍や政府、警察の資料についての調査がはじまりました。それまで「慰安婦」については、被害者が名乗り出ることができず、実態が十分にわからなかったということもあるのですが、たしかにひどいことがなされたとは思われてきましたが、それが戦争犯罪であり、人道に対する罪であるという認識はほとんどありませんでした。実際の衝撃的な被害体験を聞くことができるようになり、意識をもった市民や研究者がとりくみはじめ、国際問題化していくなかで、日本政府も調査をせざるをえなくなりました。

一九九〇年代末までに、少なくとも四〇〇点を超える膨大な数の日本軍ないし日本政府の公文書の存在が分かっています（二〇一四年六月までに一千点近くが確認されている）。そのかなりの部分は、女性のためのアジア国民基金が刊行した『政府調査「従軍慰安婦」関係資料集成』に掲載され現在では、国民基金のホームページで誰でも見られるようになっています（http://www.awf.or.jp/program/index.html）。

これらの資料によって、慰安所設置の計画から、女性の徴集、建物などの手配などすべてを日本軍が組織していたことが明らかにされました。多くのところで民間の売春業者、人身売買の業者を使っているのですが、その場合でも、どこにどれぐらいの女性を集めてほしいというように、全部軍が手配していることを示しているのです。それを見れば、業者が勝手にやったことだとか、仮に強制があったとしても業者がやったことで軍は関与していないなどとても言えません。

日中戦争が始まってから、中国への「不良分子」の渡航を規制するために、外務省が出す旅券か、警察などが発行する身分証明書が必要とされていました。戦地に行く移動手段も、軍の輸送船を使い、現地の交通機関も軍が手配をしていました。業者がかかわっている場合でも、業者が勝手にやれることではなく、計画から手配、輸送、そして慰安所の管理・運営までも軍が管轄していたことが日本軍などの資料によって全面的に明らかになっているのです。

あまり注目されていないのが警察の関与です。一九九六年に当時参議院議員だった吉川春子さんが政府に提出させた警察資料があるのですが、そのなかには、慰安婦を集めて送り出すときに経営者が自発的にやっているかのように取り運ぶようにとの指示を警察が出しているものまであるのです。これも、警察と軍が直接取り仕切っていることを示しています。

被害者とともに日本兵の証言も

九〇年代に少なくない数の被害者が名乗り出て、証言がなされたことも重要でした。そのほとんどが、朝鮮半島で言うと、騙されて連れていかれたというものです。中国や東南アジアでは、騙されて慰安所に入れられたケースの他に、暴力的に拉致されたケースも明らかになっています。

慰安所で女性たちのおかれた状態が、まさに「性奴隷」としか言いようがないものであったことは日本軍の資料、そして被害者の証言で明らかです。さらに日本軍兵士の証言も実はたくさんあります。何百という日本兵の証言、回想録があり、日本兵によっても、女性たちがひどい状況におかれていたことが語られています。九〇年代の研究は、「慰安婦」制度というものが、最初から最後まで、日本軍の責任によって設置され、管理・運営されたものであり、女性たちが、「性奴隷」の状態におかれていたことを明らかにしました。

当時は法的にどう考えられていたか

では、この「慰安婦」問題は、当時の法的な面ではどう考えられていたのでしょうか。軍による中国における「慰安所」の設置は、上海事変の一九三二年ごろからはじまり、三七年に日中全面戦争が始まると、本格化していきます。しかし、すでに、当時の日本は一九一〇年に結ばれた「醜業を行わしめるための婦女売買禁止に関する国際条約」などに加盟していました。これは、売春に関する国際条約で、女性を売春目的で海外につれていくことに対して厳しい規制をかけたものです。国際社会では、黒人奴隷制をなくす運動との対比で、一九世紀の後半からホワイト・スレイブ（white slave）という言い方で、女性が売春目的で人身売買をさせられることを防ごうという動きがはじまっていました。

吉見義明・中央大学教授が岩波新書『従軍慰安婦』（一九九五年）のなかで紹介していますが、未成年者の場合は、本人が承諾していたとしても売春目的で海外に連れ出すことは犯罪とされていました。成人女性の場合も、騙して連れて行った場合は犯罪です。日本から「慰安婦」として連れていくこと自体が国際条約に問われるものであったことがはっきりとしています。「植民地はこの条約は適応除外」との主張に対しても、吉見さんが、この本で批判していますので、ぜひ読んでいただければと思います。

中国や東南アジアで女性を強制的に慰安婦にした例などは、まさに「通例の戦争犯罪」にあたります。日本のなかでは売春はごく普通のことであり、「慰安婦」制度をつくったことは犯罪でも何でもないという議論に対して、国際条約など当時の法律に照らしても、犯罪であったことを明らかにしたのが九〇年代の研究だったのです。

国連の人権委員会でもくり返し取り上げられ、国際的にも、日本軍「慰安婦」制度は、当時の法に照らしても犯罪であることが世界的にほぼ共通の認識になっています。だからこそ日本政府も、河野官房長官のときに官房長官談話という形で、主語をぼかした不十分な表現ながら、日本政府としての責任を認めて謝罪をしたのです。「慰安婦」制度の犯罪性が詳細に解明され、日本政府もその問題性を認めざるを得なくなった。そのことを前提として、当時の焦点は、日本政府は個人補償をするかどうか、賠償問題を、サンフランシスコ平和条約や日中共同声明などによって解決しているとして拒否するかどうかにあったのです。

2　なぜ世界から批判されるのか

アメリカからの大きな反応

安倍首相らの否定派の動きに対しては、中国や韓国からの反発によって問題化することが多かったのですが、最近、アメリカからの反応が大きな問題となっています。

この間、アメリカ議会では、何度も「慰安婦」関係の決議案は出されていて、二〇〇六年九月にはじめて下院の外交委員会を通過しました。月六万ドルもの大金をつかった日本政府のロビー活動を報じるメディアもありますが、本会議ではたなざらしで終わりました。そして、二〇〇七年、決議は再提出され、七月三〇日、下院本会議で採択されました。

ではなぜ、アメリカで「慰安婦」問題が注目されるのでしょうか。それには、さまざまな要因があると思いますが、決議の共同提案者には有名な日系の下院議員、マイク・ホンダ氏以外にも、中国系の議員やグアムの出身議員も入っているのが特徴です。アメリカ社会における地位の向上のためのアジア系住民の団結という目標の障害に日本の戦争責任問題があるととらえられていると、私は感じています。アメリカ社会においても、日本の戦争責任問題の早期の解決は大きな要望となってきているのではないでしょうか。

しかし、こうした動きに対して、安倍首相が感情的に反発してしまい、「強制があったとしても業者がやっただけ」「官憲が家に押し入って人さらいのごとく連れて行くという強制性はなかった」と言い、下村官房副長官にいたっては、軍の関与自体を否定するような発言をしています。こうした発言がアメリカ議会の決議との関係で、アメリカのメディアで取り上げられ大きな問題になっています。しかし、安倍首相たちの発言は、従来の研究の到達点からいっても到底通用するものではありません。

浮き彫りになる人権感覚のなさ

アメリカで、批判が高まる背景としてもう一つ指摘しておきたいのが、安倍首相たちの発言に、あまりにも人権感覚がないことです。

安倍のブレーンの岡崎久彦・元駐タイ大使が、「産経」五月一四日付の「正論」の欄に、「安倍総理訪米と慰安婦問題の行方」という一文をよせています。そこで岡崎氏は、アメリカ社会では「強制の有無などは問題ではない。慰安婦制度そのものが悪なのである」と指摘しています。アメリカ社会では、女性の人権という意識が強く、無理やり連れていったことだけが問題なのではなく、慰安所に入れてそこに日本軍兵士が通ったこと自体が人権問題になっている、そのアメリカの意識水準を日本政府は理解していないと言っているわけです。そして、「総理自身の言葉で謝ったほうが良い」と言っています。岡崎氏の主張には同意できない部分が多いのですが、日本側に女性の人権という意識が欠けていることを指摘している点はその通りだと思います。

この点について、アメリカからも批判がなされています。たとえば、二〇〇七年のアメリカ国務省の人身売買に関する報告書では、世界の一四二の国と地域を、TIER1（基準を満たす）、TIER2（基準は満たさないが努力中）、TIER2・監視対象国、TIER3（基準を満たさず努力も不足）の四つに分類しているのですが、日本はTIER2に分類されています。この報告書で、日本は「商業的な性的搾取のために売買される男女や子どもの目的地および通過国となっている」とされ、「被害者は相当数に上る」と指摘されています。二〇〇四年の報告では日本は監視対象国とされ、それにあわてた日本政府がようやく翌年に人身売買禁止議定書を批准、刑法に人身売買罪を新設するなどの対策をおこなって、監視対象国からはずれることができました。日本では売春目的の人身売買が横行しており、アメリカに批判されなければ、その規制さえもやろうとしないというありさまなのです。

「慰安婦」問題について、「金をもらったからいいじゃないか」と言う人たちがいるのですが、こういう発想は、人身売買が犯罪であるという認識が欠落しており、人権という認識がないのではないでしょうか。

3　東京裁判の証拠書類が明らかにしたこと

政府も否定できない証拠として

私も関わっている、日本の戦争責任資料センターは、この「慰安婦」問題では、二〇〇七年二月に声明を出し、これまでの研究成果の到達点を明らかにしました。しかし、安倍首相たちは、「公文書」が存在しないということで、従来の自説を変えようとはせず、日本のメディアもなかなか取り上げてくれませんでした。そこで国際世論に訴えることが重要だと判断し、四月一七日に外国特派員協会で記者会見をおこない、東京裁判（極東国際軍事裁判）の資料を出しました。これらの証拠の邦訳は、「しんぶん赤旗」にも紹介されました（二〇〇七年四月一九日付）し、私たちセンターの機関誌『季刊戦争責任研究』第五六号、二〇〇七年六月に全文を掲載しています。

事実を立証する立場から言えば、証拠が公文書であるかどうかは大きな問題ではありません。被害者の証言も、それを示す立派な証拠です。しかし、安倍氏らのグループが「強制を示した公文書がない」という言い方をするので、あえて日本政府が否定できないもので示すことが有効だと考え、東京裁判の証拠書類を出したわけです。

東京裁判で「性暴力」がどのように扱われていたのかについては、内海愛子さんが「戦時性暴力と東京裁判」という論文を書いています（『日本軍性奴隷制度を裁く　二〇〇〇年女性国際戦犯裁判の記録　第一巻　戦犯裁判と性暴力』緑風出版、二〇〇〇年）。また、この東京裁判の証拠書類のなかには、すでに二年ほど前に、バークレー大学でドクター論文を書いた戸谷由麻さん（現ハワイ大）が見つけていた資料があります。その内容は、戸谷由麻『東京裁判――第二次大戦後の法と正義の追求』(みすず書房、二〇〇八年)という本のなかに収められています。私は、それを手がかりに、東大の社会科学研究所で原文を調べ、オランダとフランス、中国の検察団が提出をした証拠書類のなかに、強制的に慰安婦にしたことを示す資料が七点あることを確認しました(その後、さらに一点が見つかり八点が確認されている)。そのうちの一部は、朝日新聞が自分たちで調査して九七年に少し報道していたものと重なっています。

しかし、その中身はほとんど知られていなかったこともあって、外国のメディアは慰安婦の強制をしめす公文書だと大きく報道しました。これらは東京裁判で証拠書類として採用されていますから、いわば東京裁判の公文書です。実は、これらの証拠書類についての政府の認識を質す質問主意書が出されているのですが(辻元清美議員)、政府としても否定はできず、「極東国際軍事裁判に対しては、……関係国から様々な資料が証拠として提出されたものと承知しているが、いずれにせよ、……慰安婦問題に関する政府の基本的立場は、平成五年八月四日の内閣官房長官談話のとおりである」とあいまいな回答をしています。

当時から犯罪だと認識されていた

この東京裁判の資料の一つに、インドネシアのボルネオ島(カリマンタン)のポンティアナックの事例があります。むやみやたらと女性を慰安婦にするわけにはいかなかったからではないかと思われますが、日本人の愛人など何らかの関係があった女性たちをつかまえ、無理やり裸にして、検診を受けさせ、慰安所に入れたと日本軍の関係者が証言をしています。関係者自らが、そういう乱暴なことをやったことを認めたものです。実は、この証拠書類を裏づけるような、まったく同じ証言があるのです。

一九八七年に、井関恒夫さんという、戦時下にポンティアナックにいた住友殖産の社員だった人が、『西ボルネオ住民虐殺事件――検証「ポンテアナ事件」』という本を出しています（不二出版、一九八七年）。彼は、現地の言葉ができたので通訳をしていたそうなのですが、その本の中で彼は、無理やり女性を連行して裸にして慰安所に入れた、あるいは日本人の愛人だった女性だけではなく、日本の商社などにつとめている若い女性も同じように連れてきて、無理やり慰安婦にしたという事実があったことを証言しているのです。

インドネシアのモア島は、東チモールの近くの島ですが、そこでは、日本軍に抵抗した住民を虐殺するということがおこなわれていました。そのさいに抵抗した住民の娘たちを無理やり連行して慰安婦にしたことを日本軍の将校が認めています。中国の山西省で抗日分子の討伐に行き、虐殺をしながら、若い女性の連行がおこなわれたように、同じことが東南アジアでもおこなわれていたことを示しています。

オランダは、ＢＣ級戦犯裁判で、これらと同様のケースを裁いています。バタビア裁判でオランダ女性が無理やり慰安婦にさせられたケースを裁いたのが有名ですが、今回紹介した証拠書類では、オランダ女性のケースは一件で、それ以外は現地の女性が被害者です。従来、オランダは、白人女性の被害は取り上げたが、アジアの女性のことは取り上げなかったという言い方をされてきたのですが、必ずしもそうではありません。先のカリマンタンのポンティアナック、モア島のほかジャワや東チモールの事例もあるのですが、東チモールの事例は、族長――地域の有力者に女性を提供しろと脅したケースです。これも中国やマレー半島など占領地のあちこちでおこなわれたのと同じです。

そのほか中国の検察団の出した証拠文書には、工場の女工だと宣伝し、騙して連れてきた女性を「慰安婦」にする事例も報告されています。このように東京裁判の資料では、「慰安婦」になることを強いた、おもなパターンがおおよそ揃っています。騙して連れてくるケース、村長などに強制をして女性を出させるケース、討伐に行って虐殺をしながら若い女性を連行するケース、数は少ないが日本人の愛人など関係があったものを無理やり「慰安婦」にするケースです。つまり、連合国は、無理やり「慰安婦」にした、いくつかのパターンを認識していて、かつそれが戦争犯罪であるという認識をもっていたのではないかと考えられるのです。さらに忘れてはならないことは、東京裁判の判決のなかの、中国についての叙述の中で「桂林を占領している間、日本軍は強姦と掠奪のようなあらゆる種類の残虐行為を犯した。工場を設立するという口実で、かれらは女工を募集した。こうして募集された婦女子に、日本軍隊のために醜業を強制した」と認定されています（『極東国際軍事裁判速記録』判決速記録一八六頁）。よく言われるように、東京裁判は、「慰安婦」問題をまったく無視していたわけではありません（もちろん扱いは軽いので、きちんと裁かれなかったと言ってよいのですが）。

これは、イギリスも同様で、私は『裁かれた戦争犯罪――イギリスの対日戦犯裁判』（岩波書店）という本のなかで紹介したのですが、ビルマでおこなわれた裁判で、イギリス軍への協力者を虐殺しながら若い女性を連行したケースをイギリスの捜査当局が追及しています。それが、戦争犯罪であるという認識は、イギリスの捜査官ももっていたと言ってよいでしょう。

このように、一九四五年、四六年という段階においても、こうした日本軍の行為が戦争犯罪であるという認識は、かなり広く連合国のなかであったのです。「当時は、「慰安婦」などは当たり前だった」という言い方は、まったくあたらないし、実際の国際社会は、もう少し、進んだ地点にあったということなのです。

もちろん、東京裁判の膨大な証拠の中で、「慰安婦」の事例はたった八点にすぎません。まして、朝鮮人の女性の場合、当時は日本国籍であったためひどい扱いをうけても戦争犯罪には当たらないとされていた問題があります。自国民に対する残虐行為は戦争犯罪ではないというのが一般的な理解だったからです。証拠であげられている事例は、かなり暴力的なケースであり、ここまで暴力的ではないケースや騙したりして連れてこられた女性に関して問題にする発想が乏しい、という限界もあります。しかし、これらの事例は明らかに、安倍首相らが言う狭義の強制はなかったということが事実に反するということを示す、明らかな証拠となっているのです。

お国のための「慰安所」だったというのか

二〇〇七年三月に国立国会図書館による調査によって、「櫻クラブ」の事例が明らかになりました。梶村太一郎さんが『週刊金曜日』(五月一一日号)に紹介していて、『季刊戦争責任研究』第五六号、二〇〇七年六月、に判決文の全文を掲載しています。これは、現在のインドネシアのジャカルタで、当時の日本軍政府から、日本人の民間人向けの慰安所を開設するように依頼された「青地鷲雄」という男性が、みずから経営する食堂やバーの奥に、「櫻クラブ」という慰安施設をつくったというものです。判決を読むと、一二歳や一四歳の少女も被害を受けたことが、被害女性たちの証言で明らかになっています。この男性の愛人であるオランダ人女性が、女性を集める役割を担い、バーのホステス、レストランのウェイトレスとして募集して、いわゆる客をとらせるという行為を強要していました。それが戦後、強制売春の容疑で捜査を受け、「青地鷲雄」には一〇年の禁固刑の判決が下ります。しかしその二カ月後に、男性は獄中で病死をしたのです。その彼を、一九六七年五月九日の厚生省と靖国神社との会議で、靖国神社への合祀を決めています。「櫻クラブ」の経営者で、「婦女子強制売淫刑十年受刑中病死」ということをわかっていながら、合祀していたのです。

BC級戦犯で、死刑になった人は、「法務死」として一九五九年から靖国神社に合祀されています。オランダがおこなったバタビア裁判のなかでも、スマラン事件という、民間の抑留所にいたオランダ人の女性たちを強制的に「慰安婦」にした事件で一人が死刑になっていますが、その人物も、当然、靖国神社に合祀されているはずです。「櫻クラブ」の男性の場合は、民間人であり、死刑でもなかったので、後回しにされたのでしょう。

しかし、戦犯を正当化あるいは弁護するとき、たとえば「あれは戦闘中の行為だったからやむをえなかった」だとか、「人違いだった」というように、なんらかの理由をつけるのが普通です。通常の戦闘行為が戦争犯罪だとみなされたのであり、決して悪いことをしたのではなかった、だから戦死と同じ扱いをするのだというような理由です。しかし、この「櫻クラブ」の事例は犯罪の理由が「強制売淫」ということがはっきりしていながら、なおも合祀するという判断を、厚生省と靖国神社が一緒になっておこなっている。慰安所を経営したことはお国のための行為だったということを認めるようなものです。この「慰安婦」の問題について、戦後の政府がどのように認識をしているかをあらわしていると言えるのではないでしょうか。

二〇〇七年四月末の第一次内閣当時の安倍首相の訪米の際、安倍首相は、この「慰安婦」問題で、ブッシュ大統領に謝罪し、ブッシュ大統領がそれを受け入れるという一幕がありました。しかし、これは、多くの識者が指摘しているように、謝る相手を間違えたナンセンスな行為です。

アメリカでは、私たちが発表した東京裁判の資料について、ニューヨークタイムズやワシントンポストが大きくとりあげたこともあり、そのことも意識して安倍首相は、一応「お詫び」の言葉を述べたのでしょう。しかし、その内容も、「慰安婦」の人たちがどうしてそのようなひどい状況に追いやられたのか――日本軍の行為にはふれないで、彼女たちのおかれた状況に総理大臣として同情しているという表明にすぎなかったのです。〝同情〟というのは第三者が使う言葉で加害国の代表者が言うべき言葉ではないという指摘はそのとおりだと思います。当事者として謝罪しているとはとても認められないものです。日本のメディアは「首相が謝罪した」と報道しましたが、それ自体も問題です。東京裁判の資料についても世界各国のメディアの扱いは大きかったのですが、それに比べて日本のメディアはきわめて小さな扱いか、あるいはまったく無視するものも少なくありませんでした。知らぬは日本人ばかりという情報鎖国の状況は、きわめて大きな問題であると思います。

安倍首相やそのとりまきは、軍の関与や強制性を否定する発言をくり返し、九〇年代の「慰安婦」研究の蓄積を全部否定するような言動をくり返しています。私たちは、歴史研究者として、九〇年代の研究の成果をあらためてきちんと知らせ、それが国民に共有されるようにする必要があると考えています。

第三章　安倍首相・橋下市長の日本軍「慰安婦」発言はどこがまちがっているのか

『前衛』二〇一三年九月号

1　「強制連行」はなかったのか

「拉致」と「慰安婦」連行

安倍晋三首相は、二〇〇六年から翌年にかけての第一次安倍内閣時代にのべた「官憲が家に押し入って人さらいのごとく連れて行くという強制性はなかった」（二〇〇七年三月三日、参院予算委員会）という主張をくり返しています。橋下徹大阪市長・日本維新の会共同代表も、これが日本政府の立場だとくり返し発言しています。しかし安倍首相らの発言は、問題を何重にも歪曲するものでしかありません。

たとえば、日本政府は北朝鮮による拉致の認定にあたっては、暴力的に連行されたか、甘言によって連行されたかの区別なく、ともに「拉致」と認定しています（第Ⅰ部補論参照）。しかも「暴力的に連行せよ」「強制連行しました」というたぐいの公文書がなくても、証言などに基づき認定しています。私は、この認定は妥当なものと考えていますが、この基準に照らし合わせれば、「慰安婦」問題について、暴力的な連行だけが問題であるかのように矮小化する立場は、ダブルスタンダードと言われてもしかたがないのではないでしょうか。

日本軍「慰安婦」問題を考える場合、重要なことは連行時における暴力ではなく、連れて行かれた慰安所における強制と性暴力、人権蹂躙です。しかし、彼らが「強制連行を示す文書がない」とくり返し強調し、この点が安倍氏らの誤魔化し方でもあるので、まずこの点から問題をみていきたいと思います。

公文書の破棄――その指示は口頭で

たしかに、「暴力的に連行せよ」「強制連行しました」というたぐいの政府の公文書はほとんど存在しません。この点で、まず確認しておきたいのは、その背景には、敗戦時に、組織的な公文書の破棄がおこなわれたことがあることです（本書第Ⅲ部第一章参照）。かつて「慰安婦は商行為」だと発言し、物議をよびおこした奥野誠亮元法務大臣は、敗戦時、内務省事務官でしたが、彼は当時のことを次のように発言しています。

「公文書は焼却するとかいった事項が決定になり、これらの趣旨を陸軍は陸軍の系統を通じて下部に通知する、海軍は海軍の系統を通じて下部に通知する、内政関係は地方統監、府県知事、市町村の系統で通知するということになりました。これは表向きには出せない事項だから、それとこれとは別ですが、とにかく総務局長会議で内容をきめて、陸海軍にいって、さらに陸海軍と最後の打ち合わせをして、それをまとめて地方総監に指示することにした。十五日以降は、いつ米軍が上陸してくるかもわからないので、その際にそういう文書を見られてもまづいから、一部は文書に記載しておくがその他は口頭連絡にしようということで、小林さんと原文兵衛さん、三輪良雄さん、それに私の四人が地域を分担して出かけたのです」（自治大学校史料編集室『山崎内務大臣時代を語る座談会』、一九六〇年）

それだけにとどまりません。東京でのＲＡＡ（特殊慰安施設協会＝日本に作られた占領軍兵士向けの慰安所）開設を担当した警視庁経済警察部長は、慰安施設づくりを部下の保安課長や係長に命令した際に、「これは警察本来の職務とは違うので、すべて口頭の命令でやること」「書面を残すな」と言っていたそうです。この係長の証言によると、この問題にかぎらず、「売春関係はほとんど口頭の命だった」と言うのです（ドウス昌代『敗者の贈物』講談社、一九七九年）。

日本の裁判所による事実認定

軍による連行を証拠づける日本の公文書としては日本の裁判所の判決があります。これは坪川宏子さんと大森典子さんの著作『司法が認定した日本軍「慰安婦」』（かもがわブックレット、二〇一一年）に詳しく紹介されていますが、主だったものを紹介すれば、二〇〇四年一二月一五日の中国人「慰安婦」一次訴訟・東京高裁判決があげられます。「当裁判所の判断」のなかで、「証拠（略）及び弁論の全趣旨によれば、以下の事実が認められる」として、次のように指摘しています。

「日本軍の北支那方面軍は、同年（一九三七）一〇月初めころ山西省に侵入し、同年一一月八日に省都である太原を占領した後、敗戦にいたるまで八年近く同地域の占領を続けた。なお、日本軍が占領した地域には、日本軍人の強姦事件を防ぐ等の目的で、『従軍慰安所』が設置され、日本軍の管理下に女性を置き、日本軍将兵や軍属に性的奉仕をさせた。八路軍が一九四〇年八月に行った大規模な反撃作戦により、日本軍北支那方面軍は大損害を被ったが、これに対し、北支那方面軍は、同年から一九四二年にかけて徹底した掃討、破壊、封鎖作戦を実施し（いわゆる三光作戦）、日本軍構成員による中国人に対する残虐行為も行われることがあった。このような中で、日本軍構成員によって、駐屯地近くに住む中国人女性（少女も含む）を強制的に拉致・連行して強姦し、監禁状態にして連日強姦を繰り返す行為，いわゆる慰安婦状態にする事件があった」。

また、在日韓国人裁判、つまり宋神道さんの裁判の東京地裁判決（一九九九年一〇月一日）でも、「原告は、その慰安所の営業許可直前、泣いて抗ったが、軍医による性病検査を受けさせられ、営業許可後は、意に沿わないまま従軍慰安婦として日本軍人の性行為の相手をさせられた。原告がいやになって逃げようとすると、そのたびに慰安所の帳場担当者らに捕まえられて連れ戻され、殴る蹴るなどの制裁を加えられたため、原告は否応なく軍人の相手を続けざるを得なかった」と認定しているのです。

多くの日本軍将兵の証言

日本軍の将兵による証言も少なくはありません（日本の戦争責任資料センター「資料構成　戦争体験記・部隊史にみる日本軍『慰安婦』」『季刊戦争責任研究』第五・七・六六・六七・六八・七〇・七一・七七・八〇号、参照）。

たとえばインドネシアのアンボン島では慰安所を開設するために、近くの島から島民たちが「娘を帰せ」と叫ぶなかを、若い女性たちを集めて船に乗せて連行してきたという話が証言によって明らかになっています（禾晴道『海軍特別警察隊』太平出版社、一九七五年）。シンガポールでは、次々とやってくる日本兵を前にして慰安婦にされた女性が「体が続かない」とそれ以上は拒否し、係の兵士も「今日はこれまで」と打ち切ろうとしたところ、列をなして待っていた兵士たちが騒ぎ出したので、いやがる女性の手足をベッドに縛り付けて継続させたとの証言もあります（総山孝雄『南海のあけぼの』叢文社、一九八三年）。

それだけに、河野談話の河野洋平氏自身が、朝日新聞のインタビューに答えて（一九九七年三月三一日付）、「本人の意思に反して集められたことを強制性と定義すれば、強制性のケースが数多くあったことは明らかだった」、「こうした問題で、そもそも『強制的に連れてこい』と命令して、『強制的に連れてきました』と報告するだろうか」、「当時の状況を考えてほしい。政治も社会も経済も軍の影響下にあり、今日とは全く違う。国会が抵抗しても、軍の決定を押し戻すことはできないぐらい軍は強かった。そういう状況下で女性がその大きな力を拒否することができただろうか」と語っているのです。これは真っ当な発言ではないでしょうか。

2　強制的な連行でなければ問題ないのか

刑法と大審院判決

大事なのは、当時の社会でも、騙して連れて行くこと自体が犯罪であったという点です。

当時から刑法二二六条で、「帝国外に移送する目的を以て人を略取又は誘拐したる者は二年以上の有期懲役に処す　帝国外に移送する目的を以て人を売買し又は被拐者若しくは被買者を帝国外に移送したる者亦同じ」とあります。国外移送略取罪、国外移送誘拐罪、国外移送人身売買罪、国外移送罪があり、一九三七年三月には大審院が、一九三二年に上海で「海軍指定慰安所」のため、「女給」とか「女中」と騙して「醜業」（売春の当時の言い方）に従事させるために連れて行こうとした事件について、国外移送誘拐罪と国外移送罪を適用する判決を出しています。

ところがこの年の七月七日、盧溝橋事件を契機に、日中全面戦争に突入し、日本軍による虐殺とともに強姦事件が相次いだため、軍は中国での「慰安所」設置をすすめました。そのために日本国内でも業者による大規模な女性集めが各地でおこなわれたのです。三七年一二月に上海の総領事館において、領事館警察署や憲兵隊、特務機関が相談をして慰安所を開設するために日本本土と朝鮮に業者を派遣する決定をして、業者を送り込みました。内務省からその旨連絡をうけていた大阪の警察署は、業者の行動を黙認したが、和歌山県の警察はその業者を、当然犯罪ですから逮捕してしまいます。その際に、逮捕された業者は、軍の証明があると訴えたために、和歌山県の警察は内務省や他府県の警察に問い合わせをおこない、軍慰安所のためであることがわかったので、業者を釈放しました。

こうした経過のなかで、一九三八年二月には、内務省警保局が「現地に於ける実情に鑑みるときは蓋し必要已むを得ざるもの」と認め、「黙認」する通達を府県知事に出します。つまり犯罪であることがわかっていながら、軍慰安所のために業者の違法行為を黙認することにしたのです。

さらに一一月には、中国の広東にいる陸軍のために慰安婦を集めることを内務省警保局と軍とで協議し、計保局は、大阪府など五府県の知事に対して、計四〇〇人の女性集めを指示した文書を発するまでになるのです。その際に、軍と警察がおこなっていることがばれないように「何処迄も経営者の自発的希望に基く様取運」ぶように指示しています。

国際法にも違反

これらの行動は、当時、日本が加盟していた国際条約にも違反しています。二〇世紀に入ってから国際社会では、売春のための女性の人身売買を取り締まる条約が一九三三年までに四つ結ばれていて、日本もそのうち三つの条約に加盟していました。日中戦争が始まった時点では、未成年者（二一歳未満のことをさします）の場合、たとえ本人が同意していたとしても売春に従事させることは犯罪とされていました。

内務省警保局は、こうした国際条約を意識して、たとえば一九三八年二月には、「醜業」（売春）を目的とする女性の中国渡航（事実上「慰安婦」の中国渡航を意味する）については、満二一歳以上で、かつ現に「醜業」に従事している者に限るという制限をした通牒を出しています。これをもって日本軍は女性を保護していたなどと言う人がいますが、問題は、そもそもこうした国際条約を本気で守ろうとしていたのかどうかです。実際に、この通牒は、日本内地でしか出されず、国内には国民の反感への一定の配慮がなされたものの、しかし、植民地や占領地においては、顧みられることはありませんでした。たとえば、一九四〇年六月に、六名の台湾人女性を中国広東省に「慰安婦」として移送したときの外務省資料があります。これによるとその六人は、一八歳（一名）、一六歳（二名）、一五歳（一名）、一四歳（二名）であり、外務省、台湾総督府、日本軍部隊長、憲兵分遣隊長らが承知のうえでおこなっていました。また、フィリピンのパナイ島イロイロの慰安所には、一九四二年六月九日の時点で、一八人中一五歳が二人、一六歳が二人をはじめ、二一歳未満が一二人いたという記録が残っています。植民地や占領地では、未成年者とわかっていながら平然と「慰安婦」にしていたのです。

「狭義の強制」だけが問題だという安倍氏らの主張は、こうした犯罪を誤魔化すための便法にすぎません。日本軍「慰安婦」を正当化する議論、人身売買を問題視しない議論だと言えるのです。

3　慰安婦はどのような状況におかれていたのか

シンガポールの慰安所の実態

先ほど日本軍「慰安婦」の問題で、重要なのは慰安所における強制、性暴力、人権蹂躙だと言いました。実際はどうだったのでしょうか。この点での証言は多数あります。

シンガポールには戦争後半になると、インドネシアの女性たちも連行されてきました。シンガポールの元社会問題担当相オスマン・ウォク氏は、戦争中、シンガポール港湾局に勤務していましたが、「インドネシアからたくさんのロウムシャが船で運ばれてきたが、その中に白い制服を着た一六―二〇歳くらいの少女たち三〇―四〇人くらいが混じっていた。彼女たちは『看護婦になるために来た』と語っていた。終戦後、『看護婦にすると言われて来たが、慰安婦として働かされた』と語った」と言っています（*H.Sidhu, The Bamboo Fortress*）。

こうした女性たちについて、当時、「昭南博物館」にいたコーナー氏は、「若くてきれいな女性の場合、慰安婦としてカトンの近くにある兵営に送られた。通行人は、彼女らがジャワ語で『助けて、助けて』と悲鳴をあげるのを耳にし、胸をしめつけられた」と回想しています（E.J.H.Corner, *The Marquis*）。

慰安婦は優遇されていたのか？

ところが、「慰安婦」は高給取りで、優遇されていたと攻撃する人がいます。その例としてもちだされるのが、ビルマの慰安所に入れられた韓国人「慰安婦」の文玉珠（ムン・オクチュ）さんに敗戦時二万数千円の貯金があったことです。しかし、これは占領地のインフレを無視した議論です。文さんは、そのほとんどを一九四五年に得ていますが、当時は、軍票の乱発と物資の不足からすさまじいインフレがおこっていました。太平洋戦争開戦時（四一年一二月）にくらべ敗戦時（四五年八月）の東京の物価は一・五倍ですが、ビルマは実に一八〇〇倍です。東京に比べると一二〇〇倍ものインフレです。つまり彼女は紙くず同然の軍票をもらっていただけなのです。

では、その彼女たちはどのように集められ、どのような扱いをうけていたのでしょうか。ビルマで捕らえた日本人の慰安所業者と朝鮮人慰安所の尋問を基にまとめた米戦時情報局のレポートがあります。この内容には、業者の自己弁護がかなり含まれているとみるべきですが、それでも、「病院にいる負傷兵を見舞い、包帯を巻いてやり、そして一般的に言えば、将兵を喜ばせることにかかわる仕事である」というような「偽りの説明」、つまり詐欺による徴集があったことを認めています。さらに、女性たちは前借金で縛られ「軍の規則と〝慰安所の楼主〟」のための役務に束縛されていました。このことは人身売買と身柄の拘束をされていたことを示しています。この尋問でふれられている二〇人の朝鮮人「慰安婦」のうち一二人は連行時には未成年者であるなど、幾重もの犯罪があったことは明らかなのです。

4　軍隊と性暴力――共通性と特殊性

軍隊と売春（兵士の性管理）

橋下大阪市長は二〇一三年の「慰安婦」発言以後も、「日本がやったことは悪いが、アメリカなど、世界各国も、戦場の性の問題として、太平洋戦争当時、女性を活用するようなことをやっている」との主張を繰り返しています。ほんとうにそうなのでしょうか。まず、軍隊における性暴力、兵士の性の管理はどのように考えられてきたのかを見ていきたいと思います。

前近代においては、軍隊には、キャンプ・フォローワー（Camp Follower）とよばれる人々がたくさんいました。炊事、洗濯などのサービス、食事やさまざまな商品の販売などをおこなうわけです。また兵士の家族も同伴することがしばしばありました。しかし一九世紀に、いわゆる近代国民国家が成立し、徴兵制が導入され、国民軍が成立すると、兵站業務を軍隊自身で担いはじめます。すると、従軍看護婦などを除いて軍隊から女性がいなくなり、男だけの集団になっていきます。

他方で、それからまもなく、「戦争犯罪」という戦時国際法の観念が生まれます。一九〇五年のハーグ陸戦法規では、私有財産など私権の尊重（四六条）、略奪の厳禁（四七条）などが定められ、略奪は禁止、必要なサービス・物資は購入する原則などがつくられていきます。

そうしたなかで、軍隊とその周辺の売春婦の関係が問題になっていきます。戦場で経済が破壊されたもとで、物資を豊かにもっているのは軍隊で、その軍隊のまわりに、生きていくために食料などを得ようとして、女性が売春のために集まり、将兵が買春するというのは、残念ながら世界の各地で見られる現象でした。

そのとき軍にとって主要に関心がもたれたのは、兵士の性病問題です。二〇世紀初めにサルバルサンという治療薬が発明されるまで性病には治療法がありませんでした。またこの治療薬も副作用が大きく、治るのも時間がかかりました。そのため軍の観点から言えば、兵士が性病にかかると兵力の重大な損失になります。軍にとっては、性病感染源としての売春婦の管理は深刻な問題だったのです。

ヨーロッパ型の対策——公娼制

そこでヨーロッパ諸国でとられた対策が公娼制、売春を国が公認し、売春婦を一箇所に集め、登録、管理し、定期的に性病検査をおこない、性病感染者を排除する方法です。

これで、男たち（兵士ならびに男性市民）が性病に感染することを防ぐという発想は、感染源を売春婦にのみ押し付けるもので、売春婦への差別、貞淑な娘・妻と、堕落した売春婦の二分論を生みだしていきます。一九世紀半ば以降、ドイツ、フランス、イギリスなどヨーロッパ諸国でこの方式が導入され、明治政府でも同様の対策が導入されました。

ところが一九世紀末ごろから、女性の運動が高まるなかで、公娼制という人身売買を国が公認することへの批判が強まります。奴隷は普通黒人奴隷をさす言葉ですが、それに対して、性売買の女性たちを「ホワイト・スレイブ（白人奴隷）」と呼んで、女性を奴隷にする公娼制への批判を展開します。

こうして、イギリスの公娼制が廃止され、植民地においても漸減していきます。ただし国が管理しないといっても、実態としての売春は存在します。それでも国が売春を公認しないようになり、さらに第一次大戦後は、国際連盟による女性・こどもの保護への取り組みがすすむなかで、世界的に公娼制は廃止へと向かいました。

5　日本軍「慰安婦」制度の特徴

公娼制度廃止への逆行

第一次大戦後、日本においても公娼制批判が強まり、一九二六年より廓清会と婦人矯風会によって全国県会への請願運動が始まります。その中で、「公娼制は人格者の尊厳を知らざりし封建時代の遺風」「人身売買と自由拘束の二大罪悪を内容とする事実上の奴隷制度」とまで主張されています。こうした国内の運動だけでなく、国際連盟による女性の保護の取り組みもあって、公娼制の廃止県が拡大し、県会（現在の県議会）で、廃娼決議をあげた県は二二にのぼり、廃娼県は一五県にのぼりました。重複分を除くと、計二九の県が廃娼決議をあげるか、実際に公娼制を廃止しました（六三ページ表）。一九三二年には国際連盟の東洋婦女売買調査団によって、公娼制を廃止するように日本政府に勧告がなされます。それをうけて一九三五年には内務省警保局は「公娼制度対策」という公娼制廃止案をまとめます。これは体裁だけ廃止するという誤魔化しとも言えるものですが、公娼制を維持することは国際社会からも批判され、やめざるを得なくなりつつありました。

「からゆきさん」という言葉を聞いたことがあると思いますが、第一次世界大戦後、外務省は、「帝国の体面を汚す」として、植民地以外の海外の「からゆきさん」の取り締まりをおこない、シンガポールなどで廃娼政策をすすめたのです。ただ、植民地では公娼制は維持されていたのですが。

しかし、日中戦争開始以降、日本は公娼制度廃止の国際的な流れに逆行していくことになります。先ほどふれたように、公娼制の下での業者を利用しながら、公娼制のやり方を拡大・極端化しつつ、戦時占領下での直接的な暴力の使用という形で、日本軍「慰安婦」の制度がつくられることになったのです。

ほかの国の軍隊の場合は、主に性病予防を理由に、軍が関与するケースがあったのに対し、日本軍の「慰安婦」制度の特徴はなによりも、日本軍将兵による地元女性への強かんがひどく、これを減らすためという理由で（性病予防などの理由もありますが）、組織的につくられたことです。

しかし、慰安所をつくったら強かんが減ったかと言えば、そうではありません。たとえば陸軍省「支那事変の経験より観たる軍紀振作対策」（一九四〇年九月）に、「依然として日本兵による『強姦』『強姦致死傷』が多い」と記されています。陸軍省内の局長会議では「南方の犯罪六一〇件。強姦罪多し。シナよりの転用部隊に多し。慰安設備不十分」（一九四二年八月）、「強姦逃亡等増加せる」（一九四三年二月）と報告されています。それは、中国や南方にとどまらず、沖縄でも「本島に於ても強姦罪多くなりあり」「性的非行の発生に鑑み……」とあるのです（「石兵団会報」）。慰安所は前線まで十分に設置されなかったため、末端では、女性を拉致し、強かん監禁する「慰安所もどき」がつくられ、強かんならタダという、強かんを促すような状況もひろがります。統制された慰安所・統制されない慰安所もどき・強かんの並存という状況が広がり、組織的な「慰安所」の設置がかえって兵士の性的欲望を歪め、肥大化させる要因となったのです。

軍隊と売春管理政策

もう一つ、日本軍「慰安婦」制度は、他の国にはない特徴がありました。それは、慰安所設置計画の立案（設置場所や必要人数の算定など）、業者選定・依頼・資金斡旋（業者抜きに軍が直営する場合もある）、女性集め（朝鮮・台湾や日本本土では警察の協力・身分証明書の発行、占領地では軍が直接間接に実施または支援）、女性の輸送（軍の船やトラックを提供）、慰安所の管理（直接経営または軍が管理規則制定、その管理下で業者に経営委託）、建物・資材・物資の提供（軍の工兵隊が慰安所建物を建設することも）、などすべての過程において軍の管理下におかれ、あるいはしばしば軍が直接実施したことです。さらに外務省、内務省、朝鮮総督府・台湾総督府など国家機関が深く関与している点です。

米軍の場合、先に述べた経緯で、軍が売春宿の利用を認めていることが本国にわかると、教会や議員たちから抗議を受け、軍中央はただちに閉鎖させる措置をとりました。ところが日本軍は、一九三七年九月に、陸軍の「野戦酒保規程」を改正し、「必要なる慰安施設」を設置できるようにしました。軍の施設として公然と慰安所設置をすすめたのです。

朝鮮戦争時に、韓国軍も慰安所をもうけ、韓国政府が米軍に慰安所を提供したことがありました。これ自身、韓国政府が反省し被害者に償うべきことですが、ただ日本人として考えなければならないことは、当時の韓国軍は旧日本軍人、旧満州国軍人が主体であり、日本軍の悪しき手法が韓国軍にも持ち込まれたという点です。

ドイツの実態

一方ドイツでは、軍ならびにＳＳ（ナチス親衛隊）の管理による慰安所が作られていました。もともとこの問題で、日本語で出版されたものは、九〇年代に一冊あるだけで（クリスタ・パウル『ナチズムと強制売春』明石書店、一九九六年）、日本ではほとんど知られていません。二〇〇九年にドイツで、『強制収容所売春棟』（ロベルト・ゾマー著）という大著が出され、邦訳はないのですが、『季刊戦争責任研究』第六九号で内容を紹介しています。これは強制収容所における「慰安所」について記したものです。ナチはユダヤ人だけでなく、売春婦を犯罪者として摘発し、強制収容所に収容していたようです。強制収容所に収容されていた女性のなかから選んでいたようですが、建前上は、ユダヤ人とのセックスは認めないとしながら、実際には「慰安所」で認められている。この強制収容所の慰安所は、ＳＳ（親衛隊）のためのものと、収容所で強制労働をさせられていた囚人のためのものとの二種類があったようです。

収容所以外の、ドイツ国防軍の「慰安所」については、いま少しずつ研究がすすんでいるようですが、まだ、全容の解明にはいたっていません（第Ⅳ部補論でさらにくわしく論じている）。

表　戦前の県会における、公娼制廃止（廃娼）を求める決議、建議書、意見書など

一八八二・三・一七	群馬県会　娼妓廃止建議採択　一八九三・一二・三一　廃娼実施
一九二八・一二・六	埼玉県会　全会一致で廃娼建議採択「公娼制度は正義人道に悖り風紀衛生教育上有害無益の制度」
一九二八・一二・一七	福井県会　全会一致で意見書採択「公娼制度は人格の尊厳を知らざりし封建時代の遺風」
一九二八・一二・二一	秋田県会　意見書採択「公娼制度は社会風教、衛生、教育上有害無益の制度」
一九二八・一二・二三	福島県会　全会一致で建議書採択「人道上許す可らざる此の制度」「我等は福島県の名誉の為に速やかに之が廃止を断行せられむことを望む」
一九二九・一二・一四	新潟県会　建議書採択「今後新たに娼妓の登録を許さず」「なるべく速に此の制度を撤廃すべし」
一九三〇・一二・一四	長野県会　意見書採択「抑も集娼公認の本制度は風紀衛生上は勿論国際体面上一日も存置すべからざる悪制度」
一九三〇・一二・二〇	神奈川県会　全会一致で意見書採択「公娼制度は人身売買と自由拘束の二大罪悪を内容とする事実上の奴隷制度である」「国際信義を無視するもの」
一九三〇・一二・二四	沖縄県会　意見書採択「公娼制度は人道上黙許すべからざる悪制度なるを以て速に之が廃止を決行せらる、やう努力せられんことを要望す」
一九三一・一一・二八	茨城県会　全会一致で意見書採択「公娼制度は封建時代の遺物にして正義人道に悖り風紀衛生教育上有害無益の制度」
一九三一・一二・一九	山梨県会　意見書採択「公娼制度は人道に反し風紀、衛生、教育並国際上有害無益の制度」
一九三二・一二・二一	宮崎県会　建議採択「公娼制度は正義人道に悖り風紀衛生教育上有害無益の制度」「公娼制度は人身売買と自由拘束の二大罪悪を内容とする事実上の奴隷制度なり」
一九三二・一二・一七	岩手県会　意見書採択「本県は時代の趨勢に鑑み封建時代の醜悪なる遺物たる国辱的公娼制度の廃止を断行せられんことを望む」「奴隷売買に等しき公娼制度」
一九三五・一二・二六	高知県会　意見書採択「公娼制度は時勢に順応せざる悪制度なりと信ずる」
一九三六・一二・一五	愛媛県会　意見書採択「公娼制度は正義人道に悖り、風紀衛生教育上有害無益の制度」
一九三六・一二・一九	三重県会　廃娼決議「公娼制度は人格の尊厳を無視したる封建の遺風にして人道に反し正義に悖りたる悪制度なる」
一九三七・一二・一四	宮城県会　意見書採択「公娼制は正義人道に悖り社会風教衛生等各方面よりの観点よりするも其の存置を許すべきに非ざるは論を俟たざる」
一九三七・一二・一四	鹿児島県会　建議書採択「公娼制度は人身売買と自由拘束の二大罪悪を内容とする事実上の奴隷制度なり」

一九三七・一二・一四	富山県会　建議書採択「公娼制度は封建の遺風にして人道上風紀上並に衛生上より見るも将又国際上より見るも有害無益の悪制度」
一九三七・一二・一五	滋賀県会　建議書採択「公娼制度は封建時代の最も醜悪なる遺物にして正義人道に反し風紀衛生教育上有害無益の制度たるは多言を要せず」
一九三七・一二・一七	広島県会　意見書採択「公娼制度は封建時代の遺物にして人類文化の向上と国民の徳性の涵養の上に其存在を許す可きものにあらず」
一九四〇・一二	岡山県会　廃娼決議
一九四三・一	和歌山県　廃娼実施（一五番目の廃娼県）
	廃娼県：群馬、埼玉、秋田、長崎、青森、富山、三重、宮崎、茨城、香川、愛媛、徳島、鳥取、石川、和歌山＋北海道（部分的に実施）（下線は県会決議と重複）廃娼実施一五＋廃娼決議一二＝計二九県（重複を除く、北海道は含まず）／全四七道府県

（出典）『日本女性運動資料集成』第九巻「人権・廃娼Ⅱ」（不二出版）、『廓清』各号、その他より作成。小松公生「『強制はなかった』という主張で問われるもの」『前衛』二〇一二年一二月号を参考にした。「全会一致」とわかるものだけ明記した。なお公娼制を廃止したからといって、性売買が禁止されたわけではなく、形を変えた性売買の管理がなされることも多い。

6　なぜ世界から問題にされるのか

二〇〇〇年一〇月安保理決議からEU、米議会決議へ

日本軍「慰安婦」問題は、二〇〇七年七月三〇日に米議会決議、二〇〇七年一二月一三日にEU議会決議、その他、オランダやカナダなどでの議会決議が続きます。なぜこれほど、日本軍「慰安婦」問題が世界で問題になるのでしょうか。そのことを理解するには、九〇年代に、旧ユーゴスラビアやルワンダなど各地で戦時性暴力がくり返され、世界の認識の転換がはかられたことを把握せねばなりません。これらの戦時性暴力は、国

家間の賠償問題によって問題は解決されず、被害者一人ひとりの人権、人間の尊厳の回復が図られなければならないこと、「戦時性暴力は戦争にはつきものだ」と放任してきたことがそうした性暴力の横行を招いたのであり、戦時性暴力を厳しく処罰するべきであるという認識が生まれました。国際社会が、戦時性暴力に対してきちんと対処してこなかったことへの反省が広がり、そこで日本軍「慰安婦」の不処罰がクローズアップされるようになったのです。

こうした流れは、二〇〇〇年一〇月の有名な安保理決議「女性・平和・安全保障」に表れています。「すべての国家には、ジェノサイド、人道に対する罪、性的その他の女性・少女に対する暴力を含む戦争犯罪の責任者への不処罰を断ち切り、訴追する責任があることを強調する」とされ、二〇〇八年六月一九日にもほぼ同様の内容の安保理決議一八二〇号が採択されています。

そして安保理決議の内容を具体的に発展・適用したのが、二〇〇〇年一二月の女性国際戦犯法廷だったのです。ところが、これは日本のメディアによって黙殺され、さらにはＮＨＫでの番組改変という形で中傷もされたのです（ＶＡＷＷ―ＮＥＴジャパン編『消された裁き――ＮＨＫ番組改編と政治介入事件』凱風社、二〇〇五年、参照）。

ＥＵ決議には、「B. 〝慰安婦〟制度は輪姦、強制堕胎、屈辱及び性暴力を含み、障害、死や自殺を結果し、二〇世紀の人身売買の最も大きなケースのひとつであり……」とあります。つまり、「慰安婦」問題が現在の世界における戦時性暴力の問題とともに平時の性暴力・人身売買ともむすびつけられて考えられています。国際社会が「慰安婦」問題に対処してこなかったことが、現在もこれだけ人身売買がおこなわれている一つの要因になっているという問題意識があるのです。

慰安婦を集める際に人身売買の手段が広範囲に採られました。しかし連行時の暴力だけしか問題にしないという日本の右派の主張は、人身売買を免罪し容認するもので、そうした意識が、今日においても日本が人身売買に甘い理由につながっています。

アメリカ議会の決議にかかわったハイド元下院国際関係委員会（現在の外交委員会）議長は、「慰安婦」決議採択にあたっての声明のなかで、「太平洋戦争を戦った兵士として、昨年九月にこの決議案を多数採決した委員会の議長として、『慰安婦』決議の採択を歓迎します。女性や子供を戦場での搾取から守ることは、単に遠い昔の第二次大戦時の問題ではありません。それはダルフールで今まさに起こっているような悲劇的状況に関る問題です。『慰安婦』は、戦場で傷つく全ての女性を象徴するようになったのです」と言っています。決議を支えたワシントンにあるNGO「アジア・ポリシー・ポイント」のミンディ・カトラー代表は、二〇〇七年二月一五日の米下院公聴会での証言で、「日本のケースは、今日の人道問題と戦時性暴力の理解の前例となります。将来の戦時性暴力を裁き防ぐための最も重要な手段は、性暴力・奴隷制、搾取の事実を認めるという前例を作ることです。日本軍の慰安所は、ボスニア・ルワンダ・ニカラグア・シエラレオネ、ダルフール、ビルマなど、今日の戦争や市民紛争の議論で頻繁に取り上げられる性奴隷制・戦時性暴力・人身売買など全ての問題の前身ともいうべきものでした」と言っています。現在の問題を、解決するうえでも「慰安婦」問題はきちんと解決する必要があるというのです。

決議当時のラントス外交委員会議長は、徳留絹枝さんというロサンゼルス在住の方のインタビューに答えて、「この決議は、日本の過去の政府の行為を罰しようというものではありません。そうではなく、日本の真の友人として、米議会は決議案一二一を通じて、これらの女性と日本の国が癒され未来に向かうために、日本が過去の困難な時期の出来事を全て公式に認めるよう、頼んでいるのです。そのような癒しの過程は、日本の人権擁護への取り組みを再確認するだけではなく、日本の隣国との関係を改善し、アジアと世界におけるリーダーとしての地位を強固にするでしょう。私たちが二一世紀を生きていくに当たり、日本は世界の中で益々積極的な役割を果たしていくべきです。過去と真摯に向き合うことは、そのプロセスに役立ちますし、日米関係を弱めるどころか堅固にするのです」とまで言っています（徳留絹枝「米議会と日本の歴史問題」）。

しかし、残念ながらもその後の日本への評価は大きく変わっていません。

こうしたなかで、二〇一三年五月三一日、国連拷問禁止委員会は日本政府に対し、「慰安婦」とされていた被害者の救済のために、性奴隷制の犯罪について法的責任を認めること、公的人物などが「慰安婦」とされた被害者の被った事実を否定する言動をくり返していることによって再び精神的外傷を受けていることについて国として反駁すること、関連資料を公開し事実を徹底的に調査すること、被害者の救済を受ける権利を確認し、それに基づいて十全で効果的な救済と賠償を行うこと、この問題について公衆を教育し、あらゆる歴史教科書にこれらの事件を記載することなどを勧告しました。また、同様に、社会権規約委員会は五月一七日、日本政府に対して、「『慰安婦』にスティグマを付与するヘイトスピーチその他の示威行動を防止するため、締約国が『慰安婦』の搾取について公衆を教育するよう勧告」したのです。

7　なぜ安倍首相らの歪曲が受け入れられるのか

自己責任論の延長で

たしかに橋下市長の一連の発言に対しては、世論の批判が集中しました。ここには、戦後培われた平和意識の健全な発露があると思います。同時に、歴史を歪曲した政治家の発言に対しては、一定の支持の広がりもみられ決して軽視はできません。私はこれは、現在、新自由主義の経済運営の下で、強者のための政治が強行されていることと無関係ではないと思います。

福祉・教育その他のさまざまなサービスを切り捨て、一握りの大企業とそれにつながる一部の権力者・資産家のための政治がおこなわれています。そのもとで、自分が人間として大切にされていると実感できない人が広がっています。自己責任が強調され、学生たちのあいだでも、「非正規労働者は自分たちが努力しないから」という受けとめ方が少なくありません。構造的に非正規労働者が大量に生み出され、いったんそこに陥ると努力しても抜けだせないというところに認識が向かわないのです。ほかの人びとへの信頼感・連帯感が失われ不信感が募るなかでは、一人ひとりを、そしてみんなが大切にされる社会を共同で作っていこうという意識は生まれません。元「慰安婦」の方たちの戦中戦後の筆舌に尽くしがたい体験に思いを馳せることもできず、彼女たちの訴えも、日本から金をせびろうとするものとしか受け止められない、そのもとでいくら「慰安婦」の人権侵害の問題を訴えても、リアリティをもって受けとめられません。

一方で、国民の支持を調達するための方策として、国家主義的な手法がとられてきています。中国や北朝鮮、さらには韓国などとの緊張を高めて日本人の国家意識を煽り、同時に日本人であることの誇りをもたせようとする政策です。人びとの絆が分断され一層不安感・不安定感が強まっているもとで、心のよりどころとして日本国家に幻想を持ち、日本国家に一体感を持つことによって安心する（と思い込む）状況があるようにも思えます。領土問題などもその格好の材料に利用されています。

中国や韓国をたたいて溜飲する状況は生活保護バッシングとも重なります。最近、引き下げデモクラシーだとか、ジェラシーの政治という言い方がなされますが、単に、戦争責任だけではなく日本社会全体の根が深い問題があるのではないでしょうか。橋下市長は、一方で日本がおこなった戦争は侵略戦争だったと認めるかのような発言もしていいますが、彼の言い方は「日本は戦争に負けたのだから侵略といわれてもしかたがない」

というもので、この論理はまさに自己責任論です。彼の歴史観自体は、安倍首相や石原さんとは違い、確信的な右翼というものではないのかもしれません。むしろ、「勝てば正義」という新自由主義そのものともいえるかもしれません。

インターネットの普及によって、これまで公然とは言えなかった差別言動が堂々と言えるようになったことも背景にはあるでしょう。これまで、差別してはいけないなど建前を強いられてきた人たちが、人を大切にという建前をネット上で否定することが許されることで、かえって自由や快感を感じてしまっているのかもしれません。

しかし、安倍首相がやっていることは、日本軍によって性奴隷にされて深刻な被害を受けた女性たちに、さらに鞭打つ行為、セカンドレイプ、サードレイプです。被害者をさらに侮辱することによってしか得られない国家意識や自己肯定感など、決して人として許されないことです。そのためにも、きちんとした歴史の事実を伝えることは前提です。日本の戦争責任資料センターとVAWWRAC（「戦争と女性への暴力」リサーチ・アクション・センター）は共同で、「Fight for Justice 日本軍「慰安婦」――忘却への抵抗・未来の責任」と題するウェブサイトをつくり、入門編からQ＆A、映像などを公開しています。

同時にそういう歴史の問題をリアリティをもって実感してもらうことがいまほど必要なときはないと思います。私のまわりでも少なくない学生が、韓国に行ってナヌムの家でハルモニと交流し、感動しています。しかし、一方で、「自分が何かやっても無駄」と自己肯定感を奪われている状況もあります。「慰安婦」問題における人権蹂躙を、自身の体験とも重ねあわせながら、ともに学び、行動することで、そういう無力感を打ち破っていく。社会も自分も変わっていくことが実感できるようなとりくみをひろげていくしかないのだなと思っています。

補論　日本軍「慰安婦」制度の犯罪性

北朝鮮拉致問題との類似性

安倍首相は二〇〇六年から翌年にかけての首相時代に、「官憲が家に押し入っていって人さらいのごとく連れていくという強制性はなかった」（二〇〇七年三月五日　参議院予算委員会）、「この狭義の強制性については事実を裏づけるものは出てきていなかったのではないか」（二〇〇六年一〇月六日　衆議院予算委員会）などと、「狭義の強制」がなかったと言い張ることによって日本軍慰安婦制度を弁護してきた。

安倍首相の定義を北朝鮮の拉致問題にあてはめると、「官憲が家に押し入っていって人さらいのごとく連れて」行った例は確認されていないので、拉致された人で強制された人はいなかったという結論になってしまう。横田めぐみさんの場合も、「家に押し入って」連れ去られたわけではない。

また日本軍の公文書で裏付けられていないという理屈を適用すると、北朝鮮の公文書で拉致を裏付けるものが出ていないのだから、それが明らかになるまでは拉致が事実かどうかは認定できないということにもなってしまう。

北朝鮮によって拉致されたと日本政府によって認定された人のなかには、横田めぐみさんのように、直接の暴力によって力ずくで連行された人もいれば、神戸市の飲食店店員だった田中実さんのように、「甘言により海外へ連れ出された」（警察庁発表）ケースの人もいる。この田中実さんの件について、警察は、「複数の証人等から、同人が甘言に乗せられて北朝鮮へ送り込まれたことを強く示唆する供述証拠等」が入手できたとしてそれらを根拠に拉致されたと認定している。

ここでは、北朝鮮の公文書によって裏付けられているわけではなく、供述証拠という証言によって拉致が認定されている。また力づくで連行されたとは認定されておらず、「甘言」、つまりうまい言葉で騙されたということであるが、それでも拉致に変わりはない。この警察の認定の仕方は当然のことである。

もし安倍首相が、拉致被害者の家族に対して、北朝鮮の公文書で裏付けられないので拉致されたとは認定できないとか、あなたの家族が北朝鮮にいるのは「狭義の強制」によるものではないと言ったとすれば、どうなるだろうか。これだけでも安倍首相の認識はとんでもないことがわかるだろう。力ずくで連れて行っても、甘言で騙して連れて行っても、ともに拉致であり、犯罪である。安倍首相らの理屈は、単なるダブルスタンダード＝二枚舌でしかない。

次にヨーロッパから拉致されたと考えられている、スペインのマドリードに滞在していた石岡亨さんと松木薫さんのケース、さらにイギリスのロンドンに留学していた有本恵子さんのケースを考えてみよう。

警察庁のウェブサイトによると、次のように説明している（http://www.keishicho.metro.tokyo.jp/jiken/rati/ratigian.htm）。

「欧州における日本人拉致容疑事件

（中略）「よど号」グループは、仲間を増やすためヨーロッパから何も知らない青年を北朝鮮に連れ込もうと画策し、昭和五五年五月、「よど号」グループの二人の女性（森順子被疑者、若林佐喜子被疑者）が、スペインのマドリードに滞在していた北海道出身の石岡亨さん（当時二二歳）と熊本県出身の松木薫さん（当時二六歳）らに対し、「共産圏を旅しないか」などと誘い、また、昭和五八年七月、「よど号」ハイジャック犯人の魚本公博（旧姓・安部）被疑者らは、イギリスのロンドンに留学していた有本恵子さん

（当時二三歳）に対し、「マーケットリサーチのアルバイトを紹介する」などと誘い、北朝鮮に連れ込みました。（以下略）」

この警察庁の説明によると、石岡さんと松木さん、有本さんも甘言あるいは詐欺によって誘われて連れて行かれたということである。

北朝鮮に拉致しようとする場合、新潟県の横田めぐみさんのようなケースでは、直接暴力で捕まえて船に乗せて連行するという方法が可能だろうが、スペインやイギリスにいる人を北朝鮮まで連行しようとすれば、どうするだろうか。最初から暴力を使うと、紐でしばったり薬で眠らせて飛行機に乗せることはできないし、小さな工作船で運ぶこともまず不可能だろう。まずはうまい話で騙して本人にその気にさせて、ある地点まで来させる必要がある。そしてある地点まで連れて行った後、暴力による身柄の拘束がおこなわれたと考えられる。

ここまで見てくると、こうしたやり方は日本軍が慰安婦として女性を集めるときのやり方と非常に似ている、あるいはそっくりだということがわかるだろう。

たとえば中国の山西省やフィリピンなどでよく知られているケースでは、日本軍が駐屯地の近くの村から女性を暴力的に連行することがしばしばおこなわれている。そうしたケースでは、女性を拘束して車などに乗せて駐屯地に連行していく。近場ではこうした手法が可能である。

他方、日本や朝鮮から中国や東南アジアなど遠方に連れて行く場合、騙して女性本人になんらかの期待をもたせるか、あるいは自分が行くしかないとあきらめさせる方法が取られることが一般的である。つまり、軍人さんの身の回りの世話をするだけだとか、ウェイトレスなどと騙して連れて行き、ある地点で軍に引き渡してそこから身柄拘束が始まるという方法である。朝鮮半島からの連行において、このような詐欺・甘言による連行が多いのは遠方まで来させるために騙す必要があったからである。

今日、世界各地から日本などに来て性売買を強制されている女性たちに関しても同様の手法が採られている。日本に連れてくる場合、飛行機を使うのが一般的だが、ウェイトレスやダンサーなどの仕事で、お金を貯めれると本人に期待を持たせて日本に来させ、成田空港に着くと、暴力団に引き渡されてパスポートを取り上げられ、拘束され、性売買を強制されるというパターンである。その場合、その女性が転売されて借金漬けにされ、借金を返すために性売買を強制されるパターンも少なくない。この点は慰安婦でもよく見られるケースである。

北朝鮮による拉致、日本軍慰安婦の連行、現在の性売買の強制、この三つを見ていくと、共通性がはっきりしてくる。

北朝鮮による拉致の場合、暴力で連れて行っても、甘言や詐欺で連れて行っても、日本政府は同じ拉致として認定している。その犯罪性に違いはない。それは当然のことである。暴力を使っても甘言や詐欺で連れて行っても、ある地点からその自由が拘束されれば、同じ犯罪である。北朝鮮による拉致が犯罪であると同様に、日本軍の慰安婦にしたことは、暴力を使おうと、甘言や詐欺で連れて行こうと犯罪であると言わなければならない。

連行時の暴力だけが問題だという考え方では、今日性売買を強制されている女性たちのことは犯罪ではないということになってしまうだろう。そんな考え方がはびこっているから、日本社会で性売買やそれにともなう強制売春、人身売買が横行しても、おかしいと思わない、人権後進国になってしまっているのではないだろうか。

北朝鮮による拉致は重大な犯罪であり、許すべからざる行為である。北朝鮮政府は拉致した被害者を直ちに解放、帰国させなければならないし、責任者の処罰、被害者への公式謝罪と個人賠償、再発防止策を実行しなければならないだろう。そのことと同様に、日本軍慰安婦にされた女性たちに対しても日本は同じように償わなければならない。

国内外法の違反

日本軍慰安婦制度が当時の刑法だけでなく、さまざまな国内外の法に照らして犯罪であったことは明らかである。

第一に、日本本土や植民地（朝鮮、台湾）から女性を略取や誘拐、人身売買によって海外（中国や東南アジア）に連れて行くことは、日本の刑法に違反する犯罪であった。なお国内における人身売買は、明治初頭に日本政府によって禁止されていた。ただ刑法には規定がなかったので国内にとどまるかぎり人身売買した者を処罰することはできなかったが、政府が禁止したことを国家機関がおこなう（国家機関の監督下で業者にやらせたとしても当然責任は生じる）ことは許されなかったと言うべきである。

第二に、婦女売買禁止条約（一九〇四年、一九一〇年、一九二一年の三つの条約・協定に日本も加盟、なお一九三三年条約には未加盟）によって、未成年者はいかなる理由であれ売春目的で連行することは禁止されていたし、成年女性の場合でも詐欺、暴行、脅迫、権力乱用などにより売春に従事させることが禁止されていた。成年とは当時は二一歳であった。

慰安婦にされた女性の多くが未成年者であったことは、残されている慰安婦の名簿や元慰安婦の方々の証言からも明らかである。また成年女性を騙して慰安婦にすることもこの条約によって禁止されていた。したがってほとんどの慰安婦のケースにおいてこの国際条約違反と言っていいだろう。

第三に、強制労働に関する条約（一九三〇年締結、一九三二年日本加盟）に対する違反が指摘できる。

第四に、奴隷条約（一九二六年締結、日本は未加盟）に対する違反である。日本はこの条約に加盟していていなかったが、国際連盟規約が奴隷の積極的解放をおこない、奴隷取引を禁止するように各国に義務づけており、慣習国際法となっていたと考えられるので、日本（脱退する一九三三年まで国際連盟常任理事国だった）も拘束されると理解される。ここでいう奴隷には「債務奴隷」も含まれるという解釈もある。

第五に、当時の戦時国際法において、「強かん」「強制的売春のための婦女子の誘拐」は戦争の法規慣例に対する違反（通例の戦争犯罪）として認められていた。これは戦争中における敵国民あるいは中立国民への行為について適用されるので、中国や東南アジアなど日本国民以外の女性を慰安婦にした行為に適用される。実際にもいくつかの事件が、連合国のBC級戦犯裁判で裁かれていた。日本はサンフランシスコ平和条約でこの戦犯裁判を受けいれているので、「強制的売春のための婦女子の誘拐」の罪で裁かれた事実を否認することできない。

第六に、人道に対する罪にもあたる。この国際法は自国民への犯罪にも適用されるので、日本本土や朝鮮、台湾の女性を慰安婦にしたことも対象になる。

このような日本軍慰安婦制度、あるいはそれを運用するにあたって日本軍が取った行為は、いくつもの国際法国内法に違反する犯罪である。解釈によってはこれらの法違反から免れる事例があったとしても、これほどまでにさまざまな犯罪を犯して運用される制度を作り実施していたことの犯罪性は明確であろう。

ここで「強制」という問題について触れておきたい。本文でも説明していることであるが、暴力や脅迫による連行（略取）も、詐欺や誘惑による連行（誘拐）も、一般には両者をあわせて誘拐という言葉で表現され、刑法上は罪の重さに違いはない。詐欺であろうと人身売買であろうと、暴力によろうと、本人の意に反して連れて行かれる点では変わりはない。

「人さらい」という言葉があるが、『広辞苑』によると、「女子や子供をだまして連れ去る人。またそうすること」とある。ほかの定評ある辞書でも暴力あるいは騙して連れ去ることという説明がなされている（上杉聰「拉致事件としての慰安婦問題」『季刊戦争責任研究』第八三号、二〇一四年一二月）。つまり暴力によるものと騙して連れて行くものとは区別されずに「人さらい」なのである。

安倍首相や一部の慰安婦制度を正当化しようとする人々は「狭義の強制」と「広義の強制」という区分を持ち出し、暴力による前者のみが問題であり、そうした事例は慰安婦の連行ではなかったという主張をくりかえしている。これは筋の通らない、まったくおかしな議論である。この理屈は、誘拐事件というとき、略取と誘拐（狭い意味での）を区別して、後者であれば問題ないと言っているようなものである。北朝鮮の拉致については略取でなければ（拉致されたと認定されている方でも略取ではない方も少なくない）問題ないというのだろうか。

つまり暴力や脅迫を使っても、あるいは騙して連れて行かれても、連れて行かれた先で拘束され逃げもどることができない状態におかれれば、同じ犯罪である。略取も誘拐も意に反して連れていかれたという点で「強制連行」と言うべきである。

二〇〇八年にオーストラリア連邦最高裁判所で下された判決がある。これはメルボルン郊外で債務返済のために週六日、四～六か月の間、それぞれが九〇〇人にのぼる顧客相手に性行為を強いられた五人のタイ人女性に関わる判決である。「彼女らは、売春宿に施錠されて閉じ込められていたわけではなく、衣食等を相応に保障されていた。しかし債務にかかる条件を知らされないまま、英語も理解できず知人もなく、旅券を取り上げられ、査証が違法に取得されていたので入国管理当局から身を隠すように指示されていたこともあり、事実上、建物の外に出られない状態になった。外出する場合には、売春宿の主人を伴うよう指示されていたという事案」だった（「平成二五年（ワ）第一九六七九号　損害賠償等請求事件」「原告準備書面（六）」二〇一四年一二月一日、いわゆる吉見義明氏による名誉毀損訴訟）。最高裁は、こうした被告人らの行為は奴隷化することを禁じた連邦刑法に違反するとして有罪判決を下した。つまりこうした状況におかれた女性たちは「奴隷化」された状態にあったとされたのである。この判決に照らせば、慰安所に入れられた女性たちも奴隷化されたと言うべきであろう。

性奴隷という規定は、日本軍慰安婦にされた女性たちだけでなく、特定の日本軍人の性的相手を強いられた女性（「愛人」と呼ばれることもあるが）、人身売買あるいはその他の方法によって売春を強いられる女性、など慰安婦よりも幅広い概念である。性奴隷あるいは奴隷と規定すると、それらの女性たちのさまざまな側面が切り捨てられるとしてその概念を否定する主張があるが、奴隷であることはその人が多様な側面を持つことを否定するものではないことは明らかだろう。黒人奴隷が歌を歌い踊っていたのは周知の通りであり、そのこと奴隷であったこととは矛盾しない。

戦前においても、一八七二年に明治政府によって出された太政官布告「芸娼妓解放令」において、「芸妓娼妓は人身の権利を失う者にして牛馬に異ならず」としている。つまり借金によって縛られて売春をさせられている女性たちは「牛馬」と同じだとされている。「牛馬」のごとくという状況におかれた女性たちを奴隷と言い換えておかしくないだろう（泥憲和『安倍首相から「日本」を取り戻せ』かもがわ出版、二〇一四年、一八三頁）。また一九二〇年代から三〇年代にかけて各地の県会で挙げられた廃娼（公娼制廃止）意見書において、公娼制は「事実上の奴隷制度」として厳しく批判されていたし、帝国議会においても公娼制廃止に関する法律案が何度も審議されていたが、たとえば永井柳太郎・外務政務次官は、公娼制は「一種の奴隷制度と言ふことも出来ると思います」と議会で述べている（一九三一年二月一九日）。

否定派は慰安婦は公娼と同じだという主張をおこなう者が多いが、もし仮にそうだとすれば、「事実上の奴隷」「一種の奴隷」である公娼＝慰安婦を奴隷と言うことになるだろう。否定派の人権感覚は明治初めの太政官布告以下であり、廃娼決議を採択した多くの県会議員以下であると断言してもよい。

性の相手を強いられた点を明確にするために「性」をつけて、日本軍慰安婦制度を「性奴隷制」、慰安婦にされた女性たちのことを「性奴隷」と規定することはまったく妥当であろう（日本軍「慰安婦」問題Ｗｅｂサイト制作委員会編、吉見義明・西野瑠美子・林博史・金富子責任編集『Ｑ＆Ａ「慰安婦」・強制・性奴隷　あなたの疑問に答えます』御茶ノ水書房、二〇一四年、Ｑ＆Ａ12、同制作委員会編『性奴隷とは何か――シンポジウム会記録』御茶ノ水書房、二〇一五年、参照）。

日本軍「慰安婦」制度の犯罪性を認識し、日本の国家責任を認めること、それがこの問題を解決するためこの出発点でなければならない。

第Ⅱ部　資料に基づく日本軍「慰安婦」研究

第一章　次々と発見が続く河野談話を裏づける新資料

『前衛』二〇一四年六月号

1　河野談話の意義と限界

この間、いわゆる日本軍「慰安婦」問題に関する一九九三年の「河野談話」（資料1）を見直そうという動きが強まっています。この河野談話は、日本軍の関与をきちんと認めたこと、とくに、被害女性たちを、本人の意思に反して集めたこと、女性たちは慰安所のなかで強制的な状況におかれたことなどを認め、女性の名誉と尊厳を深く傷つけたことを認めたこと、心からのお詫びと反省を示したこと、さらに歴史研究、歴史教育を通じて伝えることを約束したことなど、きわめて重要な積極的な面があり、同じ過ちをけっして繰り返さないという日本政府の決意を示したものとして、これまで二〇年余にわたって継承されてきました。

ただ、河野談話が発表された当時から、主に業者が募集をおこなったとして軍の関与が間接的だったように読める不十分さがあるため、軍が主体であることを明確にすべきであると私たちも批判してきました。そのほかにも河野談話は朝鮮半島の女性について言及する一方、中国人・台湾人、東南アジア太平洋地域の女性たちについてはほとんど言及していないこと、お詫びと反省の気持ちを表現しただけで、徹底した真相究明、公式

資料1　慰安婦関係調査結果発表に関する河野内閣官房長官談話　1993年8月4日

いわゆる従軍慰安婦問題については、政府は、一昨年12月より、調査を進めて来たが、今般その結果がまとまったので発表することとした。

今次調査の結果、長期に、かつ広範な地域にわたって慰安所が設置され、数多くの慰安婦が存在したことが認められた。慰安所は、当時の軍当局の要請により設営されたものであり、慰安所の設置、管理及び慰安婦の移送については、旧日本軍が直接あるいは間接にこれに関与した。慰安婦の募集については、軍の要請を受けた業者が主としてこれに当たったが、その場合も、甘言、強圧による等、本人たちの意思に反して集められた事例が数多くあり、更に、官憲等が直接これに加担したこともあったことが明らかになった。また、慰安所における生活は、強制的な状況の下での痛ましいものであった。

なお、戦地に移送された慰安婦の出身地については、日本を別とすれば、朝鮮半島が大きな比重を占めていたが、当時の朝鮮半島は我が国の統治下にあり、その募集、移送、管理等も、甘言、強圧による等、総じて本人たちの意思に反して行われた。

いずれにしても、本件は、当時の軍の関与の下に、多数の女性の名誉と尊厳を深く傷つけた問題である。政府は、この機会に、改めて、その出身地のいかんを問わず、いわゆる従軍慰安婦として数多の苦痛を経験され、心身にわたり癒しがたい傷を負われたすべての方々に対し心からお詫びと反省の気持ちを申し上げる。また、そのような気持ちを我が国としてどのように表すかということについては、有識者のご意見なども徴しつつ、今後とも真剣に検討すべきものと考える。

われわれはこのような歴史の真実を回避することなく、むしろこれを歴史の教訓として直視していきたい。われわれは、歴史研究、歴史教育を通じて、このような問題を永く記憶にとどめ、同じ過ちを決して繰り返さないという固い決意を改めて表明する。

なお、本問題については、本邦において訴訟が提起されており、また、国際的にも関心が寄せられており、政府としても、今後とも、民間の研究を含め、十分に関心を払って参りたい。

謝罪、個人賠償、再発防止策など重大な人権侵害を犯したことに対する償いの処置としてはきわめて不十分であることなどの限界をもっていました。日本政府として具体的に何をするのかについては、まったくふれてはおらず、やはり政府としてきちんとした償いの措置をとることにふれる必要があったと思います。

しかし、こうした不十分点はあるにしても、少なくとも河野談話のこの水準は、維持しなければいけません。同時に、この水準でとどまっているわけにはいかなので、私たちも、その後のいろいろな資料調査の結果を明らかにし、軍が主体であったことを明確にすることを求めてきました。本章でくわしく紹介しますが、河野談話のときには未発見だった一九三七年九月に改正された陸軍省の「野戦酒保規程」などで、軍の公式な施設として慰安所をつくっていることが明らかになりました。業者が勝手におこなっていたわけではなく、軍の施設として慰安所をつくっていたことの決定的な証拠です。例えば業者にそこでの女性集めをやらせたとしても、あくまで軍の施設としてつくっていたわけです。こうした成果をふまえた政府の認識を示さないといけないと思います。そのうえで具体的にどう償いをするのか、アジア女性基金を超える償いの方向を示さないといけない。また、河野談話では、歴史研究・歴史教育についてふれていますが、実際に政府がやってきたことは談話とはまったく逆のことです。中学教科書からは「慰安婦」の記述はなくなってしまっています。そこもきちんと改めることがいま求められています。

2　河野談話以降に見つかった資料・研究成果

発見された資料

河野談話以降に見つかった主だった資料については、主だったものを資料2にまとめておきました（全資料五三八点のリストは、『季刊戦争責任研究』第八三号、二〇一四年一二月に掲載。河野談話発表までに見つかっているものを含めて一千点近くになる）。実は、以前、内閣官房の外政審議室が、河野談話以降見つかった「慰安婦」関係の資料のリストをつくっています。その作成年月日が不明なのですが、おそらく九〇年代末だと思います。そこに掲載されているものはだいたいアジア女性基金のホームページ（デジタル記念館「慰安婦問題とアジア女性基金」）の資料集には載っています。これらの関連資料は、政府として認めていると考え

資料2　1993年八月（河野談話）以降に見つかった主な「慰安婦」関係資料

資料名（作成者・文書名、文書が収録されている冊子名）	文書作成日	所蔵機関
BC級（オランダ裁判関係）バタビア裁判・第5号事件		国立公文書館
BC級（オランダ裁判関係）バタビア裁判・第69号事件		国立公文書館
BC級（オランダ裁判関係）バタビア裁判・第106号事件		国立公文書館
BC級（オランダ裁判関係）バタビア裁判・第25号事件		国立公文書館
BC級（オランダ裁判関係）バタビア裁判・第88号事件		国立公文書館
BC級（オランダ裁判関係）ポンチャナック裁判・第13号事件		国立公文書館
BC級（中華民国裁判関係）南京裁判・第12号事件		国立公文書館
BC級（中華民国裁判関係）徐州裁判・第1号事件		国立公文書館
BC級（中華民国裁判関係）上海裁判・第136号事件		国立公文書館
BC級（中華民国裁判関係）太原裁判・第3号事件		国立公文書館
「渡支邦人暫定処理に関する件」閣議決定、打合事項『支那事変に際し邦人の渡支制限並取締関係雑件　暫定処理要綱』	1940年5月1日	外交史料館
オランダ政府の「オランダ政府所蔵文書調査報告」	1994年1月	オランダ政府
朝鮮総督部　送り出し関係資料　慰安婦2点、関連10数点	1938-1939年	韓国政府記録保存所
マンダレー駐屯地司令部が定めた「駐屯地慰安所規定」　ほか3点	1943年5月26日	英戦争博物館
森川部隊特殊慰安業務に関する規定　独立山砲兵第三連隊	1939年11月	防衛省
アンダマン　第一二特別根拠地隊　海軍慰安所利用内規	1945年3月18日	防衛省
陣中慰安施設に関する注意の件通牒　陸支密大日記昭和一三年第47号	1938年7月14日	防衛省
台湾拓殖会社　慰安婦関係資料多数		台湾省文献委員会
グアム戦犯裁判記録　慰安婦関係資料多数	1945年	米国立公文書館
オランダ軍情報機関NEFIS尋問報告　慰安婦関係35点	1944-1945年	米国立公文書館
国外移送誘拐被告事件　大審院判決　(1937年3月5日　判決)	1937年	
国外移送誘拐被告事件　長崎地裁、長崎控訴院判決	1936年	
朝鮮人慰安婦　沖縄コザ　写真とキャプション	1945年	米国立公文書館
東京裁判証拠書類　インドネシア・ボルネオ島（カリマンタン）ポンティアナック　日本海軍占領期間中蘭領東印度西部ボルネオに於ける強制売淫行為に関する報告	1946年7月5日	国立公文書館など
東京裁判証拠書類　インドネシア・ボルネオ島（カリマンタン）ポンティアナック　ポンテヤナック虐殺事件に関する1946年3月13日付林秀一署名付訊問調書	1946年3月3日	国立公文書館など
東京裁判証拠書類　インドネシア・モア島　オハラ・セイダイ陸軍中尉の宣誓陳述書　1946年1月13日	1946年1月13日	国立公文書館など
東京裁判証拠書類　インドネシア・ジャワ島マゲラン　イエ・ベールマンの尋問調書1946年5月16日	1946年5月16日	国立公文書館など
東京裁判証拠書類　ポルトガル領チモール（東チモール）ルイス・アントニオ・ヌメス・ロドリゲスの宣誓陳述書　1946年6月26日	1946年6月26日	国立公文書館など
東京裁判証拠書類　ベトナム・ランソン　ニェン・ティトンの口述書抜粋		国立公文書館など
東京裁判証拠書類　中国桂林　軍事委員会行政院戦犯罪証拠調査小隊「桂林市民控訴　其の一」1946年5月27日	1946年5月27日	国立公文書館など
東京裁判証拠書類　ベトナムのケース1点	1947年1月7日	国立公文書館など
東京裁判　判決文　　桂林のケースに言及	1948年11月	国立公文書館など
櫻倶楽部事件　関係戦犯裁判資料	1946年11月	オランダ国立公文書館
慰安婦裁判　日本の裁判所の判決　慰安婦被害・強制の事実認定		
慰安婦強制戦犯の靖国合祀に関する史料	1967年5月	国会図書館
慰安婦に関する日本軍の電報　連合軍による暗号解読電報	1945年8月	英国立公文書館
高森部隊特殊慰安業務規定　独立山砲兵第三連隊	1940年10月11日	防衛省
『南支南洋情報』台湾総督府外事部　慰安所記述	1940-41年	台湾中央研究所
中国　日本人戦犯供述書　慰安所関係多数		中国
海軍航空基地第二設営班資料　バリクパパン慰安所資料		防衛省
第12軍第35師団　営外施設規定	1943年?	防衛省
野戦酒保規程改正に関する件	1937年9月	防衛省

ていいのかも知れません。

裏返して言えば、そこにも掲載されていないものは、政府は「慰安婦」関係の文書としてはきちんと認めていないと言えます。政府・内閣の閣議決定や答弁書で「文書がない」と言っているのは、基本的には河野談話を出した時点、せいぜい広げても、アジア女性基金の資料集に載っているものまでで、政府はそれ以降のものをフォローしていません。その後の研究成果、調査の成果をまったく反映しようとしない。これは大きな問題です。

とくに、この間発見された資料で言えば、日本の国立公文書館で見つけたものもあります。つまり、日本政府自身が持っていた資料でさえ、ろくに調査していなかったことが明確になっているのです。発見された資料の内容を見ても、後で紹介する「野戦酒保規程」は慰安所が軍の施設であったことをはっきり示しています。なにより軍の直接的なかかわりを示す文書も出てきています。東京裁判の関係、BC級戦犯裁判の関係の文書も次々と出てきていて、とくにBC級戦犯裁判関係の文書では、強制的に連行したこと、あるいは慰安所における強制などを示す証拠書類が出てきています。ところが東京裁判などについて、国会議員が質問趣意書を出しても、政府の答弁は、ただ「サンフランシスコ条約で東京裁判を受諾している」ということしか言わず、どういうものが「慰安婦」関係の資料としてあるのかなどについては決して言いません。無視しているとしか言いようがありません。

野戦酒保規程＝慰安施設の設置は可能

一九三七年九月の「野戦酒保規程」改正の資料（資料3）は、京都大学の永井和さんが発見したものです。酒保とは軍の物品販売所などのことを言います。戦時の野戦軍に設けられる酒保についての規程で、一九〇四

資料3―1　「野戦酒保規程」改正の資料

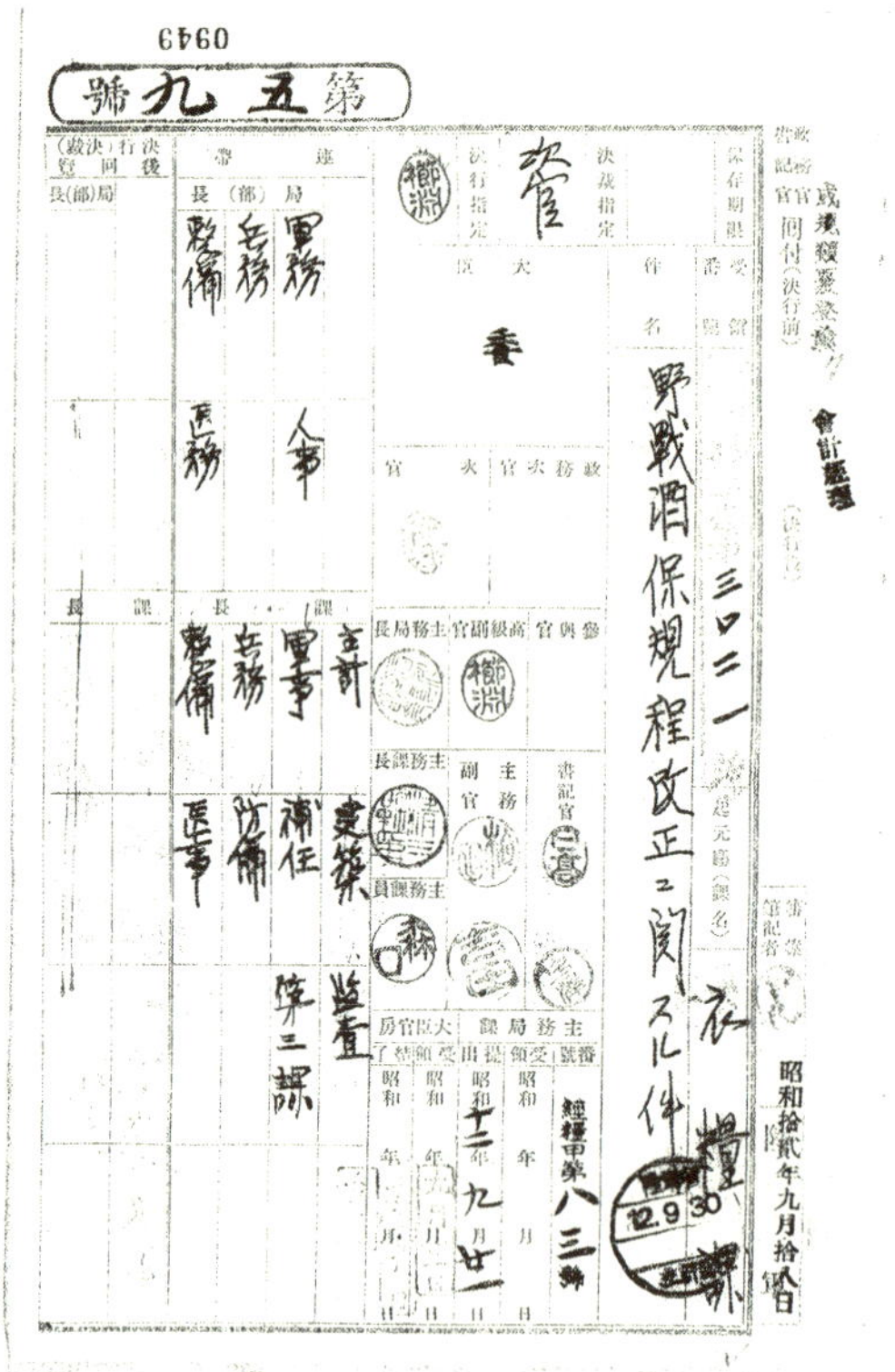

年に制定された「野戦酒保規程」が日中戦争の開始で古くなったため改正されたのです。その一条は次のとおりです。

第一条　野戦酒保ハ戦地又ハ事変地ニ於テ軍人軍属其ノ他特ニ従軍ヲ許サレタル者ニ必要ナル日用品飲食物等ヲ正確且廉価ニ販売スルヲ目的トス

野戦酒保ニ於テ前項ノ外必要ナル**慰安施設**ヲナスコトヲ得

（強調：引用者）

改正された規程には、はっきりと「慰安施設」とあります。酒保は、物品を販売することができるだけでなく、軍人・軍属のための「慰安施設」をつくることが可能になったのです。もと資料３―２　「野戦酒保規程改正説明書」

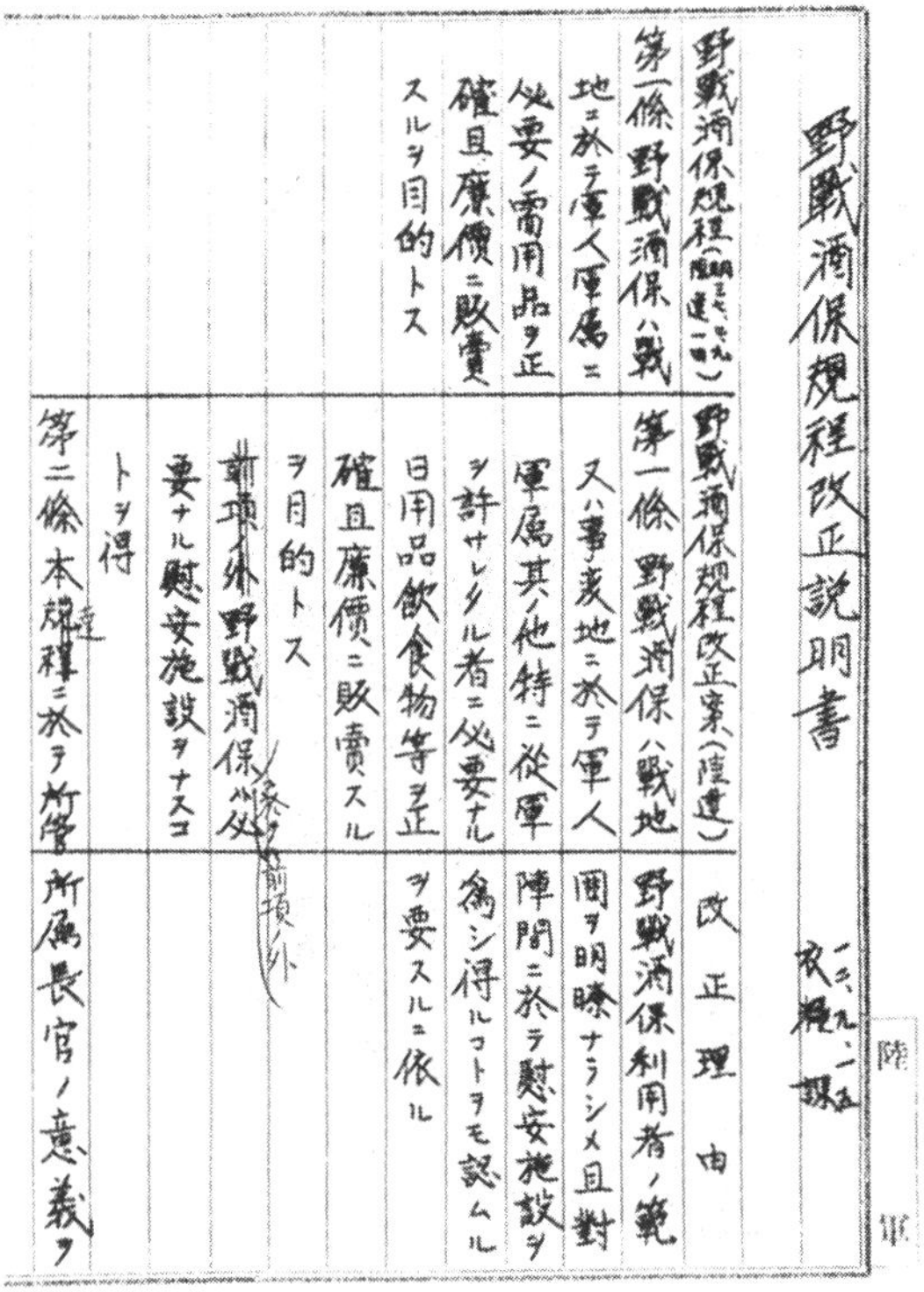
野戦酒保規程改正説明書

一三、九、二五　衣糧課

陸軍

野戦酒保規程（明治三七、九、一九）	野戦酒保規程改正案（陸達）	改正理由
第一條　野戦酒保ハ戦地ニ於テ軍人軍属ニ必要ノ需用品ヲ正確且廉價ニ販賣スルヲ目的トス	第一條　野戦酒保ハ戦地又ハ事変地ニ於テ軍人軍属其ノ他特ニ従軍ヲ許サレタル者ニ必要ナル日用品飲食物等ヲ正確且廉價ニ販賣スルヲ目的トス 前項ノ外野戦酒保ニ於テハ必要ナル慰安施設ヲナスコトヲ得	野戦酒保利用者ノ範囲ヲ明瞭ナラシメ且對陣間ニ於テ慰安施設ヲ為シ得ルコトヲモ認ムルヲ要スルニ依ル
	第二條　本規程ニ於テ所管	所属長官ノ意義ヲ

もとの野戦酒保規程の第一条には、慰安施設についての条文はありませんでした。改正規程に添付されている「野戦酒保規程改正説明書」には、次のように説明されています。

「改正理由
　野戦酒保利用者ノ範囲ヲ明瞭ナラシメ且対陣間ニ於テ慰安施設ヲ為シ得ルコトヲモ認ムルヲ要スルニ依ル」

　このように軍慰安所は、軍の公式の施設として法的に位置づけられていたのです（この史料については、永井和「日本軍の慰安婦政策について」(http://nagaikazu.la.coocan.jp/works/guniansyo.html) に詳しい）。

　また、このことと関連しますが、陸

軍経理学校で教育を受けた鹿内信隆氏（元産経新聞社主）が、対談のなかで当時を回想し、「そのときに調弁する女の耐久度とか消耗度、それにどこの女がいいとか悪いとか、それからムシロをくぐってから出て来るまでの、〝持ち時間〟が、将校は何分、下士官は何分……といったこと」（櫻田武・鹿内信隆『いま明かす戦後秘史』上巻、サンケイ出版、一九八三年）と述べています。つまり、軍の後方の施設としてつくることになったから、経理学校でその管理を学ぶ。「慰安所ノ設置」が「酒保ノ開設」と並んで経理将校のおこなうべき「作戦給養業務」のひとつ（『初級作戦給養百題』、陸軍主計団記事発行部刊行）とされていたのです。

東京裁判に提出された証拠書類

東京裁判についての研究はたくさんありますが、東京裁判に提出された膨大な証拠書類や法廷での証人尋問を全体として検証し、それらを通して、検察は何をどのように論証しようとしたのか、弁護側はそれに対してどのように反駁したのか、判決は具体的に何を事実認定し、どのような法理と事実認定に基いて個々の被告に有罪無罪の判断をおこなったのか、などの点についてはあまり関心が向けられてきませんでした。一九九〇年代以降、梶居佳広さんの研究や女性国際戦犯法廷にむけた準備のなかから内海愛子さんの論文が出されたのをはじめ、その後、戸谷由麻さんが審理過程の分析に本格的に取り組んだ成果があります（前掲『東京裁判』）。二〇〇七年、第一次安倍内閣のとき、日本の戦争責任資料センターが、東京裁判に提出された日本軍「慰安婦」に関わる証拠書類を外国人記者協会で発表し、大きな反響を与えましたが、それらはまだまだ不十分な調査にとどまっていました。

二〇一一年に、吉見義明監修、内海愛子・宇田川幸大・高橋茂人・土野瑞穂編で『東京裁判――性暴力関係資料』（現代史料出版）が刊行され、東京裁判に提出された証拠書類のなかから、性暴力に関連するものを探し出し、証拠書類（邦訳）四〇点を約二〇〇頁にわたって写真版で紹介しています。初めてのまとまった資料集と言えます。掲載されている性暴力関係の証拠書類は、中国一〇点、フィリピン七点、ビルマ一点、香港三点、アンダマン諸島一点、オランダ領東インド九点、フランス領インドシナ九点、計四〇点で、宣誓供述書あるいは口述書が多く、戦争犯罪についての捜査報告書からの抜粋、証拠抜粋などもあります。

東京裁判には、中国に関しては、性暴力にも触れているものは三九点とされ、フィリピンでは三五点で、強かん事件として独立して証拠が提出されているのは六点。フィリピン以外の東南アジアに関しては、性暴力に関するものが含まれているのが一三点とされています。たとえば、フランス領インドシナに関して、提出された供述書のなかで、さまざまな残虐行為の叙述につづいて、「前記の各地では仏蘭西《フランス》人女子に対する陵辱行為も若干行はれました。ある婦人と一四歳になるその妹とは強制的に数週間約五十名の日本兵と雑居させられ、その虐待と暴行を受けました。その一人は発狂しました。彼女達は二人ともその後処刑されました。また別の例では、フランス（人）で十五才になる一少女とその母親が強姦されて、殺害されたといふ例もあります。更にまた数地方では原住民婦女子は売淫行為を強制されました」と述べられています。

ただ東京裁判に提出された証拠書類は、各国の捜査チームがおこなった戦争犯罪捜査の収集情報のなかのほんの一部にすぎません。たとえばフィリピンのマニラでは少なくとも数十人の女性が監禁され数日にわたって強かんされ続けられるという、いわゆるベイビューホテル事件がおこっており、それに関する「証拠概要」が検察側の証拠書類として東京裁判にも提出されていますが、この文書は、捜査報告書の一部で、被害者の証言を整理した箇所である「証拠概要」だけなのです。もともとの捜査報告書には、一〇〇人あまりの、八〇〇枚を超える宣誓供述書が添付されているのですが、その八百数十ページにわたる捜査報告書のなかの、ほんの数枚だけが東京裁判に証拠書類として提出されたにすぎないのです（林博史「マニラ戦とベイビューホテル事件」関東学院大学経済学部教養学会『自然・人間・社会』第五二号、二〇一二年一月）。各国の戦犯裁判関係資料にあたって事件の実相を解明し、それぞれの事件が各国のBC級裁判においてどのように扱われたのかについても調べる必要があるのです。

3　BC級裁判の資料

女性や関係者の尋問調書

BC級裁判の資料には強制を示すものが多数あります。二〇一四年三月に国会の院内集会で発表した、オランダによるBC級裁判の資料はそれにあたります。これらの資料は、いずれも日本政府（法務省）が収集・作成、保管していた文書ですが、河野談話作成時には、内閣官房に報告されなかったものです。当時は、スマラン事件と櫻倶楽部事件の概要のみが報告されていました。

法務省文書では、バタビア二五号事件を「三警事件」と名付けています。この事件は、これまでは「慰安婦」関係の裁判とは認識されていませんでした。被告は、海軍兵曹長で、バリ島海軍第三警備隊の特別警察隊長（憲兵隊長にあたる）だった人物です。多数の市民に対する虐待や強制売春の容疑で起訴され、禁固一二年の判決を受けています（第Ⅲ部第二章参照）。証拠書類の中には、日本軍「慰安婦」あるいは特定の軍人の性的相手を強制された女性やその関係者の尋問調書がいくつも含まれていて、貴重です。

尋問調書には、被害女性の証言多数が含まれています。特別警察隊長である被告によって、ビンタを受けたり殴られたり、あるいはピストルを突きつけられて連行されていることがわかります。また被告が、お茶を入れる仕事、マレー語を教える仕事と言って、騙して連れて行こうとしていることもわかるのです。そして、慰安所の経営を日本軍に命じられた人物は、慰安所に連れてこられた女性たちが泣き叫ぶ姿を目撃しており、彼女たちが強制されてきたと断言しています。

なお、判決では強制売春については立証されていないとして、「暴行と脅迫」を用いて「性交を強いる目的」をもって女性を上官の家に「強制的に連行」したことが認定されて有罪となっています。証拠書類として提出された尋問調書には「慰安婦」強制のケースも含まれているのですが、検察は立証しきれなかったようです。これらの文書の中に「慰安婦」強制で有罪にならなかった理由を本人自身が戦後になって語っている史料がありました。

法務省は、一九五〇年代末から六〇年代にかけてスタッフが日本全国各地を回り、元戦犯や弁護士から聞き取り調査をおこなっています。この被告が一九六二年八月八日に法務省のスタッフに語っていることを見ると、海軍特別警察隊長であった自らの口で、「慰安婦」徴集が戦犯になるのではないかと心配していたこと、軍の資金を使って住民の懐柔工作、すなわち、もみ消した工作をして、うまく戦犯追及を免れたことを証言しています。もはや戦犯追及のおそれがなくなった時点で、率直に語っていると思われます。軍資金によるもみ消し工作を示す文書、しかも実行した本人が証言している文書は初めてだと思います。

「慰安婦」になるか、特定の軍人の性的相手をするか

もう一つ最近発見したものにバタビア裁判八八号事件があります（第Ⅲ部第三章参照）。この事件は、ジョワ島東部のジョンベル憲兵隊分隊長だった和田都重憲兵大尉が被告で、四八年には死刑判決を受け、同年に逃亡射殺されています。起訴状には「和田都重は部下と共謀してシャンポールと呼ばれる下宿屋を慰安所に当てオランダ国籍の婦女を同所に収容して日本人相手に売淫を強制し」とありました。なおこの容疑については、

被告のアリバイが認められて無罪となっていますが、事件そのものが否定されたわけではなく、責任者は別にいるということです。

被害者の尋問調書の概要のみを紹介しますと、二五歳の女性は、親米容疑で憲兵隊に捕まり、ボンドオソの慰安所に連れて行かれた。ここにずっといるか、一人の特定の日本人と同棲するか、選べと言われる。後者を選び、憲兵隊員と同居。その憲兵隊員が帰国したので、家に帰った。

二六歳の女性は、アメリカ人を助けたとして妹とともに逮捕された。妹は肉体関係を強制され、日本人全部の妻となるか、同棲する一人の日本人を選ぶように強いられ、後者を選んだ。その日本人の子どもを産んだ。夫は抗日容疑で逮捕され死亡した。

二八歳の女性は、逮捕され、ボンドオソの慰安所だったホテルに連行された。その後、憲兵隊将校の性的相手を強いられ、五か月後、その将校が帰国したので家に帰った。現在、四歳の女の子が残されているという。

このように被害者の尋問調書で明らかになったのは、「慰安婦」になるのか、特定の軍人の性的相手をするのか選べというやり方です。しかも、反日活動をした、あるいは親米的だということで警察が逮捕してのうえで「選択」を強いるのです。これはけっして「選択」ではありません。強制と言わなければいったい何なのでしょうか。こういう尋問調書がたくさん出てきているのです。

4 日本の軍人の戦記・回想録

河野談話後に発見された資料という点では、日本の軍人の戦記・回想録がありますが、これを日本政府は完全に無視しています。被害者の証言を聞くことは当然ですが、日本の軍人や実際に外地に行っていた人の証言は貴重です。いくつか紹介します。

井関恒夫『西ボルネオ住民虐殺事件─検証「ポンテアナ事件」』（不二出版、一九八七年）

（著者は住友殖産社員としてポンテアナックに駐在）

（一九四三年春以降）この悪化して行く戦況を知る若い隊長（注─上杉敬明のこと）にとっては、酒に酔い、喧嘩はする、妾を囲って放埒な生活をしている在留邦人の行動は、時局柄もはや黙視し難い事態であり、在留邦人の精神を刷新する目的とした指令が出された。

「蓄妾禁止令」である。日本人が妾を持つことを禁止する軍の指令である。現在妾を持っている者は妾と別れて、その妾を慰安婦として差し出せとの命令である。（中略）

私の知ってる二号となってる女達の二人が私の所にやって来て、「私らは一人の日本人の旦那に仕えてるのが何が悪いのか、私は今の旦那が好きで現地妻となっているのに、それを娼婦扱いにして慰安所に入れて、大勢の日本人を相手にしろというのですか、こんな馬鹿なことがあるもんか、私らは納得出来ません」と、二人から抗議を受けたことがある。私はこの二人に早く身を隠せと忠告した事がある。

そして又慰安所に入れる女を求める方法として、民政府に命じ、日本人商社に勤めてる未婚の女事務員を調べて、処女でない者は、日本人との関係を自白させて慰安婦にしたケースもあった。現に住友殖産の十七歳の女事務員が局部を調べられたといって泣いて帰って来た例もあるし、又他の商社では、日本人の名前をいえば許されると思って、何らの肉体関係もないのに自分が勤めてる所の日本人の名をいったため、その名指しの日本人が特警に呼ばれて、とんでもない濡れ衣を着せられた例もある。

これらの事実は、若き隊長が如何に自らの権力に溺れ、現住民を蔑視し個人の人権など全然無視した行為であり、現住民の一部に不安と恨みを買ったかを物語っている。
そして慰安所は、軍人用、民政部役人の高等官用・判任官用及一般商杜用と分かれて設けられ、一般商杜用は、慰安所で女を抱く毎に月日氏名を記入する事になっていた。こんな馬鹿げた事が公然と行なわれていたのである。

「終戦秘話(明朗日報社編)」、鉄道第一三連隊第一中隊戦友会『硝煙の鉄路』一九九〇年・同会・香川県三野町
(一九四五年敗戦直後、津浦線蚌埠にいた記者の回想)
明朗日報社設立準備の打合せの為特派されていたS記者は、津浦線蚌埠近郊に宿営していた大隊本部に大隊長を訪ねていた。(略)所在のない侭S記者は宿営内のあちこちを歩いていると、一寸離れた中庭の処に小綺麗な建物があったので覗いて見たら、可愛らしい和服の女性が三名、一箇所に固まって座っていた。「私達は軍隊慰問の劇団員として応募したのに、来てみたら兵隊さんの相手をさせられて、こんな事になった……戦争に負けては金も貰えないし、生れ故郷にも帰れない。あなた達と一緒に連れて行って頂戴」と大粒の涙を流して訴えられた。今まで他の部署に属していたのを、転進に伴い、そこに残置されたらしい。そして大隊本部の管理下?に預けられていた慰安婦であった。

「慰安婦に命を救われた―鄭琪永さん」朝日新聞社『女たちの太平洋戦争』第一巻・同社・一九九七年
(中国にいた朝鮮人日本軍兵士の記録、一九四五年七月、諸暨の慰安所で)
東京帝国大学に在学中だった一九四四年(昭和十九年)一月、「学徒特別志願兵」として大邱歩兵八〇

連隊に強制入隊、四五年七月、中国の諸曁チューチーに駐屯していたときのことだ。見習主管となっていた鄭さんは、初めて慰安所を訪れた。二階建ての立派な家で、三十人の女性がいた。カナザワサチコといった相手の女性は二十二歳。日本軍人だとばかり思っていた鄭さんが同じ慶尚南道の出身と知って、彼女は身の上を語りはじめた。

小作農だった父親がサハリンへ連行されたあと、弟二人を養うために「日本の工場で働かないか」という日本人の誘いに乗った。下関に着いたが上陸せずに、船の中で一カ月すごしたあと中国へ。「処女だったのに……」。そういって泣きくずれた。

須藤友三郎「インドネシアで見た侵略戦争の実態」上越よい映画を観る会、直江津空襲と平和を考える会編『こんな日々があった　戦争の記録』同会・一九九五年

（一九四三年以降北スマトラにいた兵士の記録、コタラジャの慰安所で）

スマトラ島の最北端にコタラジヤという町があります。私たちは最初ここに上陸し駐屯しました。この町には当時、日本軍の「慰安所」があり、朝鮮人の女性が二十名程、接客を強制させられていました。みんな二十才前後と思われる農村出身の人たちでした。「慰安所」の建物は、ベニヤ板で囲った急ごしらえのもので、周囲は有刺鉄線が張りめぐらされ、女性たちが逃亡できないよう看守づきのものでした。当時、日本の兵隊の月給は十三円程度でしたが、「慰安所」の利用は一人三〇分で三円程でした。日本軍は交代で休日をとり、おしかけるので、一人の「慰安婦」が一日に二〇名位の接客を強制させられるというひどいものでした。「慰安婦」の話によると、当時の朝鮮の農村は貧乏でした。その弱みにつけ込んで、一人当たり二十円程度の前渡金をもってきて、「日本本土の工場労働者になってもらいたい」と親をダマし、

徴用されたというのです。ところが船に乗ると日本本土どころか南方に連れてこられ、しかも突然日本軍の将校にムリヤリ売春を強制させられたと、涙を流して「悔しい」と泣いていました。しばらくして今度は農村の椰子林の中にまた「慰安所」ができました。ここには、インドネシアの若い女性が十名程収容されていました。この人たちの話によると、ジャワ島の農村から、朝鮮人の女性と同じようなやり方で連れてこられたと憤慨していました。

中国でも新しい資料の発見

そのほか、最近では、中国でも新しい資料が発見されています。日本軍が残した文書だと思いますが、二〇一四年二月に上海で「慰安婦」問題のシンポジウムがあり、一九三七年上海に進駐した日本軍が「慰安婦」動員と慰安所の開設に直接関与した公文書を韓国と中国の学者たちの研究によって確認されたと報じられています。上海档案館に所蔵されている「市民（中国人）楊水長が浦上六番地に開設した慰安所状況の案件」という文書は、一九三九年二月二五日、上海警察局長が上海市長に報告したもので、当時、上海を占領していた日本軍憲兵隊と陸軍警備隊に行政の許可を受けたという事実を確認するために出されたとされています。この慰安所は、中国人が出入りできない「日本軍専用」で、通訳と一五歳の女性を含む七人の「慰安婦」を雇って運営されたと言います。発見した研究員によると「この文書は、日本軍が中国傀儡政府を利用して軍の慰安所を開設し、管理する制度を作ったことを確認したこと」とし「日本軍が直接、婦女子を強制連行して親日中国人業者を利用して慰安所を開設した公文書もある」そうです。おそらく、中国には、こうした文章がまだたくさん残されていると考えられます。

5　市民運動の展開

「YOいっション」の運動

いま、私たちは、「河野談話の維持・発展を求める学者の共同声明」（二〇一四年三月八日）への署名運動にとりくんでいます（序章参照）。呼びかけ人には、この問題での研究者として第一人者である吉見義明さんをはじめ上野千鶴子さんやアジア女性基金の呼びかけ人であった和田春樹さんらも入っています。幅広い研究者が参加する、ここ二〇年来なかった取り組みになっています。三月三一日の記者会見までにいろいろな分野の方一六〇〇人以上が署名してくれました。それだけいまの安倍内閣の動きに対して、危機感が強いということでしょう。

もう一つ、注目すべき運動に、吉見義明さんの裁判の支援団体「YOいっション」があります。これは、外国特派員協会での橋下大阪市長の記者会見の場で、日本維新の会の桜内文城衆議院議員が、「慰安婦」問題に関する吉見さんの本を「捏造」であるといい、多くの証拠で「捏造」が明らかにされているとまで言ったことに対して、吉見さんが名誉毀損で訴えた裁判です。「YOいっション」の会合などには、これまでの運動団体には関わっていなかった新しい世代が参加するようになってきており、新しい可能性を感じます。

この間のヘイトスピーチに反対する動きも、いままで運動とはかかわっていなかった若い世代がずいぶん参加しています。日本の現状に問題意識をもつ新しい世代が出てきているのだと思います。実は、今回、研究者の共同声明でも、ネット上の作業をやってくれたのは、そういう若い人たちでした。いままで以上に幅が広がっていく可能性はあるのだと思います。

いま何をすべきか

二〇一四年五月三一日から六月一日に第一二回日本軍「慰安婦」問題アジア連帯会議が東京でおこなわれました。なかなか本質的な解決がすすまない状況のなかで何をすればいいのか、具体的な政策提言が出されています（第Ⅲ部補論ならびに巻末資料編参照）。

率直に言って、日本の政治状況では「慰安婦」問題の解決は厳しい状況もあります。「慰安婦」問題について発言すると、マスメディアやインターネットで叩かれる状況が野放しになっています。ここには、戦後、国民のあいだで、一般的に侵略ということについては理解されていても、その中身については十分に認識されてこなかったことへのツケがあるのではないでしょうか。加害の事実がまだまだ社会の共通認識にまではなっていないのです。

この点でドイツなどとの違いを痛感させられます。私は、二〇一四年一月にドイツに行ってきましたが、ニュルンベルク裁判や戦犯裁判が積極的に評価され、国だけでなく社会における明確な共通の認識となっています。ドイツは国際刑事裁判所の実現とその発展に積極的な役割を果たしていますが、戦犯裁判にはいろいろな問題点があったにせよ、国際平和・国際正義を実現させるための一里塚なのだという認識が共有されています。驚いたのは、ナチに協力していたが戦犯として裁かれず、戦後も西ドイツで政府や国家の中枢をになってきた人物の展示がありました。過去の克服が不十分で問題があったことを指摘しているなかで、何人もが顔写真入りで展示されているのです。この展示にはかなり議論があったようですが、こうした展示が公的施設でなされるなどすごいと思いました。

日本では、侵略戦争と植民地支配という加害に対する反省をずっと曖昧にしてきたなかで、日本社会としても、共通の前提、共通の認識というものを十分につくれなかったのだと思います。だから右からの巻き返しになるとどんどん崩されていく。戦争はよくないという認識があっても、きわめて漠然としたものでしかないため、戦後日本が平和国家、民主主義国家として出発し、進むにあたって、加害認識を共通のものにせず曖昧にしてきたのだと痛感させられます。そのことはヘイトスピーチについて、「あそこまでいうのはひどい」という意識はあっても、重大な人権侵害であって、自由民主主義社会としては絶対に許されないことだという共通の認識が必ずしもないことにもあらわれているのではないでしょうか。

本章で紹介したように、「慰安婦」問題でさまざまな資料が出てきています。しかし、橋下市長の「慰安婦」についての発言（第I部第三章参照）や安倍政権の関係者のいろいろな発言に対する批判のなかで、「こういう文書、資料があるではないか」という根拠の提示をマスメディアはやろうとしません。中国や韓国が怒っているというレベルの報道しかしない。一般の人びとには、「根拠がない」と言っているのだから、そうなのかというイメージだけが植えつけられています。事実として資料や証言がたくさんあることがどんどん提示されて、国民がその事実にもとづいて判断するというふうになっていかないといけない。そこから、一つひとつ積み上げていくしかありません。そのためにも河野談話までに集められた資料に加え、その後明らかになった資料とそれらに基づく研究の成果——学界ではすでに共通認識になっていることですが——をきちんと共有の認識にすることがますます重要になっています。

第二章　東南アジアの日本軍慰安所――マレー半島を中心に

西野瑠美子・林博史編『「慰安婦」・戦時性暴力の実態Ⅱ――中国・東南アジア・太平洋編』緑風出版、二〇〇〇年

はじめに

本章では、日本軍の資料ならびに日本軍関係者の証言を手がかりに、マレー半島を中心にしながら東南アジア地域における日本軍慰安所の展開について見ていきたい。東南アジア地域において元「慰安婦」の証言はフィリピンとインドネシアを除くとほとんど出ていない。被害者が名乗り出て、体験を証言できるような状況になれば、もっと深く実態が明らかになるだろう。日本軍サイドからの資料ではそうした被害者の問題が見えてこないことをふまえながらも、ここでは日本側の資料を中心に整理してみたい(1)。

1　東南アジアにおける慰安婦の徴集

アジア太平洋戦争の中で日本軍は占領した東南アジア・太平洋諸島の各地でも慰安所を開設し、日本・朝鮮・台湾から女性を慰安婦として連れていっただけでなく、各占領地の女性を慰安婦にしていった。

すでに中国戦線において各地に慰安所を設置していた日本軍は、戦線を東南アジア・太平洋に拡大するにあ

たって、事前より慰安所の設置を計画していた。そしてアジア太平洋戦争が始まると、南方軍とその傘下の各軍が慰安所を設置していった。一九四二年九月三日の陸軍省の会議は「将校以下の慰安施設を次の通り作りたり。北支一〇〇ケ、中支一四〇、南支四〇、南方一〇〇、南海一〇、樺太一〇、計四〇〇ケ所」との記録が残っている。(2)

(1) マレー半島

シンガポール

マレー半島では、開戦直後の四二年一月二日、第二五軍兵站の将校以下三人がバンコク出張を命ぜられ、そこでタイ人娼婦を集め、その中から性病検査で合格した三人を連れて帰り、タイ領ハジャイとシンゴラに慰安所を設置した。(3) 一方、戦闘部隊とともに先行していた兵站支部は、一九四一年一二月一九日マラヤ北部のアロースターに入り、すぐに慰安所を設置した。ここにはマレー人、インド人、中国人、朝鮮人の慰安婦がいたという。朝鮮人慰安婦は日本軍の輸送船で連れてきていたようである。(4) シンガポール陥落が四二年二月一五日なので、それ以前の戦闘中から兵站の手によって慰安所が設置されていたことが分かる。

シンガポール占領してまもなくの二月二七日近衛師団通信隊無線第二小隊の駐屯地の「ほど近い所に慰安所が開設された」。ここでは地元の女性を募集して集めたようである。(5)

また三月六・七・八日の三日間にわたって、日本軍の宣伝班の下で刊行された新聞『昭南日報』に一七〜二八歳の「接待婦」（慰安婦）を募集する宣伝が掲載されている。その応募受付はラッフルズホテルに設けられているが、ここは軍兵站が管理する将校用ホテルだったことから見て、軍兵站が関わっていると考えられる。(6)

シンガポールには朝鮮人女性も連れてこられていた。セントーサ島の部隊に通訳として配属されていた永瀬隆さんによると、一九四二年の一一月になってから朝鮮人女性一二〜一三人が送られてきて慰安所が開設された。彼女たちから「通訳さん、聞いてください。私たちはシンガポールのレストラン・ガールということで百円の支度金をもらってきたが、来てみたら慰安婦にされてしまった」と泣きながら訴えられたという。(7)

クアラルンプール

クアラルンプールでは、四二年五月に兵站の担当者が市内に残っていた日本人女性を集めた。元からゆきさん、つまり娼婦の経験者が一二人、そうでない女性二人が集まった。前者には慰安婦集めと慰安所の管理を任せ、後者には兵隊用の食堂の経営を任せた。慰安所の建物は日本軍が接収あるいは借りて提供した。そして八月ごろまでに七か所に一六軒の慰安所を開設した（興南会館は含めない）。それは次のとおりである。(8)

①「六軒屋」（華僑の邸宅六軒を接収して使用）と「つたのや」の七軒。慰安婦はほとんどが中国人だが、はじめに集めたタイ人三人やインド人二人、ジャワ系の人三人がここにいた。「つたのや」は最初にできた慰安所であり、四二年四月ころの開設と見られる。
②ペナン・ロードにある中国人慰安婦ばかりの二軒
③「興南会館」という高級将校用の料亭兼遊廓があり、そのそばに将校用慰安所一軒。前者には日本人女性十数人が仲居として働いており、将校が口説いていたという。
④市の南部にイギリス人の邸宅を使った慰安所三軒
⑤中心街に将校用慰安所一軒
⑥市中心部のイースタン・ホテルを接収して使った「月野屋」。クアラルンプールでは最大の慰安所であり、中国人慰安婦が三〇人くらいいた。後に将校用の料亭になった。

⑦最後に開設された慰安所。市内の丘の上にニッパ葺きの屋根のL字型の大きな家を建てた。そこに一九四二年八月ごろシンガポールから朝鮮人慰安婦約二〇人余りが列車で送られてきた。

これらのクアラルンプールの慰安所に入れられた慰安婦は一五〇人を越えていたと見られる。一番多かったのが、マラヤの中国人、次に朝鮮人が約二〇人、ほかにタイ人、ジャワ人、インド人、マレー人と中国人の混血、ジャワ人とマレー人の混血がいた。からゆきさんが多かったマレー半島では、これらの人々のネットワークを使って慰安婦集めをおこなった。そこで集められた女性は地元の中国人が多かったようである。

ネグリセンビラン州のクアラピラ

小さな町では駐留した日本軍が独自に女性を集めていたケースが報告されている。ネグリセンビラン州のクアラピラで起きたことは小さな町（村）に駐屯していた日本軍では広くあったと思われる典型的なケースなのでくわしく紹介したい(9)。

この町には、歩兵第一一連隊第七中隊が一九四二年二月二八日に到着し、三月三日から二五日まで、連隊の一員として州内各地の華僑粛清にあたり、第七中隊の公式記録である「陣中日誌」の記述によると五八四名を刺殺し、二八〇名を検挙して憲兵隊に引き渡している。筆者が調べたかぎりでは、刺殺した相手に抗日ゲリラはほとんど含まれず、多くが女性や子どもだった。また同年八月にはスンガイルイ村を襲い、村民を全員集めて虐殺、三六八名を殺害している(10)。

クアラピラ治安維持会の会長代理だった李玉旋さんの証言を紹介したい。

ある時、李さんは、二人の歩哨兵が一人の女性を追いかけるのを見かけた。強姦事件はなかったようだが、地元の女性がよく兵士に身体を触られたという。

李さんは中隊長のところへ行き、歩哨が女性を追いかけないように頼んだ。すると中隊長のそばにいた第二小隊長から、女性を連れてくるように言われた。その話を治安維持会にもちかえったところ、王という仲介業をしていた人が、ゴム園で働いていたが戦争が始まって失業した三〇歳代の女性四～五人を集め、李さんの紹介状をもって日本軍に連れていった。ところが王は第一小隊長からいきなり殴られてしまった。そのことを聞いた李さんはすぐに中隊長に会いに行き、どうして殴ったのか尋ねた。すると第二小隊長が「あの女たちは年を取り過ぎている。自分の親と同じ年齢だ。あの女たちはいらないから、もっときれいな女を探せ。今度はおまえに任せるから、おまえの責任で探してこい」と指示した。李さんはもし女性を連れてこなかったら自分が首を斬られるかもしれないと心配し、「ここにはきれいな女性はいないから、クアラルンプールに行かなければならない」と言って、一週間待ってほしいと頼んだ。

李さんは友人二人と一緒にクアラルンプールに出かけた。クアラルンプールの歓楽街でタバコなどのセールスをやっている女性を知っていたのでその人に頼んだ。その女性に一七歳から二四歳までの中国人女性一三人を「招待所」で働くということで集めてもらった。中国語の招待所という言葉は、ゲストハウスという意味で、李さんは軍隊の慰安所とははじめはわからなかったという。

クアラルンプールの華僑団体に頼んで、憲兵隊から一三人の通行章をもらって帰って来た。帰る途中、セレンバンの友人に集めてもらった女性五人も一緒に連れてきた。この五人は二〇歳代前半の女性で、いずれも娼婦ではなく、元二号さんだが今は捨てられた女性だということだった。あわせて一八人、すべて中国人である。

まず町の端の建物を使った「招待所」に一八人を収容した。まもなくきれいな五人だけを残して他の一三人は中隊の宿舎のそばにあった州のサルタンの一族の邸宅を利用した「慰安所」に移した。招待所が将校や憲兵用で、慰安所が一般兵士用だった。

李さんは招待所の五人とはよく話をした。彼女らは外出を禁じられていたので、買物を頼まれた。「早く帰りたい」と泣きながら訴えられたことも何度かあったという。

慰安所の管理は、クアラピラのある男が任せられていた。女性たちには、治安維持会がお金を集めて一人一か月三〇〇ドルずつ軍票で支払った。戦争が終わってから、日本軍が帰ってよいと言ったので女性たちは自分で帰っていった。その後、何も連絡はない。

なお第七中隊長と二人の小隊長は、戦後、住民虐殺の罪で戦犯裁判にかけられ、三人とも死刑になっている[11]。

マレーシアの元慰安婦の証言では、クアラルンプールの郊外に住んでいた一六歳のその女性は、一九四二年三月ごろ村にやってきた日本兵によって連行されてくりかえし強姦され、その後、慰安婦にさせられた。また当時一五歳だった女性が家に来た日本兵によって引きずり出され、強姦されたあとで将校専属の愛人にされたという[12]。

このようにマレー半島では、新聞広告による募集、元からゆきさんを使った募集、地元の住民組織幹部に集めさせたケース、暴力的な拉致の様々な徴集の方法が取られていた。

マレー半島では四二年三月から四月にかけて、各地で華僑粛清＝虐殺がおこなわれていた。たとえばマラッカ州では三月はじめから二五日まで粛清がおこなわれていたが、三月二〇日に「慰安所に於ける規定」が制定され利用が始まっている[13]。クアラピラの場合、四月三日に慰安所が開設されたことが陣中日誌によって判明しているので、粛清をおこないながら慰安婦集めを指示していたことになる。華僑粛清と並行して慰安婦集めがおこなわれ慰安所が開設されたのがマラヤの特徴である。

（2）東南アジア諸地域

マレー半島以外の諸地域について順に見ていきたい。

インドネシア

インドネシアについては[14]、セレベスの第二軍司令部が戦後に作成した「売淫施設に関する調査報告」では、「売淫婦は本人の希望に依り営業せしむ」「希望者を募集」と記している[15]。この史料によるとトラジャ、マンダル、ジャワ、ブギス、マカッサル、マンダル、などの慰安婦がいたことが記されている。

インドネシアの元慰安婦の証言によると、ウエイトレスや事務員、看護婦などの仕事だと言われたり、裁縫をならわせてやるという詐欺の方法で誘いに応じて強姦されたうえで慰安婦にさせられたケース、警察官や村の役人を通して集めたケースなどがある。日本軍の一斉取締で捕らえられて慰安婦にされたというケースも報告されている。

だまして連れていったケースが多いと見られるが、軍が表に出ずに警官や村の役人を使って集めさせたケースもかなりあると見られる。そこでは強制的に連行したケースもあったようである。たとえばアンボン島では戦況の悪化にともない日本人「慰安婦」らを引揚げさせたが、四五年になったあらためて慰安所を作ることにした。駐留していた海軍の第二五根拠地隊司令部は現地の警察を使って女性を集めさせることにした。ある島に女性集めに行った軍政官は、住民が港に集まってきて「娘を返せ」と叫んで恐ろしかったと語っているし、別の海軍将校は「クラブで泣き叫ぶインドネシアの若い女性の声を私は何度か聞いて暗い気持ちになったものだ」と回想している[16]。そうした日本側の証言から見ても、強制的に女性を駆り集めたようである。

インドネシアの女性は、ジャワからインドネシア各地、さらには他の東南アジアや太平洋諸島にも送られていた。一九七八年になされた、ある調査によると、[17] ジャワの郡や村の幹部の娘たちが看護婦などの養成のために日本に留学させるという名目で集められ、タイやマルク諸島などインドネシアの島々に送られ「慰安婦」になることを強制され、戦後もジャワに帰ることができないままにいることが報告されている。

さらに戦争中、港湾局で働いていたシンガポールの元社会問題担当相オスマン・ウォク氏が語ったところによると、[18] インドネシアからたくさんのロウムシャ（労務者）が船で運ばれてきて、その中に白い制服を着た一六～二〇歳くらいの少女たち約三〇～四〇人が混じっていた。彼女たちはウォク氏に「看護婦になるために来た」と語っていたが、実際には市内の慰安所に連れていかれ、戦争が終わって、彼女たちはカトン・ロードにあった慰安所から逃げ出してきたが、その時オスマン氏に対して「看護婦にすると言われて来たが、慰安婦として働かされた」と語ったという。オスマン氏が港湾局で働いていたのは一九四四年中頃からのことなので、その時期のことと見られる。

戦時中、「昭南博物館」にいたコーナー氏は、一九四四年ごろにインドネシアから男のロウムシャだけでなく若い女性も送られてきたことを証言している。「女性については、若くてきれいだと、カトンの近くにある兵営に売春婦として送られた。そこで、彼女たちが『助けて、助けて』（マレー語）と助けを求めて泣き叫ぶ声は、通行人の心を引き裂いた」と記している。[19] この二人の証言は一致しており、戦争末期になるとインドネシア（特にジャワ）女性がだまされて、あるいは強制的に各地に連行され慰安婦にされたことがわかる。

東南アジア諸地域

フィリピンの場合は、マラヤとはかなり様相が異なっている。[20]

一九九二年一一月までに明らかになった三〇人の元慰安婦のケースを見ると、その年齢は一二歳から二六歳、その半数強は二〇歳以下だった。徴集の方法は、家にいる時や道を歩いている時、川で洗濯をしている時に強制的に連行され、強姦輪姦されたうえで慰安婦にさせられたケースが非常に多い。そうした連行の方法は日本軍の占領直後から始まっている。ゲリラ討伐の名による住民虐殺をおこなう一方で若い女性を拉致するケースがある。この段階では、特定の将校や兵士たちが拉致してきた女性を家に監禁して順に輪姦をくりかえすといきわめて粗暴な傾向が見られる。

ビルマではどのようにしてビルマ人慰安婦を集めたのか、まったくわからない。ただ占領直後から慰安所が開設されビルマ人が慰安婦にされていたようである。『「慰安婦」・戦時性暴力の実態〈1〉日本・台湾・朝鮮編（日本軍性奴隷制を裁く——二〇〇〇年女性国際戦犯法廷の記録）』（緑風出版、二〇〇〇年）の第四章で筆者が紹介したカラゴン村のケースは、日本軍が女性を拉致したケースであろう。

インドシナでは、一九四〇年九月に日本軍が北部仏印に進駐した。その直後にハイフォンの司令部で司令官西村琢磨中将と参謀長長勇大佐が葡萄酒を飲みながら、慰安所を急いで作れと「気炎をあげて」いた[21]。おそらく占領後まもなく慰安所が設置されたのではないかと推測される。

ハイフォンの慰安婦の「検梅成績表」（一九四二年六月一三日）によるとベトナム人慰安婦一〇人の名前が記されている。この史料を持ちかえった元兵士の証言によると、「募集をすればすぐに現地人女性は集まりました」と述べ、ベトナム女性だけでなく安南人とフランス人の混血の慰安婦もいたと証言している[22]。

東南アジア・太平洋地域において慰安婦にされた女性の出身は、日本の公文書、日本側と地元の証言・回想記などから判明したものは、これらの外部から連れてこられた日本人、朝鮮人、中国人、台湾人がいる。そして、マレー人、華僑（華人）、タイ人、フィリピン人、インドネシア人（各種族）、ビルマ人、ベトナム人、インド人、ユーラシアン（欧亜混血）、太平洋諸島の島民、オランダ人などがあげられる。

ラオス、カンボジアについては不明だがその可能性は高い。日本軍が占領し部隊が駐留したほとんど全地域から女性が慰安婦にされたと言ってよいだろう。

（3）東南アジアにおける徴集方法

東南アジア・太平洋地域における慰安婦の徴集の方法を整理すると次のように分けることができよう。ただしここでは日本人、朝鮮人、台湾人は地域外から連行されてきたケースなので除外する。

第一に現地在住の日本人に集めさせたケースである。マラヤで元からゆきさんに慰安婦集めを委託したのが典型的な例であるが、元からゆきさんが多かったマラヤに特徴的なケースであろう。この場合、現地の娼婦のネットワークが利用されたと思われる。

第二に新聞などによって募集したケースである。シンガポールでの募集広告がその代表的な例である。その場合は性の相手をすることがわかるケースであるが、仮にそれを承知で応募してきた場合でも、想像以上の耐え切れない苛酷な「慰安」を強要されたケースもある。たとえば先に紹介した近衛師団の通信隊の近くに設置された慰安所では、兵士が次々におしよせるために、慰安婦になった女性が「予想が狂って悲鳴をあげ」、兵士の相手になることを拒否してしまったのに対して、係の兵がその女性の手足をベッドに縛りつけて、「慰安」を強要したことがあった[23]。

第三に地元の住民組織の幹部などに慰安婦集めを命じたケースである。マラヤやインドネシア、フィリピンなど各地でこうした事例が報告されている。先に紹介した軍医少佐の報告でも村長に割り当てて集めることが提案されており、この方法はかなりの地域でおこなわれたのではないかと見られる。これは日本軍が軍事力をバックにして強制的に集めさせたケースと言えるだろう。さきに紹介したクアラピラのケースはまさにこれにあたる。

第四に詐欺による募集である。よい仕事があるから、事務員やタイピスト、看護婦にするからというような口実で集めて、結局は強姦してから慰安婦にするケースである。徴集の段階では詐欺だが、結局は慰安婦になることを強制したケースである。これは各地で広く取られた方法であると言える。第一〜第三の場合もこの詐欺にあたるケースが多かったのではないかと見られる。

第五に暴力的な拉致によるケースである。日本兵が家に押し入り、暴力的に若い女性を拉致し、兵士たちが輪姦したのちに慰安婦にした例はフィリピンで数多く報告されているが、マラヤでもそうした事例が報告されている。

徴集にあたって、軍が直接おこなったのか、民間の業者が介在したのか、史料がほとんどないので断定できないが、占領地で軍政が布かれていることから軍の役割は朝鮮や台湾よりはるかに大きかったといえるだろう。特に小規模の部隊が駐屯する町では、徴集も経営も軍直営の傾向が強い。

東南アジア太平洋地域における慰安婦の徴集の特徴は、第一にアジア太平洋戦争の開戦前から軍中央において準備がおこなわれ、組織的に慰安所設置、慰安婦の徴集がおこなわれたことである。中国戦線での経験がこうした対応を生み出した。

第二に占領地であり、軍政が敷かれていたことから（仮に「独立」国であっても実質的に軍が支配していた）朝鮮や台湾以上に軍が徴集に果たした役割は大きかったと見られる。

第三に占領地の住民に対する一連の残虐行為の中で、あるいは並行して慰安婦集めがおこなわれたことである。フィリピンではゲリラ討伐の名の下に村の男たちを虐殺しながら若い女性を拉致強姦し慰安婦にしていった。マラヤでは中国系住民の粛清＝虐殺をおこないながら、並行して慰安婦集めをおこなっていた。こうした占領地では日本軍の暴力が剥き出しにされたことが特徴的である。

第四にインドネシア、特にジャワの女性がマラヤやボルネオなどに連れていかれて慰安婦にされた例が多い。特に一九四四年以降、マラヤにかなりのインドネシア女性が連れてこられた模様である。日本軍の戦局が不利になり、日本本土や朝鮮からの慰安婦の供給が滞るようになるとジャワが供給地にされた。

2 東南アジアにおける日本軍慰安所の展開

東南アジア・太平洋地域における慰安所の展開について見ていこう。日本軍は一九四二年五月ごろにはほぼ南方作戦を一段落させ、占領地域は最大限に拡大した。そしてそれらの地域に慰安所を設置していったのである。

(1) マレー半島

マラヤにおいては、徴集の項でも述べたように、マレー戦の最中から慰安所の開設をはじめ、四二年二月一五日のシンガポール陥落後まもなくシンガポールに慰安所が開設され、マレー半島各地でも三月以降、各地に開設された。いずれも兵站が慰安所の設置を担当した。四二年七月に軍政部が軍政監部に改編されたのにともない、この時に慰安所に関する事項も兵站から軍政機関に移管されたものと推定される。[24]

マラヤとスマトラに在留する邦人に関する憲兵隊の調査によると四二年七月二〇日現在、「慰安婦」が一九四人いるとされている。全体で男女を含めて朝鮮から来た者が一九六人とされている。このことから朝鮮人慰安婦を中心に邦人慰安婦が一九四人いたことがわかる。[25] このころにはマラヤの主な都市には慰安所が設置され

図　マレー半島の日本軍慰安所

＊都市名を記したものは、史料あるいは証言により慰安所の存在が確認される都市。
シンゴラ
ハジャイ
タイ
コタバル
マレーシア
アロースター
プルリス州
ケダ州
バーリン
ペナン
ペラ州
ケランタン州
クアラトレンガヌ
タイピン
トレンガヌ州
クアラカンサー
イポー
クアラリピス
テロックアンソン
クアンタン
パハン州
セランゴール州
クアラルンプール
クアラピラ
セレンバン
ゲマス
ネグリセンビラン州
セガマット
ポートディクソン
ジョホール州
マラッカ
クルアン
ムア
マラッカ州
バトパハ
ジョホールバル
シンガポール

ていたと見られる。シンガポールを含めて考えると、この時点での日本軍慰安婦の中で、邦人（朝鮮人と日本人）以外の慰安婦（多くはマラヤの中国人など）の方が多かったのではないかと推定される。

一九四三年一〇月五日に馬来軍政監部によって「慰安施設及旅館営業取締規程」が制定されたが一一月一一日には同名の規定とともに「慰安施設及旅館営業遵守規則」、同別冊「芸妓、酌婦雇傭契約規則」が制定され、一二月一日より施行されている。[26]これらの規定の中で「慰安施設の経営者は邦人に限定するを本則」とするが従業員は「為し得る限り現地人を活用」するとされている。軍政監部の方針としても地元の女性を慰安婦にしようとしていたことがわかる。またこの規程では、慰安婦が廃業するためには、軍政を担当している地方長官の許可が必要とされている。つまり自分の意思では辞められなかったのであり、ここに強制性が示されている。

なお海軍はこの規定の適用を受けず、独自に慰安所を設置している。少なくともシンガポールとペナンには海軍の慰安所があった。一九四二年五月三〇日付の海軍省軍務局長・兵備局長から南西方面艦隊参謀長宛に出された「兵備四機密第一三七号」「第二次特要員進出に関する件照会」と題する文書によると、「準特要員」（慰安婦のこと）として海南市から五〇人をペナンに送ることになっている。[27]海軍省の中枢が慰安婦送り出しをおこなわれていることがわかる。

これまでマレー半島で慰安所が設置されていたことが、史料や証言で確認できるのは約三〇都市にのぼっており、大隊規模の駐屯地にはほぼ設置され、中隊規模の駐屯地では設置された所とされなかった所の両方がある（図参照）。多くの都市では当初は兵站により、途中からは軍政機関による慰安所の監督管理がおこなわれ、敗戦まで慰安所が維持されていた。

(2) 東南アジア諸地域

フィリピンでは、日本軍の公文書で慰安所があったことがわかる最も早いものでは、一九四二年五月一二日のパナイ島イロイロの第一慰安所での慰安婦への検梅結果の報告である。[28] 日本軍がパナイ島に上陸したのは四月一六日のことなので、一か月もしないうちにすでに慰安所が開設されていたことがわかる。ここの慰安婦はフィリピン女性である。六月九日付の報告によると、一三人の慰安婦のうち一六歳の二人を含めて九人が十代の少女である。ミンダナオ島ブツアンに駐屯していた独立守備歩兵第三十五大隊の史料によると、一九四二年六月六日に慰安所に関する規定を制定している。ついで六月一一日には近くのカガヤンにも慰安所を開設し、カガヤンには四人、ブツアンには三人の慰安婦がいたとされている。四三年二月一四日にはこの大隊としては三つめの「第三慰安所」を開業させている。なお日本軍のミンダナオ島上陸が四月二九日、同島の米軍が降伏したのが五月一〇日である。

パナイ島の北東にあるマスバテ島では一九四二年八月にマスバテ島警備隊によって「軍人倶楽部規定」が制定されている。その後、軍政機関が関わるようになる。一九四二年一一月二二日に軍政監部ビサヤ支部イロイロ出張所からイロイロ憲兵隊分隊宛に送られた「慰安所(亜細亜会館 第一慰安所)規定送付の件」によると、「イロイロ出張所管理地区内に於ける」「慰安所の監督指導は軍政監部之を管掌す」とされている。

また一九四二年中に「パナイ島事業統制会」が組織され、その下にパナイ島接客業組合が作られ、セブ軍政監部支部長に認可を申請した資料が残されている。この接客業組合は「軍指導監督下に置かれ」「軍政監部の施行されたる法規を厳守するもの」とされている。この組合の事業の中に酒場や娯楽場などとならんで慰安所がある。このように慰安所は軍政監部の管理下におかれていた。

一方、軍政監部だけでなく憲兵隊も慰安所に深く関わり続けていた。一九四三年八月にバギオ憲兵分隊からの調査依頼に基づいてタクロバン（レイテ島）憲兵分隊がタクロバン町の慰安所の状況について回答している。それによるとタクロバン町の慰安所は一か所、慰安婦はフィリピン人が九名、経営者はフィリピン女性である。

このようにフィリピンでも占領直後から兵站や各駐留部隊によって慰安所が設置されていった。そして四二年の後半ごろから軍政機関が慰安所の監督管理をおこなうようになった。また当初より憲兵隊も慰安所の設置に深く関わっていた。四三年一〇月のフィリピンの「独立」によって軍政機関は撤廃されるので、その後は再び各駐留部隊や兵站による管理に移ると見られるが史料が残っていない。

一九四四年七月マリアナ諸島が陥落してからフィリピンには日本軍が次々に増強された。こうしてフィリピンにやってきた各部隊は独自に慰安所の開設をおこなっていったようである。たとえばミンダナオ島に飛行場建設の任務を受けて上陸した第一二六野戦飛行場設定隊では、一階を酒保とし二階を慰安所とする建物を作った。ベニヤ板で六部屋に区切り寝台も大工出身の兵の手で作った。慰安婦については、主計少尉が邦人通訳の紹介でダバオのボスを訪問して、日本から持ってきた女性用の服の布を渡して慰安婦の斡旋を依頼した。そして六人の地元女性を集めた。こうしてすべてが軍直営の慰安所が開設された[29]。

軍政監部や各駐屯部隊による慰安所規定が定められ、一応形式的には組織的な管理がなされていた慰安所だけでなく、各部隊によるきわめて乱暴な監禁輪姦そのものの延長と言えるような状況もあった。建物の一室に監禁され、外出も許されず毎日何人もの兵士から強姦されるような状況がそうである。抗日ゲリラはこうした状況におかれた女性の救出にあたり、ゲリラによって解放された慰安婦も少なくない。

インドネシアでも各地に慰安所が開設されていたことがわかっているが、慰安所の規定はまだ見つかっておらず史料もきわめて少ない。ただ戦後、復員にあたってセレベス民政部（海軍の軍政組織）の海軍司政官が作成した報告が残されており、海軍の軍政下にあったセレベスの慰安所の状況がわかる[30]。

南部セレベスに関する史料では、民間人が実質的に経営していたという説明になっているが、各施設の「婦女の保護、収入支出、休養給与等の適正監督、風紀衛生等の取締指導等」は各県分県監理官がおこなうこと、「糧食、寝具、食器類、水道料、使用人の給養等一切民政部負担」となっていることなどから見て、ほとんど民政部（海軍の軍政機関）の丸抱えといってよい。民政部の監督下にあった慰安所は二三軒、慰安婦は二二二人となっている。トラジャ人、ジャワ人などほとんどがインドネシア人である。この他に第二軍司令部、パレパレ警備隊、神地区警備隊、ケンダリー海軍部隊のそれぞれの下に計七つの慰安所があった。このうちパレパレとケンダリーでは将校自らが責任者となる軍直営方式であり、残りの二つも民政部のものと同様に一応民間人が責任者だが軍丸抱えであった。

インドネシアでも軍政機関と各部隊の両者がそれぞれ管理する慰安所があった。小さな島になるほど軍直営の性格が強いと見られる。米軍が上陸しなかったインドネシアではマレー半島と同様、敗戦までこの状況が続いたと見られる。

ビルマでは、日本軍は中部の要衝マンダレーを五月一日に、北部の要衝ミートキーナを八日に占領、五月一八日ビルマ方面の主要作戦を終了した。このビルマでも各部隊が駐屯地に移動してまもなく慰安所が設置された模様である。第一八師団歩兵第一一四連隊の元兵士の証言によると、四二年六月ごろには中部の都市メイクテーラに三軒の慰安所が開設され、日本人、朝鮮人、中国人の慰安婦がいたという。(31)

ビルマの場合、中国で経営していた慰安所や食堂などの業者にビルマに行くように働きかけており、その業者たちが軍の便宜を供与されてそれらの慰安婦を集めたようである。(32)

連合軍がビルマで捕らえた朝鮮人慰安婦と民間の日本人経営者に行った尋問報告書によると、東南アジアに送り込む慰安婦を集めるために四二年五月に周旋業者たちが朝鮮に送り込まれ、負傷兵の看護などと騙して前金を渡して女性を集めた。そして約八〇〇人（七〇三人の朝鮮女性と九〇人ほどの日本人男女）が八月にラングーンに到着しビルマ各地の慰安所に送り込まれた[33]。

日本軍の公文書として唯一見つかっているのが、ビルマ中部のマンダレーの慰安所規定である[34]。一九四三年五月にマンダレー駐屯地司令部が定めた「駐屯地慰安所規定」によると、経営者がいたことがわかるが、使用時間や料金などが細かく規定され、「調味品類其の他の必需品」は駐屯地司令部に「請求」し、貨物廠から交付されることになっている。またマンダレーは商社がたくさん進出してきていたからか、商社員らにも特別に慰安所を利用させる項まであり、軍と商社の結びつきの深さがうかがわれる。

マンダレーでは一九四五年一月に制定されたマンダレー駐屯地勤務規定の別紙によると、この時点でも九軒の慰安所があり、「内地人」の慰安所一軒（将校用）、広東人一軒、「半島人」（朝鮮人）三軒、ビルマ人四軒と、日本人、朝鮮人、中国人、ビルマ人の慰安婦がいたことがわかる。またビルマ人の慰安所のうち一軒は「ビルマ兵補専用」となっており、日本軍の下請けをさせた現地軍にも慰安所を設けていたことがわかる。

四四年以降、日本軍が敗走する中で、多くの慰安婦が戦場に捨てられて、戦火や飢餓病気の犠牲になった。ビルマでは、日本人、朝鮮人などの外部から連れてこられた慰安婦たちが最前線にまで駆り立てられ、日本軍の敗走の中で多くの犠牲を出したことが特徴だろう。日本兵さえもろくに補給なしに餓死病死させられた戦場で、彼女たちは一層ひどい状況に追いやられたと言えよう。

ベトナムでは、日本軍が進駐してから慰安所が設置されており、東南アジア地域では最も早く日本軍の慰安所が設置されたのではないかと推定される。ベトナムでは一九四五年三月の仏印武力処理までは仏印当局との二重支配だったので、軍政は敷かれず、各部隊が慰安所を設置していたと見られる。この点では独立国だったタイの日本軍の場合も同じようだったのではないかと推測される。

インド領だったアンダマン・ニコバル諸島にも日本軍の慰安所が開設され、ここには日本人や朝鮮、台湾、インドネシアなどの女性が慰安婦として連れてこられていたという[35]。

ほかにも現在のパプア・ニューギニアのラバウルやカビエンをはじめとして太平洋の他の島々、南洋諸島のサイパン、トラック、パラオ、米領グアムなど日本軍が駐留、占領した地域のほとんどの所に慰安所が開設された。小さな島になるほど軍の直営の性格が強くなることは言うまでもない。ラバウルのような大きな町では兵站が管理し、業者が入ってきているが、小さな町や島では駐屯する部隊の直営になるケースが多い。

おわりに

東南アジア・太平洋地域については、アジア太平洋戦争の開始前から慰安所の開設が計画され、占領直後から日本軍の駐屯地に慰安所が次々に開設されていった。兵站や駐留部隊、軍政組織が整備されると軍政監部が慰安所を担当し、憲兵隊も密接に関わっていた。その一方でフィリピンでは、暴力的な監禁レイプと変わらないような状況が広がっていったこと、慰安婦の徴集にあたっても特に暴力的だったことが特徴である。ビルマでは最前線にまで狩り出され、日本軍が敗走する中で、戦火だけでなく飢餓や病気により多大の犠牲を出した。米軍との戦場になった太平洋の島々でも多くの犠牲を出したと見られる。

マレー半島やシンガポールのように最後まで比較的に治安が安定していた地域では、軍が管理した慰安所が最後まで残されていた。一方、連合軍が進攻してきて戦場になり、また抗日ゲリラが強かったフィリピンやビルマなどでは抗日ゲリラの掃討作戦のなかで住民虐殺とともに女性を拉致するようなケースが多かったと見られる。

このことは中国において、比較的治安の安定していた都市部などの「治安地区」では軍が管理した慰安所が設けられ、兵士による暴行が少しは取締られる一方で、抗日勢力の強い「敵性地区」においては、山西省のように、各地の部隊がゲリラ討伐と並行して女性を拉致し、監禁レイプするというケースが多かったことと類似している。

東南アジア域外の日本、朝鮮、台湾から連れてこられた女性たちだけでなく、東南アジア太平洋地域の多くの女性たちも日本軍慰安婦にされ、あるいは日本軍によるさまざまな性暴力の被害を受けたことをあらためて思い起こすべきだろう。

(1) ここでは筆者が見た資料を手掛かりにまとめることとする。各地域ごとの現地調査や元「慰安婦」の方たちの証言をふまえて、あらためて東南アジア地域における日本軍慰安所の全体像が明らかにされるために、本稿が一助となれば幸いである。
(2) 金原節三「陸軍省業務日誌摘録」防衛庁防衛研究所図書館所蔵。
(3) 元日本兵の証言。林博史「マレー半島の日本軍慰安所」『世界』一九九三年三月、同「マレー半島における日本軍慰安所について」『関東学院大学経済学部一般教育論集　自然・人間・社会』第一五号、一九九三年七月、参照。
(4) 竹森一男『兵士の現代史』時事通信社、一九七三年、一四八〜一五〇頁。
(5) 総山孝雄『南海のあけぼの』叢文社、一九八三年、一五〇頁。
(6) 林博史「シンガポールの日本軍慰安所」『季刊戦争責任研究』第四号、一九九四年
(7) 永瀬隆氏の証言、「シンガポールの日本軍慰安所」三八頁参照。
(8) 兵站の担当者だった元兵士の証言、林博史「マレー半島における日本軍慰安所について」七六〜七九頁。
(9) 李玉旋氏よりの証言による。「マレー半島の日本軍慰安所」二七六〜二七八頁参照。
(10) 華僑粛清については、拙著『華僑虐殺—日本軍支配下のマレー半島』すずさわ書店、一九九二年、参照
(11) 林博史『裁かれた戦争犯罪』岩波書店、一九八二年、二二八頁以下、参照。
(12) 中原道子「オルタナティブな運動としての「慰安婦」問題」『オルタ通信』一九九三年八月、二〜三頁。
(13) 「歩兵第十一連隊第一大隊砲小隊陣中日誌」(防衛庁防衛研究所所蔵)

(14)インドネシアについては、川田文子『インドネシアの「慰安婦」』明石書店、一九九七年、参照。
(15)吉見義明編集・解説『従軍慰安婦資料集』大月書店、一九九二年、三七三〜三七五頁。
(16)禾晴道『海軍特別警察隊』太平出版社、一九七五年、一一六頁、坂部康正「アンボンは今」(海軍経理学校補修学生第一〇期文集刊行委員会編『滄溟』一九八三年、所収)三一二頁。
(17)プラムディア・アナンタ・ツゥール編「日本によって連れ去られた少女たちの足跡を追って」『季刊戦争責任研究』第一六号、一九九七年。
(18)H.Sidhu, *The Banboo Fortress: True Singapore War Stories*, Singapore, Native Publications, 1991, p126.
(19)E.J.H.Corner, *The Marquis ; A Tale of Syonan-to*, Singapore, Heinemann Educational Books(Asia),1981, p126.(石井美樹子訳『思い出の昭南博物館』中公新書、一九八二年、一六二〜一六三頁)。なお邦訳はかなり意訳しているので、原著の記述に従った。
(20)フィリピンについては次の文献を参照。『フィリピン「従軍慰安婦」補償請求裁判訴状』フィリピン「従軍慰安婦」補償請求裁判弁護団、一九九三年、Dan P.Calica and Nelia Sancho, *War Crimes on Asian Women :Military Sexual Slavery by Japan During World War II:The Case of the Filipino Comfort Women*, The Task Force on Filipina Victims of Military Sexual Slavery by Japan, 1993。
(21)「欧亜局第三課三宅事務官宛書簡」一九四〇年一〇月三日(吉沢南「ベトナム」『世界』一九九四年二月、より)。
(22)西野留美子『従軍慰安婦と十五年戦争』明石書店、一九九三年、六七〜六九頁。
(23)前掲『南海のあけぼの』一五〇〜一五一頁。
(24)富集団司令部『戦時月報(軍政関係)』一九四二年八月末。
(25)富集団司令部『第二十五軍情報記録(第六十八号)自七月十一日至七月末日』所収の「最近に於ける在留邦人状況の概要」(防衛庁防衛研究所図書館所蔵)。
(26)防衛庁防衛研究所図書館所蔵史料。
(27)重村実(元海軍中佐)「特要員と言う名の部隊」『特集文芸春秋　日本陸海軍の総決算』一九五五年一二月、二二四〜五頁。
(28)『従軍慰安婦資料集』二九九頁。以下フィリピンの軍史料はすべてこの資料集より。
(29)高野部隊戦友会『威第一五三九〇部隊　高野部隊ミンダナオ島戦陣記』一九八九年、三七七〜八頁。
(30)『従軍慰安婦資料集』三六五〜三七五頁。

(31)『従軍慰安婦資料集』解説七八頁。
(32)西野留美子『従軍慰安婦と十五年戦争』四六～四七頁、七八～八二頁。
(33)『従軍慰安婦資料集』四三九～四六四頁。
(34)イギリスの戦争博物館 Imperial War Museum 所蔵。林博史「ビルマ・マンダレーの日本軍慰安所規定」『季刊戦争責任研究』第六号、一九九四年。
(35)木村宏一郎「アンダマン島の日本海軍『慰安所利用内規』」『季刊戦争責任研究』第一〇号、一九九五年、河東三郎『ある軍属の物語』思想の科学社、一九八九年、ならびにアンダマン島に駐留していた元兵士の証言。

〔追記〕本稿は、吉見義明・林博史編著『共同研究　日本軍慰安婦』(大月書店、一九九五年)に筆者が執筆した分をベースに、マレー半島とシンガポールについての記述を補充してまとめたものである。注記にあげたマレー半島に関する筆者の論文は、「現代史と日本の戦争責任についてのホームページ」http://www.geocities.jp/hhhirofumi/ に掲載している。

第三章　日本軍「慰安婦」研究の成果と課題

『女性・戦争・人権』第一一号、二〇一一年一〇月

はじめに

日本軍「慰安婦」研究が始まったのは、事実上、一九九〇年代に入ってからだった。第Ⅰ部で触れたように一九九一年の金学順さんの名乗り出をきっかけとして、元日本軍「慰安婦」の女性たちが次々と名乗り出てきた。そのことは日本社会に大きな衝撃を与えたが、同時に研究者にも痛烈な反省を与え、そのことが一九九二年一月の吉見義明氏による日本軍関係文書の発表となって現れた。これ以降、市民やジャーナリスト、研究者などが調査研究に乗り出した。一九九三年四月に発足した日本の戦争責任資料センターもその一つの現れだった(1)。

同時に、この一九九〇年代は、戦時性暴力の問題をめぐって世界史的な認識の転換がおきた時期でもあった。旧ユーゴスラビアにおける組織的な性暴力の頻発は世界に衝撃を与え、国際社会が戦時性暴力についてきちんと取り組んでこなかったことへの痛切な反省が生まれた。そのなかで、二〇世紀における最大の組織的な性暴力と言える日本軍慰安所制度を国際社会が放置してきたことが、その後、現在に至るまで戦時性暴力が野放しにされ、さらに深刻化したことにつながっているのではないかという反省が生まれた。

日本軍慰安婦制度を含めた戦時性暴力問題が、国内外において、女性の人権、人間の尊厳を蹂躙した問題であり、そこから被害者ひとりひとりの尊厳を回復する問題であるという、世界史的な認識の転換がなされた。一九九〇年代前半において、日本軍慰安婦制度の全体像を描いた最初の成果の一つが、吉見義明・林博史編著『共同研究　日本軍慰安婦』（大月書店、一九九五年）と言えよう。被害者の証言に加えて、日本の戦争責任資料センターによって日本軍公文書や元将兵らの戦記・回想録の調査がおこなわれ、それらの諸資料をふまえてなされた共同研究の成果である。このなかで慰安婦制度の仕組みが明らかにされるとともに、本国日本、植民地の朝鮮・台湾、中国や東南アジアなどの占領地のそれぞれの地域における女性の徴集方法の違いや慰安所の特徴が示された。

慰安婦問題が社会的に注目されるようになると各分野の研究者も発言するようになった。吉見義明氏、上野千鶴子氏、徐京植氏、高橋哲哉氏の四人のシンポジウムの記録が、日本の戦争責任資料センター編『シンポジウム　ナショナリズムと「慰安婦」問題』（青木書店、一九九八年）である。同書において、フェミニズムとナショナリズム、植民地支配との関係、事実の実証と記憶との関係、「日本人」として責任をとること、など慰安婦問題をめぐる主な論争点がすでに議論されている。事実を実証する作業を否定し、事実は一つではなく、見方・立場によって多様であるというある種のポストモダンの議論が、歴史とは物語であり、慰安婦制度は悪くなかった、南京虐殺はウソだというような歴史修正主義の議論と親和的になる危険性も本書の議論の中から感じることができる。またフェミニズムが帝国主義国の中産階級の女性たちの中から生まれたことを考えると、植民地主義への反省的な視点が不可欠であるが、その問題も本書ですでに議論されていることがわかる。

その後の調査研究を含めて、一九九〇年代の成果が集約されたのが二〇〇〇年一二月に開催された女性国際戦犯法廷だった。本稿では、「女性・戦争・人権」学会の研究大会シンポジウム「『女性国際戦犯法廷』一〇年を迎えて――ハーグ判決実現に向けた課題と展望」での報告にそって、まず女性国際戦犯法廷の到達点と課題について整理し、そのうえで、その後の調査研究状況について述べることとする。対象とするのは、主に事実の解明を中心として実証的な研究に限定する。この一〇年来、日本軍慰安婦問題をめぐる研究には、言説や記憶、解決に向けての政治的法的側面など多彩なものがあるが、筆者の能力からそれらをすべて取り上げることはできない。と同時に、実証的な研究に対する批判や揶揄がなされ、実証的な調査研究を軽視ないしは無視するかのような恣意的な言説が少なくないので、あえて事実を究明する実証研究の重要性を提起したいと考え、そうした研究を中心に取り上げることとした。またもっぱら日本における研究に限定した。

なお一人の人間の認識・活動はきわめて限定されたものであり、その限界性・限定性を前提としての議論であることを最初にお断りしておきたい。

1　女性国際戦犯法廷の到達点と課題

二〇〇〇年一二月に「日本軍性奴隷制を裁く二〇〇〇年女性国際戦犯法廷」が開催された経緯については省略するが、一九九〇年代の日本やアジア各国における研究と運動が集約されたと同時に、戦時性暴力を女性の人権問題としてとらえなおし、それを許さない国際的な努力の結晶でもあった。

同法廷の判決文全文を収録した本のなかで、筆者は起訴状と判決文についての「解題」を執筆したが、それを踏まえて同法廷判決の事実認定をめぐる問題を整理しておきたい(2)。

日本側資料・証言と被害者側証言の統合

この法廷の準備にあたって不可欠の課題が個々の被害者に被害を与えた加害者を特定するという作業であった。日本軍全般あるいは日本全般が加害者であるというレベルにとどまらず、具体的にどの組織の誰に責任があるのかを問う作業でもある。

首席検事が作成した共通起訴状において起訴された被告は天皇裕仁をはじめ一〇名、ほかに各国の検察団がそれぞれ起訴したのが計二〇名、合計三〇名であったが、いずれの被告も、個々の被害者に与えた加害行為への関わりを実証することが必要だった。その作業を通じて、被告が決定されたし、その被告を告発する特定の被害者が決定された。

この作業は、被害者の証言だけでは不可能であったことは言うまでもない。逆に日本側の資料だけでは被害者を特定できなかった。言い換えれば、日本軍・日本政府の資料と元将兵の戦記や証言に対する地道な調査研究の成果と元慰安婦の女性たちの証言とが結びついて初めて、この作業が可能になった。

たとえば朝鮮から中国・漢口に連れて行かれた河床淑《ハ・サンスク》さんのケースを見ると、[3] 朝鮮総督府とその傘下の警察の関与・協力の下で女性人身売買ネットワークが利用されたこと、身分証明書の発給を含めて朝鮮総督府の統制下で朝鮮から中国への渡航がおこなわれたこと、第一一軍によって漢口の慰安所が開設され、特に第一一軍兵站司令部が管理したこと(後に第六方面軍に交代)、河さんが収容された慰安所は「三成楼」であり慰安所係であった元兵士の証言によって「三成楼」の存在が裏付けられること、を順次実証していった。また河さんが漢口の慰安所に収容されていた時期も特定することによって、第一一軍司令官岡村寧次と第六方面軍司令官岡部直三郎が重要な責任者であることを実証した。

この法廷を通じて、慰安婦制度をはじめとする日本軍性暴力の全体像が見えてきたし、また日本軍による性暴力の地域的な特徴もわかってきた[4]。日本軍による占領地のなかで、日本軍の支配が比較的安定していた都市部など「治安地区」と呼ばれた地域では、軍の後方部隊により制度化された慰安所が設置され、住民の支持を得るために女性への強かんは憲兵によって一定程度取り締まられた。他方、日本軍の支配が及ばない、あるいは不安定な農村部、つまり「敵性地区」と呼ばれた地域では、抗日ゲリラを討伐するという名目で日本軍による住民虐殺、略奪、放火、強かんがしばしばおこなわれた。前線に配備された日本軍警備隊の駐屯地には慰安所が設置されないことが多かったので、警備隊は村の幹部に女性を差し出させたり、あるいは討伐の際に女性を拉致し、監禁強かんをおこなった。山西省はその典型的なケースである。

このように慰安所と強かんは並存していた実態が浮かび上がってきた。下級兵士は頻繁に慰安所に通う経済的余裕がなかったが、強かんはただでできるものだった。また上級司令部や後方部隊が都市で慰安所を利用しているのに、前線には慰安所を作ってくれないので、自前で慰安所（あるいは慰安所もどきの監禁強かん所）を作った。慰安所制度が強かんを防止するどころか、逆に軍末端での性暴力を刺激促進する役割を果たしていた。

こうした特徴は中国だけでなく東南アジアでも見られた。フィリピンや戦争後期のビルマのように連合軍の反攻と強力な抗日勢力のために、「敵性地区」のようになった地域では、山西省と同じような拉致・監禁強かん型の性暴力が頻発した。他方、最後まで比較的に治安の安定していたシンガポールやマレー半島の都市部では「治安地区」のように制度化された慰安所が最後まで機能していた。

日本軍による性暴力の被害者のタイプを見てみると、一方に慰安婦として登録され比較的長期にわたって慰安婦にさせられていた女性たち（主に朝鮮人、日本人と一部の現地女性）、他方に強かんの犠牲者たち（現地女性）、がおり、その間には一定の期間監禁され強かんされつづけた女性たちがいる。その期間はときには数日から、数ヶ月、一年二年にわたるケースもある。こうした性暴力の被害者のどのタイプを〝慰安婦〟と呼ぶのかについては議論があるが、性暴力がこのような多様なあり方をしていたことは明確になった。

こうした成果により、慰安婦制度だけでなくそれを含めた日本軍性暴力の全体像とその構造を描く条件ができてきた。また戦犯法廷に付随して開催された「現代の紛争下の女性に対する犯罪」国際公聴会(VAWW-NET Japan編『現代の紛争下の女性に対する犯罪国際公聴会証言集』二〇〇〇年)など各地の戦時性暴力の実態が明らかにされつつあり、日本軍性暴力を世界的な戦時性暴力のなかで位置付けることも可能になってきた。(5)

判決の事実認定に関して(6)

女性国際戦犯法廷は天皇裕仁も訴追した。東京裁判が昭和天皇を免責したのとは対照的である。天皇が陸海軍の大元帥として日本軍による性暴力をやめさせる責任と権限をもっていたこと、天皇は傀儡ではなく実際に権限を行使したこと、南京大虐殺のなかで日本軍が強かんなどの残虐行為を犯していることを認識していたこと、慰安所の大量設置を容易に知りうる立場にあったことなどを実証した。その結果、判決では、天皇は慰安所制度について「知っていた、または知るべきであった」と認定され、人道に対する罪について有罪と認定された。日本軍の慰安婦制度＝性奴隷制と性暴力について昭和天皇を有罪と認定したという点でも歴史的意義を有する。

判決では、日本によるアジア諸地域への侵略の歴史から慰安所制度が導入され各地に展開されていく過程が法廷に参加した各国・地域ごとに詳細に述べられており、とりわけ慰安所における女性たちのおかれた状況、さらに戦後も続いた苦しみなど女性たちの被害の実相を徹底的に明らかにしている。研究者や市民たちによって明らかにされてきた日本軍をはじめとする公文書や諸史料もふんだんに利用されており、地道な調査研究の成果と被害者の証言とが結合して、この判決を生み出したことを示している。

この法廷は東京裁判の到達点の上に立って、東京裁判が裁かなかったこと（天皇の戦争責任や慰安婦制度など）を裁き、その限界を今日的に乗り越えようとするものであった。東京裁判において、「通例の戦争犯罪」の一部としてではあるが、中国やフィリピンなど日本軍の占領地における強かんや「強制売春」などの性暴力についても多くの証拠書類が提出され、判決においても一定の位置を占めていることが近年明らかにされてきているが、日本軍慰安婦制度そのものを戦争犯罪としては認識できなかったし、人道に対する罪がきちんと適用されなかった。そうした限界を本法廷は乗り越えたと言えよう。

詰めきれなかった問題

裁判であるからには起訴状、証拠書類、法廷での証言など法廷に提出されたもののみに基づいて判決が書かれている。多くの日本軍資料が戦後処分されたため、慰安婦制度に深く関わっていたと推定される者であっても証拠書類として提出できないために起訴できなかったケースも少なくない。さらに検事団として参加していない国や地域——ビルマやインドシナ諸国、太平洋諸島の諸国——の女性たちの被害は触れられていない。

また南北コリアの起訴状では「植民地」という概念を使わずに「強制的占領（強占）」という概念で一九四五年までの状況を説明していた。「植民地」か「強占」状態か、というのは論争があるが、「強占」という概念を使ったために、判決では朝鮮は中国や東南アジアなど日本軍の占領地と同様の扱われ方になっており、慰安婦制度にとって植民地が持った意味がほとんど触れられないままとなった。

ここで、筆者がこの法廷での経験からまとめた論文のなかの一節を引用しておきたい。

「起訴とその論証は、資料に基づく実証と被害者の証言との合作であった。近年の歴史学界では「実証主義」への批判がなされ、「記憶」や「言説」を中心とした議論が流行している。もちろん歴史学における実証のあり方への批判として重要な問題提起として受けとめる必要があるが、ややもすれば歴史とは、立場や考えによってどうにでも解釈、再構成されるという傾向を生んでいるように見える。また戦争責任や戦争犯罪の研究は学問的には一段低く見られる、あるいは学問的ではないと見られる傾向があることも否定できないだろう。(中略)法廷で専門家として証言したり意見書を提出し、あるいは起訴状の作成に協力して証拠となる資料を収集、点検するなど陰に陽に法廷を支えたのは、学界では「実証主義」と批判されているような研究者であった。もちろんその人たち(私自身を含めて)はけっして旧来からの「実証主義」ではなく、元慰安婦をはじめとする性暴力被害者の人たちの証言によって自らの方法を真剣に問い直したうえで「実証」を追及する人々であることは言うまでもない。事実にこだわり実証にこだわる研究こそが、被害者の深刻な体験の証言を支えるものになりえることを証明したのがこの法廷であったというのは言いすぎだろうか。[7]」

2　二〇〇一年以降の研究成果——実証的な研究について

次に女性国際戦犯法廷以降の研究動向について実証的な調査研究を中心に見ていきたい。

特筆すべきなのは、何よりもアクティブ・ミュージアム「女たちの戦争と平和資料館」(通称ｗａｍ)が二〇〇五年八月に開館したことだろう。展示はほぼ毎年更新されているが、地道な調査研究に基づき、その成果をわかりやすく市民にアピールしている。そのなかでも特に慰安所マップは、日本軍・政府文書や元日本軍将兵の証言、元慰安婦の証言などの徹底した調査のうえに一つ一つの資料的根拠をもって作成されている。日本軍慰安所のデータベースとしても貴重である。

日本軍慰安婦研究が試されたのは、歴史修正主義の運動に対する取組みだった。特に「新しい歴史教科書をつくる会」が中学校歴史教科書を作成して教科書検定で合格し、その採択が問題となった二〇〇一年は、その論争と対立が一気に広がった年だった。「つくる会」教科書への批判、さらにその延長線上に歴史修正主義者たちによってなされた二〇〇七年の『ワシントンポスト』紙の意見広告への批判などを通じて、調査研究が一層深化した。米下院での慰安婦問題の決議を受けて、慰安婦問題に取り組む諸団体が参加して二〇〇七年七月三一日に発表した「提言　日本軍「慰安婦」問題における謝罪には何が必要か」は、調査研究の進展を土台に解決策を提言したものだった。(8)

慰安婦問題については、さまざまな角度から調査研究が進められたが、その主なものを紹介していこう。(9)

国内法・拉致・人身売買との関連

日本軍慰安婦制度が重大な戦争犯罪であり女性の人権侵害でもあったことは主に国際法に照らした議論が中心であった。その後、当時の日本の国内法に照らしても犯罪であったことが主張されるようになった。戸塚悦朗氏が、一九三二年に上海の海軍慰安所のために女性をだまして連行した業者らを訴追して裁いた長崎地裁と長崎控訴院判決を紹介した。この大審院判決はすでに知られていたが、地裁と控訴院判決によって詳細な事実関係が明らかにされた（戸塚悦朗「戦時女性に対する暴力への日本司法への対応、その成果と限界」『季刊戦争責任研究』第四三—四四号、二〇〇四年三・六月）。これにより日本国内からの女性の連行を犯罪と知りつつ警察が黙認したことによって日本軍慰安所が成り立っていたことが明らかになった。

さらにそこで適用された刑法二二六条が、北朝鮮による拉致事件にも適用されていることが指摘された。北朝鮮による拉致事件では、甘言によるものも直接的な暴力によるものも区別なく「拉致」と認定されているにもかかわらず、慰安婦については暴力的な連行という極端なケースのみを問題とし、詐欺や甘言などは免罪する歴史修正主義の議論が、いかに恣意的かつ政治的であるのかが明らかにされた（上杉聰「『強制連行』と『拉致』概念をめぐって」『季刊戦争責任研究』第五五号、二〇〇七年三月）。

この議論と関連して、慰安婦制度が人身売買の問題でもあり、今日の性売買にもつながる問題であるという議論がなされるようになった。その背景には、アメリカの国務省が毎年「人身売買に関する報告書」を発表するようになり、二〇〇四年に日本は「監視対象国」に位置づけられたことがある。あわてた日本政府は二〇〇五年に人身売買禁止議定書を批准し、また刑法二二六条に人身売買罪を追加する改正をおこなった。その結果、翌年から日本は一ランク上の「基準は満たさないが努力中」にランキングされることになったが、人身売買の問題に鈍感であることとともに、この問題の重要性がクローズアップされた。

人身売買との関連は、二〇〇七年のEU議会の慰安婦決議のなかでも、「〝慰安婦〟制度は輪姦、強制堕胎、屈辱及び性暴力を含み、障害、死や自殺を結果し、二〇世紀の人身売買の最も大きなケースのひとつであり」と触れられている。

なお一九九〇年代に国連人権委員会（現在の人権理事会）で慰安婦問題が取り上げられるようになった大きな理由の一つが、現在の紛争下における性暴力との関連である。二〇世紀における最大の組織的な戦時性暴力である日本軍慰安婦制度を、国際社会が犯罪として裁かなかったことが、今日の戦時性暴力の横行を招いてしまったという反省からである。

こうした精神は、米下院決議など二〇〇七年の諸外国における一連の議会決議に受け継がれている。たとえば米下院決議を推進したハイド元下院国際関係委員会（現在の外交委員会）議長は、「慰安婦」決議採択にあたっての声明のなかで、「女性や子供を戦場での搾取から守ることは、単に遠い昔の第二次大戦時の問題ではありません。それはダルフールで今まさに起こっているような悲劇的状況に関わる問題です。『慰安婦』は、戦場で傷つく全ての女性を象徴するようになったのです」と語っている。また決議の提案者であるマイク・ホンダ議員を支えたアメリカのNGO団体「アジア・ポリシー・ポイント」のミンディ・カトラー代表は、二〇〇七年二月におこなわれた下院公聴会において、「日本軍の慰安所は、ボスニア・ルワンダ・ニカラグア・シエラレオネ、ダルフール、ビルマなど、今日の戦争や市民紛争の議論で頻繁に取り上げられる性奴隷制・戦時性暴力・人身売買など全ての問題の前身ともいうべきものでした」と証言している（徳留絹枝「『慰安婦』決議採択　米議会と日本の歴史問題」ウェブサイト「捕虜日米の対話」http://www.us-japandialogueonpows.org/CWresolution-J.htm、二〇〇七年）。

こうした認識は、一九九〇年代以来積み重ねられてきた国連人権委員会での議論とつながるものであり、今日の戦時性暴力を解決するためにも日本軍慰安婦問題を国際社会として取り上げ、その解決をはかるべきだという姿勢である。

植民地問題

すでに述べたように、女性国際戦犯法廷の問題は植民地という視点が乏しかったことであったが、その後、植民地主義や植民地責任という視点からの研究が進展した。

慰安婦問題についての研究ではないが、永原陽子編『「植民地責任」論』（青木書店、二〇〇九年）はこの本をまとめるための共同研究を通じて大きな問題提起をおこなった。

日本の植民地支配が、植民地の女性たちをどのような状況に追いやったのか、そのことが彼女たちを慰安婦として徴集連行することにどのようにつながったのか、短期間の軍事占領地とは異なる特徴が明らかにされてきている。

主な研究を紹介すると、尹明淑『日本の軍隊慰安所制度と朝鮮人軍隊慰安婦』（明石書店、二〇〇三年）は、朝鮮半島に関する本格的な研究と言えるものであり、特に朝鮮半島における社会的経済的要因、関連業者の分析は重要な貢献であろう。藤永壮「植民地公娼制度と日本軍「慰安婦」制度」（早川紀代編『戦争・暴力と女性3　植民地と戦争責任』吉川弘文館、二〇〇五年）は東アジアの日本による植民地支配全体の中で、特に植民地の公娼制との関連で慰安婦制度をとらえようとする意欲的な研究である。アクティブ・ミュージアム「女たちの戦争と平和資料館」編『証言　未来への記憶　アジア「慰安婦」証言集Ⅰ　南・北・在日コリア編』上下（明石書店、二〇〇六・二〇一〇年）は、南北コリアの元慰安婦の証言を丁寧な考証をおこなったうえで掲載しながら、植民地と慰安婦制度の関連を多角的に分析した論考を多数掲載している。

宋連玉・金栄編著『軍隊と性暴力―朝鮮半島の二〇世紀』（現代史料出版、二〇一〇年）は、朝鮮半島の二〇世紀全体を軍隊と性暴力の関連でとらえようとする野心的な研究であり、日本による植民地支配から、日本軍慰安婦制度、さらに米軍政から韓国にいたる時期における性売買や韓国軍・米軍向け慰安所など、一〇〇年間を通して考えようとするものである。また北朝鮮内における日本軍慰安所についての貴重な調査報告も含まれている。植民地朝鮮においても、ロシアと接している咸鏡北道においては、準戦時体制が一貫して継続し、遊郭といっても軍人専用の慰安所とも言える性格を持っていることが明らかにされている。

台湾に関しては、朝鮮に比べるとそれほど研究が進んでいるとは言えないが、朱徳蘭『台湾総督府と慰安婦』（明石書店、二〇〇五年）は重要な成果である。

占領地

日本軍の占領地における慰安婦制度や性暴力の研究も進められてきた。そのなかでも中国の山西省における性暴力の研究はきわめて高い水準を示している。その代表的な成果は、石田米子・内田知行編著（『黄土の村の性暴力―大娘たちの戦争は終わらない』創土社、二〇〇四年）である。これは中国山西省での日本軍による性暴力について、徹底して被害者に寄り添って聞き取りをおこなってきた人たちが、日本軍や中国側の資料もあわせて性暴力の実態とその背景、さらには被害者たちの戦後史を描いたものである。文献と証言をあわせた事実の実証と被害者の生き様を総合したすぐれた成果である。

海南島における性暴力についても、被害者の訴訟を支援する運動の中で調査が進んでいるので、今後、成果がまとめられることを期待している（金子美晴「中国海南島における戦時性暴力被害と裁判及びその支援について」『季刊戦争責任研究』第六四号、二〇〇九年六月）。

フィリピンについても、防衛研究所図書館に所蔵されている日本軍文書を徹底的に調査した成果である、戦地性暴力を調査する会『資料集　日本軍にみる性管理と性暴力―フィリピン一九四一―一九四五年』（梨の木舎、二〇〇八年）がある。

なおフィリピン・マニラのベイビューホテルでの集団強かん事件について一〇〇〇ページを超える米軍による捜査報告書があり分析が待たれる。[10] また中国の関連資料の調査も進められており、その現況については康健氏の論考が参考になる（康健「中国における日本軍慰安婦関係資料の概況」『季刊戦争責任研究』第七一号、二〇一一年三月）。

沖縄

沖縄の日本軍慰安所の調査も進んだ。これまでは川田文子『赤瓦の家―朝鮮から来た従軍慰安婦』（筑摩書房、一九八七年）、浦崎成子（「沖縄戦と軍『慰安婦』」『「慰安婦」・戦時性暴力の実態Ⅰ　日本・台湾・朝鮮編』）、あるいは一九九二年の全国女性史交流のつどいで報告された沖縄の慰安所マップなどがあった。その後、ほとんど進んでいなかったが、沖縄本島とその周辺の島々について、関連文献を詳細に調査し、慰安所マップを大きく訂正追加した労作、古賀徳子（「沖縄戦における日本軍「慰安婦」制度の展開」『季刊戦争責任研究』第六〇―六三号、二〇〇八年六月―二〇〇九年三月）が出された。このなかでまとめられた一一二か所の慰安所一覧表は今後、女性史交流のつどいの慰安所マップに代わって活用されるべきものである。

また日本・沖縄・韓国の人々の共同作業により、二〇〇八年、宮古島に日本軍慰安婦を追悼する記念碑「アリランの碑」が建立された。その碑ができるまでのプロセスと聞き取った多数の地元の人々の証言、日本軍資料などをまとめたのが、日韓共同「日本軍慰安所」宮古島調査団（洪玧伸編『戦場の宮古島と「慰安所」』なんよう文庫、二〇〇九年）である。過去を克服しようとする市民の取組みと調査研究が結びついた成果である（洪玧伸「『慰安婦』を見た人々―宮古島『慰安婦』祈念碑の建立まで」『季刊戦争責任研究』第六二号、二〇〇八年一二月）も参照）。

アメリカの資料公開

二〇〇一年にアメリカで日本帝国政府情報公開法が制定された。同法に基づき省庁間ワーキング・グループが設置されアメリカの政府諸機関が持っている日本との戦争に関わる資料の調査がおこなわれ、アメリカ国立公文書館に移管、公開されることになった。ワーキング・グループは最終報告書を発表してすでに活動を終えたが、慰安婦関係についてはあまり期待されたような文書は出てこなかった。ただいくつか興味深いものが見つかった。

たとえば、wamのオープニング記者会見で発表された沖縄での朝鮮人慰安婦の写真がある（日本の戦争責任資料センター研究事務局「沖縄――キャンプ・コザに収容されていた朝鮮人「慰安婦」の写真」『季刊戦争責任研究』第四九号、二〇〇五年九月）。これは朝鮮への引揚げを控えた一九四五年一一月にキャンプ・コザでとられた写真である。

ほかに日本軍や在外公館の暗号電報を解読した資料が大量に公開されたことにより、数千箱にのぼる文書の中から関連電報を探し出す努力がなされた。そのなかで、日本が一九四五年八月一五日前後に、東南アジアの各地において、日本人女性（朝鮮人を含む）を補助看護婦として登録するように指示していた二つの海軍電報が見つかった（林博史「公文書・天皇関係書類の廃棄と「慰安婦」隠し」『季刊戦争責任研究』第六三号、二〇〇九年三月、本書第Ⅲ部第一章収論）。

すでに別の資料によって、敗戦前後に東南アジア各地の陸軍病院で朝鮮女性が「補助看護婦」や「雇人」などとして病院勤務者に編入されていることがわかっており、陸海軍ともに上級司令部からの命令に基づいて実施されたことが確認できた。また韓国の元慰安婦で東南アジアにいた金福童さんが、敗戦直後に突然、病院に連れて行かれて看護婦としての仕事を教えられたと証言していることと符合する（アクティブ・ミュージアム「女たちの戦争と平和資料館」編『証言　未来への記憶　アジア「慰安婦」証言集Ⅰ　南・北・在日コリア編』下、二〇一〇年）。

ほかにインドネシアにおけるオランダ軍諜報機関であるNEFISの尋問報告書のなかから、多数の日本軍慰安婦に関する情報が見つかり紹介されている（吉見義明「インドシネアにおける日本軍「慰安婦」に関する

資料」『季刊戦争責任研究』第四一号、二〇〇三年九月）。

東京裁判と慰安婦問題

女性国際戦犯法廷の準備過程において東京裁判の速記録についてはある程度調査をおこなったが、証拠書類までは手が回らなかった。また東京裁判は日本軍慰安婦制度を裁かなかったという思い込みも、それらの資料をきちんと調査しなかった一因でもあった。

東京裁判に慰安婦関係の証拠書類がいくつか提出されていたことは、戸谷由麻氏の研究でわかり、改めて調査をおこない、オランダ、フランス、中国の検察陣が提出した証拠書類七点を確認した（戸谷由麻「東京裁判における戦争犯罪訴追と判決」（笠原十九司・吉田裕編『現代歴史学と南京事件』柏書房、二〇〇六年。この内容は加筆修正がなされて戸谷由麻『東京裁判―第二次世界大戦後の法と正義の追求』みすず書房、二〇〇八年、に組み込まれている）。七点のうち六点はアジア系女性が被害者のケースである。また東京裁判の判決では、中国の桂林のケースに言及していることも改めて確認された。

検察が取り上げたケースを見ると、日本人と性的な関係があった女性あるいはその嫌疑をかけた女性を逮捕し無理やり慰安婦にしたケース、部族長を脅して女性を出させたケース、抗日勢力の討伐に行き男たちは殺害しながら若い女性を連行してきたケース、女工だと騙して募集して無理矢理慰安婦にしたケースなどにわけられる。つまり日本軍が女性たちを慰安婦にした手法の主なパターンが取り上げられていることがわかる。

そうしたことから、東京裁判において慰安婦制度が裁かれたとまでは言えないにしても、強かんについての多数の証拠書類が提出されていることも合わせてみると、東京裁判を含めて対日戦犯裁判は、戦時性暴力が戦争犯罪であることを認定し、戦時性暴力処罰の端緒となるものであったと評価してよいと思う。もちろんその不十分さゆえに、女性国際戦犯法廷が開かれなければならなかったのであるが。

これらの証拠書類については、当時の安倍首相の訪米に合わせて、二〇〇七年四月に日本の戦争責任資料センターが外国特派員協会で記者会見をおこない発表した（資料の全文紹介は、日本の戦争責任資料センター研究事務局「資料紹介　東京裁判で裁かれた日本軍「慰安婦」制度」『季刊戦争責任研究』第五六号、二〇〇七年、日本の戦争責任資料センター・女たちの戦争と平和資料館『ここまでわかった日本軍「慰安婦」制度』かもがわ出版、二〇〇七年）。この資料については欧米やアジア諸国のメディアで大きく報道され、安倍首相らに対して国際的な批判を喚起するうえで貢献したと思われる。

ところで戦後補償の実現のためにメディアを活用することは避けて通れない。米議会の慰安婦決議をめぐって緊迫した情勢にあり、安倍首相の下で歴史修正主義者たちの運動が勢いを増していたときでもあり、そうした状況で政治的社会的に有効な貢献を考え、これらの資料を発表した。こうした形での貢献は、資料に基づく実証的な調査研究によって初めてなされるものである。

上記の成果に対して、それではまだ不十分であり、東京裁判が慰安婦制度を含めて日本軍の性暴力をどのように扱ったのか、徹底的に調査すべきであるとして取り組まれた成果が戦争裁判と性暴力・資料編集委員会「資料紹介　東京裁判と性暴力―中国とフィリピンを例に―」『季刊戦争責任研究』第六一号、二〇〇八年九月）である。この共同研究の成果はさらに吉見監修『東京裁判―性暴力関係資料』（現代史料出版、二〇一一年）として刊行され、東京裁判に提出された関連する証拠書類は計八点であることが確認された。ようやく東京裁判が性暴力をいかに扱ったのか、資料に基づいて議論できる条件が整ったと言えるだろう。

ＢＣ級戦犯裁判

東京裁判とともにＢＣ級戦犯裁判の関連資料の調査も進んだ。すでに以前から知られていた強制売春が裁かれたグアムのケースについては、裁判記録だけでなく捜査報告書などの調査をふまえたうえでその内容を明らかにした研究として、林博史「グアムにおける米海軍の戦犯裁判」上下（『季刊戦争責任研究』第四〇・四一号、二〇〇三年六月・九月）がある。

また慰安所業者が戦犯として裁かれたオランダ裁判に関しては、内海愛子・梶村太一郎（「戦犯と裁かれた慰安所経営者」『季刊戦争責任研究』第五六号、二〇〇七年六月）、また強制売春の罪で有罪判決を受けた業者が獄中で死亡し、その後靖国神社に合祀されていたことを示す資料が国会図書館の調査で明らかになり、その主な内容も整理して紹介された（日本の戦争責任資料センター研究事務局「資料紹介　戦犯の靖国合祀」『季刊戦争責任研究』第五七号、二〇〇七年九月）。

さらにオランダが戦犯裁判で扱った日本軍慰安婦関係の資料については、従来は一部が英語から邦訳されたものしかなかったが、原文のオランダ語資料から厳密な邦訳が刊行された（梶村太一郎、村岡崇光、糟谷廣一郎『「慰安婦」強制連行　史料　オランダ軍法会議資料』金曜日、二〇〇八年）。先に紹介した吉見義明「インドシネアにおける日本軍「慰安婦」に関する資料」もある。

日本軍慰安婦への強制が裁かれたケースは、林博史『ＢＣ級戦犯裁判』（岩波新書、二〇〇五年）で取り上げているようにそれほど多くないが、一連の残虐行為のなかの一つとして性暴力が裁かれたケースは多数あり、その詳細の解明は今後の課題となっている。特に中国裁判についての資料公開と調査が待たれる。

日本人の戦記・回想録の調査

近年におけるまとまった資料調査としては、二〇〇九年と二〇一〇年に二度にわたって、日本の戦争責任資料センターが多くのボランティアの協力をえておこなった国会図書館の戦記・回想録の調査があげられる。

日本の戦争責任資料センターは、一九九三年の発足当初に、多数のボランティアの協力を得て、防衛研究所図書館の旧日本軍資料と国会図書館の戦記・回想録の調査をおこなった。[11]そこでの成果は今日まで広く活用されているが、後者については、日本軍将兵の意識や体験、かれらが当時、慰安婦から直接聞いた話など公文書からはうかがえない貴重な情報が多数含まれていた。日本軍将兵の意識分析や時代状況の変化にともなうかれらの意識・言説の変化を把握するうえでも重要なデータとなっている。

二〇〇九年からの調査では、のべ五〇名を超える人々の共同作業によって四〇〇〇冊以上を調査し、七〇〇冊以上から関連記述のコピーを収集した。その中には日本軍慰安婦や日本兵による性暴力だけでなくソ連軍による性暴力一〇〇冊以上も含まれている。

二〇〇九年の調査内容は、共同通信の配信によって地方紙各紙で紹介され（二〇〇九年一二月二一日付）、敗戦前後に日本人慰安婦を看護婦として登録し、慰安婦隠しをおこなった暗号解読電報の記事が二〇〇八年六月二〇日付で同じく共同通信の配信で報道されたのに引き続いて、日本軍慰安婦関係の調査成果がメディアで取り上げられた。近年、マスメディアが慰安婦問題の報道を控えているなかで、広く世論にこの問題を喚起するうえでも、こうした資料調査の役割は小さくないだろう。

二〇〇九・二〇一〇年の調査に関しては、収集資料リストは『季刊戦争責任研究』第六六号・七三号に掲載し、さらにそれらのなかから興味深い内容を「資料構成　戦争体験記・部隊史にみる日本軍「慰安婦」」として『季刊戦争責任研究』第六六号より第八〇号まで計七回にわたって連載された（日本の戦争責任資料センター、二〇〇九―二〇一三年）。

二〇一〇年の調査では、一九九三年以降の文献だけでなく、時期をさかのぼって一九五〇年代からの文献も調査対象に含めて収集した。一九九三年の調査を合わせると、一〇〇〇冊以上から関連叙述のコピーを収集しており活用が期待されるところである。

産業慰安所

日本軍のための慰安所のほかに、工場や炭鉱などの労働者のための慰安所も作られたがまだまだ調査研究は遅れている。産業慰安所、企業慰安所、事業場慰安所など呼称はまだ定まっていない。最近、北海道の炭鉱慰安所についての資料紹介が発表されたので、炭鉱の多かった九州をはじめ、各地での調査が待たれる（金優綺「史料紹介　北海道の炭鉱慰安所に関する資料」『季刊戦争責任研究』第七一号、二〇一一年三月）。

新聞記事の収集

日本軍は慰安婦としての女性の募集を内々でおこなっていたと思われがちであるが、一九三七年の日中戦争開始後のしばらくの間は、関連する記事や広告が新聞に掲載されることが少なくなかった。各道府県の地方紙にそうした記事・広告が多い。慰安所・慰安婦と明記せずに「女給」「給仕」「皇軍のために働く女性」などさまざまな言い方がされ、すべてが慰安婦とは言えないが、そのなかに慰安婦と思われるものも少なくない。

先に紹介した金優綺「史料紹介　北海道の炭鉱慰安所に関する資料」においても多くの関連する新聞記事を利用しているが、九州の新聞記事については平尾弘子「戦時下『支那渡航婦女』の記」（『季刊戦争責任研究』第六一号、二〇〇八年九月）、台湾における接客業関連の新聞記事については、藤永壮「十五年戦争期・台湾の接客業」(『季刊戦争責任研究』第六六号、二〇〇九年一二月)が収集した記事について紹介している。各地の地方紙の調査はそれぞれの地域に住んでいる方たちこそができることなので、慰安婦問題に取り組んでいる市民の方にぜひお願いしたいところである。

遊郭から慰安所へ

戦争末期に本土決戦準備のために日本本土各地に戦闘部隊が配備されるようになると、そこにも日本軍慰安所が開設された。それらについては少しずつ実態があきらかにされてきているが、ここで紹介したいのは、軍慰安所ではなく、従来の遊郭が太平洋戦争期に産業戦士向けの慰安所として再整備されたことである。

加藤政洋『敗戦と赤線—国策売春の時代』(光文社新書、二〇〇九年)は、従来の遊郭が廃止あるいは縮小されるなかで、他方で重要な軍需工場の近くに、その労働者向けに遊郭が再配置され、それらが慰安所と呼ばれるようになったことを紹介している。また小野沢あかね『近代日本社会と公娼制度』(吉川弘文館、二〇一〇年)の中で、そのような産業戦士向けの売春施設が慰安所と呼ばれるようになったことを明らかにしている。つまり戦争が進む中で、遊興のための遊郭は贅沢として抑制される一方、産業戦士のための慰安所(遊郭)が再配備されていったのである。戦士のための軍慰安所と産業戦士のための慰安所の両方が慰安所としてあったことがわかってきた。

なお戦後、占領軍向けに準備された慰安施設であるRAAが、戦争中の慰安所からつながっているという議論は、軍慰安所との関連ではそうは言えないと思われるが、産業戦士のための慰安所がRAAに利用されたと見られ、その点ではつながっていると言っても間違いではないと思われる。

先に紹介した産業慰安所との関連も含めて、太平洋戦争後期の軍慰安所、産業戦士のための慰安所、強制労働させられていた朝鮮人のための慰安所など、全体像を整理することが可能な調査研究が蓄積されてきているが、さらに調査が求められるところである。

日本の裁判所の事実認定

こうした調査研究の積み重ねによって、国家賠償を求める多くの慰安婦・性暴力関係の訴訟において――残念ながらほとんどが敗訴に終わったが――、性暴力被害の事実認定がなされている。これは研究者と市民による地道な調査の積み重ねによって勝ち取った貴重な成果である。その主な内容は坪川宏子・大森典子『司法が認定した日本軍「慰安婦」』(かもがわ出版、二〇一一年)にまとめられている。

なお裁判所のような国家機関が事実認定をおこなうこと自体を問題視する意見があるが、日本国家による被害者への謝罪と個人補償を実現するためには、その前提として国家としての事実認定が不可避である。事実かどうかもわからないことに対して、国家が謝罪や補償をおこなうことはできない。研究の分野に限定すればそこでの事実認定に国家が介入することは問題であるが、われわれは研究のための研究をおこなっているわけではない。

たとえば、日本軍慰安婦にされた女性たちの被害は、彼女たちの証言から明確にできるとは言っても、日本政府にその事実を認めさせるためには、日本軍・政府の公文書で裏付けることが大きな意味を持っている。事実、吉見義明氏が発表した一連の慰安婦関係の公文書が、日本政府の態度を変えさせるうえで決定的な役割を果たしたことは周知の通りである。東京裁判の慰安婦関連資料が国内外から大きく注目されたのは、日本政府が平和条約で裁判を受諾した東京裁判の公文書であったからである。

戦後補償運動は、ある意味で政治運動であり、その論理に有効な調査研究をおこなうことも求められている。

それを公文書に特別な意味を持たせるのは公文書至上主義だなどと訳知り顔で非難する声を聞くと、何のために研究しているのかと聞き返したくなる。

ドイツやアメリカなどとの比較研究

日本軍のような慰安所のシステムを持っていたのは、第二次世界大戦においてはナチス・ドイツが挙げられる。強制収容所における収容者のための慰安所や国防軍の慰安所については、日本軍慰安婦の研究に刺激されて研究が始まり、クリスタ・パウル『ナチズムと強制売春』（明石書店、一九九六年）が翻訳されている。その後、ドイツでの研究を紹介した菅野麻衣子「ロベルト・ゾマー著『強制収容所売春棟』」（『季刊戦争責任研究』第六九号、二〇一〇年九月）も出されており、日独の違いも少しずつわかるようになってきた。

米軍の性売買政策・性暴力についての研究はようやく進み始めたと言ってよい。

ＲＡＡについては、ドウス昌代『敗者の贈物』（講談社、一九七九年）の先駆的な研究がある。日本における米軍による性売買の実態と米軍の論理については、藤目ゆき氏の一連の研究がある（藤目ゆき「日本のフェミニズムと性売買問題―軍事主義と売春禁止主義の結合」（『女性・戦争・人権』第八号、二〇〇七年六月）、「朝鮮戦争と基地の街　岩国の女性史」（『アジア現代女性史』第四号、二〇〇八年）など）。占領期については恵泉女学園大学平和文化研究所編『占領と性―政策・実態・表象』（インパクト出版会、二〇〇七年）、東富士演習場とその周辺の事例など自治体資料などを活用した平井和子「米軍基地と「売買春」―御殿場の場合」（『女性学』Vol.5、一九九七年一二月）、「日本占領を『性』で見直す」（『日本史研究』五〇〇号、二〇〇四年四月）、「米軍と地域／性―占領期の東富士演習場の事例を中心に」（『季刊戦争責任研究』第四五号、二〇〇四年九月）、朝鮮戦争の際のＲ・Ｒセンターについては田中はるみ「奈良Ｒ・Ｒセンターと地域住民―朝鮮戦争下の在日国連軍基地をめぐって」（『大阪国際平和研究所紀要　戦争と平和』Vol.10、二〇〇一年）、沖縄のAサインバーについての小野沢あかね「米軍統治下Aサインバーの変遷に関する一考察—女性従業員の待遇を中心にして」（『琉球大学法文学部紀要　日本東洋文化論集』第一一号、二〇〇五年三月）などがある。岩国について今日にいたるまでの問題状況を明らかにした藤目ゆき『女性史からみた岩国米軍基地—広島湾の軍事化と性暴力』（ひろしま女性学研究所、二〇一〇年）が新しい成果である。また入手がなかなか困難な、戦後日本における性売買・性暴力関係資料を集めた、藤目ゆき解説『性暴力問題資料集成』（全三六巻、不二出版、二〇〇四—二〇一〇年）が刊行され、そのなかに米軍に関わるものが多数含まれている。

こうした一定の研究の進展にもかかわらず、米軍の原資料を使った研究はまだまだ始まったばかりと言える。米国立公文書館や議会図書館で公開されている米軍関係資料を使った研究を筆者はいくつか発表してきた。二〇世紀初頭から一九五〇年代までの米軍の性売買政策の流れを描いた林博史「アメリカ軍の性対策の歴史—一九五〇年代まで」（『女性・戦争・人権』第七号、二〇〇五年三月、本書第Ⅳ部第一章収録）をはじめ、東アジアの問題を取り上げた（「基地論—日本本土・沖縄・韓国・フィリピン」（『岩波講座　アジア・太平洋戦争7　支配と暴力』二〇〇六年）、「東アジアの米軍基地と性売買・性犯罪」（『アメリカ史研究』第二九号、二〇〇六年八月、本書第Ⅳ部第二章収録））、日本軍慰安婦制度との比較をおこなった「軍隊と性暴力—「慰安婦」制度と米軍の性暴力」（林博史他編著『連続講義　暴力とジェンダー』白澤社、二〇〇九年）、韓国における軍政期から朝鮮戦争期までを扱った「韓国における米軍の性管理と性暴力」（宋連玉・金栄編著『軍隊と性暴力—朝鮮半島の二〇世紀』）などがある。米軍の性犯罪についても、米軍が日本上陸直後におきた強かん事件の捜査報告書を翻訳紹介している（「資料紹介　占領軍進駐直後の米兵による強かん事件捜査報告書」（日本の戦争責任資料センター研究事務局）『季刊戦争責任研究』第四〇号、二〇〇三年六月）。

一般的な傾向として、慰安婦問題に関心のある人々の間では、軍隊はそもそも性暴力・性差別的な組織であるとして、軍隊一般論で片付ける傾向が強いように思われる。そのため、各国の軍隊の特徴や性暴力の現れ方が歴史的あるいはその他の状況によってどのように変化するのか、など詳細な分析は関心外におかれてきたきらいがある。

米軍あるいはアメリカ社会は、日本やヨーロッパとはかなり異なった性管理思想・政策を持っており、日本軍慰安婦制度からの類推では大きく間違うのではないかと思われる。また米軍の政策も時期によって、あるいは地域によって異なっており、丁寧に見ていく必要があるだろう。なお韓国においても、同様の問題意識を持った研究が出てきており、今後、日韓の研究者による協力が可能な条件が開けてきている[12]。

3　研究方法をめぐって

被害者証言と実証をめぐって

被害者への研究者の関わり方という点で筆者にとって印象深い論文がある。それはポーランドのアウシュビッツ収容所に関するFranciszek Piper（*Auschwitz:How many perished Jews, Poles, Gypsies*…,Krakow, 1992）の研究である。

従来、アウシュビッツ強制収容所で殺されたユダヤ人などの収容者は約四〇〇万人とも言われていた。この論文は、ナチス側の資料、たとえばアウシュビッツに送り込まれた鉄道の輸送記録などを読み解き、そこから四〇〇万人というのは過大であり、実際にアウシュビッツ強制収容所での死亡者は一〇〇万人あまりであるという推計を導き出した。

四〇〇万人という数字が、ガス室で殺された死体の処理をさせられたユダヤ人が推計した数字（死体を処理させられた者も多くは後に殺された）や、密かに収容所外のレジスタンスに伝えられた数字などに基づいて推定されたものであり、自らも殺された収容者の命を懸けた行為によって、その手がかりが残されたのであり、それはけっして誇張されたというものではなく、その数字の重みをしっかりとうけとめなければならないという姿勢を貫きながら、しかし、やはり事実を明らかにしようとする冷静な分析によって、その結論が示されている論文だった。被害者の証言は正面から受け止めること、しかし同時にそれを鵜呑みにすることなく、冷静かつ沈着に事実を明らかにしようとする姿勢に非常に感銘を受けた。被害者の言うことをそのまま事実として丸呑みすることは、けっして誠実な行為ではなく、むしろ被害者に対する侮辱であり、研究者としての役割の放棄であるだろう。

被害者の視点の重要性と同時に被害者や加害者とは異なる視点が不可欠である。それは単なる中立的な視点でも客観主義的な視点でもない。歴史を研究することは、研究する者自らが歴史を創る作業でもあり、現実をどのように変えるのかという主体的な営みである

女性国際戦犯法廷の準備過程においても、被害者の証言のなかで、法廷での検証に耐え得ないもの—慰安所に入れられていたときの時期と場所が特定できないもの、あるいはほかの事実と矛盾するようなもの—であった場合は、証拠として使用しなかったことがある。

被告を特定するうえで、時期と場所の特定は不可避だったからである。それは被害者がウソを言っているとか、被害者を信用できないと決めつけているわけではない。トラウマが深刻な場合、出来事の前後関係などがあいまいになり、明確に説明できないことがあるし、そもそも初等教育も十分に受けられず海外に連れて行かれて、自分の居場所を正確に把握していることの方が不思議なくらいであることを重々承知のうえでのことで

ある。

被害者の証言を事実かどうか検証し事実を確定する作業はしばしば非難される。しかし女性国際戦犯法廷はそうした作業をおこなったからこそできたものである。その作業をおこない、その証言を採用するかどうかの判断をおこなったのは女性国際戦犯法廷を中心に担った女性たちだったことも指摘しておきたい。ところが、外から同法廷を高く評価する人たちは、そうした仕分けを実際におこなった女性たちのことは絶賛しながら、歴史研究者（しかも男の）を攻撃することが多い。そうした人たちにとっては、自分がそう思うことが〝事実〟であり、その事実認識は実に恣意的である。

事実を実証することは、安易でたやすいことのように語られることがある。あるいは歴史研究者は、裁判官のように事実を断定していると論難されたことがある。こうした根拠のない非難は、実証するという作業を経験したことがないから出てくることだろう。

事実を明らかにすることは、関連する諸資料を丁寧に調べ、一つ一つ資料批判をおこない、それらを総合していかなければならない。諸資料とは、文書、証言（証言も記録されれば文書になる）、写真、映像、遺跡や跡地などさまざまである。

構成主義の盲点

資料批判とは、文書であれば、誰が、いつ、どこで、どのような状況下で、誰に対して、どのような意図で、作成された文書か、それらを検討して、その資料的価値を判断する。そのうえで諸資料をつなぎ合わせて、言い換えれば事実の断片をつなぎ合わせて、ある事実を再構成する。もちろんその作業者の問題意識（それはその時代・社会の中での作業者の位置と意思によって異なってくる）によって再構成の仕方は異なってくる。しかし、念のために言っておくと、異なった事実があるのではなく、一つの出来事・事実の異なる側面・性格が示されているというべきである。事実認識・認定の問題と解釈の問題が混同され、事実認識のレベルまでも解釈の問題で処理されてしまう傾向があるのではないか。

歴史をすべて構成主義的に解釈すると、たとえば南京虐殺は幻だという議論も、慰安婦は金儲けのために自ら進んで売春をしたのだ、という議論も、事実は多様だという名目の下で許容されてしまうことになる。極端な構成主義は、歴史修正主義と親和的であるという落とし穴にはまる。

ある出来事の全体像を実証するのはきわめて難しいということを、実証しようとする者は理解している。現実はそう単純ではないので、自分が期待しているような事実が出てくるとは限らないし、たいていの場合、相互に矛盾するような資料が出てくる。自分の理論や枠組みと資料が示す事実が矛盾・対立した場合、自らの理論や枠組みを事実に合わせて修正する。その作業は論文や著書となって結実するが、その後も新しい資料の発掘や、諸資料を読み直す中で再検証を余儀なくされ、しばしばその事実は書き換えられていく。したがって、自らの事実認識は、きわめて限定されたものであり、相対的なものであって、後の研究によって乗り越えられていくもの、克服されていくものという自覚がある。実証の意義を理解している者は謙虚にならざるをえない。と同時に、実証する者は、それぞれの思想的政治的立場が異なっても、事実認識のうえで、相互の対話が可能である。ある種の○○イズムの中には、その立脚点が異なると対話が不可能のように見えるものも少なくない。

もちろん事実をゆがめようとする議論に対しては、厳しく批判するが、それは事実に謙虚であろうとするからであり、自らの事実認識を修正せざるをえないような資料が提示されれば、いつでも自らの過ちを認め訂正する決意を込めた、そして、自らの主張には責任をとろうとする意思の表れである。

なお一言付け加えるならば、言説や記憶を重視する人たちの文章は難解で理解できないことが多い。一握りのサークル内で通用すればよいと考えているかのように見える。それに比べれば、実証の重要性を理解している研究者の方が、普通の市民に語りかけ、ともに考え取り組もうという姿勢で比較的わかりやすい言葉で文章を書くのではないだろうか。

現実の諸関係の分析抜きの言説研究が横行し、実証が軽視あるいは揶揄される状況の広がりの中で、たとえば、アメリカには日本の戦争犯罪に関する一次資料や米軍の性暴力・性売買に関する資料も膨大にあるが、それらを調べようとする研究者はほんのわずかしかいない。資料はかんたんに手に入るものではなくそのためには大変な労力と時間、熟練が必要であり体力と気力の勝負とも言えるが、そういう作業は、実証ばかりやっているとして揶揄される傾向がある[13]。

残念ながらこの間、記憶や言説ばかりが強調され（その重要性は否定するつもりはないが）、事実の実証や、問題の構造とその認識を軽視する傾向が強い。日本軍がどのようにして女性たちを慰安婦にし、性暴力を強いたのか、という仕組みは被害者の記憶からはけっして出てこない。そのためには事実の実証と構造的な認識が不可欠である。

公娼制との関連

ここで日本軍慰安婦制度と公娼制との関連についての議論を見ておきたい。両者を同じものとして見る論者から、両者ともに女性に対する人権侵害の制度であるとしても両者を区別すべきであるという論者、ほかにもさまざまである。

慰安婦問題を議論する場合、女性に対する性暴力としてみる視点は不可欠であろう。その視点から見ると公娼制も慰安婦制度も同じだという議論ができなくはないかもしれない。しかし、帝国主義本国と植民地におけるあり方は同じではないだろうし、戦争中の占領地もまた同じではない。そうした支配従属関係のなかで、それぞれの民族・人種、階級階層によっても違ってくる。戦時か平時か、戦争犯罪かどうか、管理者は軍か警察・行政か、軍法と市民法のどちらが適用されるのか、あるいはどちらも適用されない法の隙間に落ち込んだ存在なのか、ということも考えなければならない。

女性への人権侵害と言っても、ていねいに分析すれば、別の犯罪類型としてとらえることが可能であるし、そうすべきだと考える。両者の違いを指摘する者を、性暴力をわかっていないと批判するのは、建設的な議論とは言えないだろう。

違いを重視するのか、共通性を重視するのか、論者によって重点の置き方が違ってもそのことはそれほど問題ではないと考えている。ただ元慰安婦に対する謝罪と個人補償は、公娼制下の女性へのそれとは区別しておこなわれるべきであり、公娼制下の女性への謝罪と補償が同時になされなければ慰安婦問題は解決したことにならないという議論には賛成できない。もちろん両者の解決は関連しているだろうが、それぞれの問題は固有の課題があり、一つ一つ解決していくことが必要である。であるから、そうした解決に資するような把握の仕方が必要であると考える。また性暴力被害者のなかでどの範囲までを慰安婦と考えるのか、難しい問題であるが、これもそれぞれの論者が概念を明確にして使えばよいと考える。

以上の問題は次の点ともつながる。一つの視角だけで問題をとらえることの限界である。どのような優れた視点も一つの視点からだけ見ていると、ほかの重要な要素を見落としてしまう。複合的な視点を総合して見ることが必要だろう。そういう意味で、宋連玉氏が「ジェンダー、民族、階級の複合的な視点を手放すと、フェミニズムの可能性を失ってしまう」（宋連玉『脱帝国のフェミニズムを求めて——朝鮮女性と植民地主義』有志舎、二〇〇九年、二五七頁）と述べていることに賛成である。

ジェンダー、フェミニズムとの関わり

また最近の公娼制などの研究に対して、小野沢あかね氏が「言説分析という手法が採用されることが多いこととも関連し、人々の暮らしとの有機的な関係の下での運動分析が捨象され、公娼制度や廃娼運動をめぐる、ジェンダー関係以外のさまざまな社会的諸関係が捨象されてしまう傾向があった」（小野沢あかね『近代日本社会と公娼制度』一六頁）と、ジェンダーの視点だけで見ることの危険性とともに、言説分析のはらむ問題性も指摘している。

しばしば使われる概念として、軍事主義や家父長制という概念がある。軍事主義ですべて説明したような議論が見られるが、確かにこれまで見落とされていた側面に光を当てたという意味はあるかもしれないが、時代を超えて、どの国にでも適用される概念は、逆に切り落とされるものが多い。第二次大戦中の日本やドイツと、アメリカやイギリスを一緒にして軍事主義で説明するということは、きわめて重大な差異・問題を切り捨てることになる。なぜ日本軍だけが、あれほど大規模かつ組織的な慰安婦制度を作ったのか、軍事主義では何も説明できない。この概念を否定しているのではなく、そこで思考が停止してしまうことを批判しているのである。

このことは家父長制にもあてはまる。フェミニズムの家父長制概念は、近代国民国家に共通する問題として提起されたものであり、その意義は大きいと考えている。しかし明治民法下と現在の日本の家族のあり方を同じものとして説明できるのだろうか。

金敏喆氏が、日本軍慰安婦問題の解決のためには日韓の家父長制の克服が不可欠であるという議論を批判し、慰安婦問題解決の個別の条件を明確にするべきであるという議論をしているのに同感である（「過去事問題の

認識と責任論」『季刊戦争責任研究』第六七号、二〇一〇年三月）。またその家父長制にしても、日韓を同じものとして理解していいのか、また日本の植民地支配とそれへの抵抗のなかで、家父長制が変容あるいは再編されることを考えると、その相互関係を見ることなしに、日韓の家父長制の克服を議論できるのだろうかという疑問もある。

なおこの間、「和解」がブームとなっている。日中あるいは日韓の間の和解それ自体を否定するものではないが、その中にはさまざまな流れが含まれているように見える。一つは、これ以上の事実の究明は抜きにした和解の動きであり、また日本国家による謝罪と個人補償を抜きにした和解である。両側面は重なって展開しているように見える。

これらと重なっているのが、ナショナリズム批判というポーズをとりながら、戦争責任問題・植民地問題を終わらせようとする議論である。そこでは、日本はすでに謝罪したのだから、問題は被害国（民）の側にあるという議論もなされる。

ここではこの議論には立ち入らないが、本稿との関連で言えば、こうした議論は、事実を軽んじた傾向とフェミニズム一元主義の（両方または一つの）行き着いた先の一つではないかと思われる。

さいごに

日本軍慰安婦について、今後さらに調査すべき資料の可能性としては、林博史「日本軍〝慰安婦〟・性暴力に関する資料状況」（『季刊戦争責任研究』第三六号、二〇〇二年六月）にまとめたことがあるので、くりかえさないが、中国とオランダの資料、特に前者の資料公開が待たれる。日本国内では警察が関連資料を公開するかどうかが大きい。

軍隊による性暴力というテーマに関して、その現れ方の共通性と違い、その諸条件とその変化、歴史性を丁寧に分析することが必要である。軍隊はそもそも性暴力の組織であるという原理論レベルにとどまっていては、現実の問題には対処できない。人類は―そして日本も―今後も長期にわたって軍隊を保有していくことになるだろう。そのときに、軍隊を理念的に否定するという原理論レベルで終わるのではなく、具体的に一つ一つの実態を解明分析し、性暴力・人権侵害を減らしていく諸条件を一つ一つ積み重ねていくことが必要であり、それに資する研究が必要である。そのための分析視角は、一つの視点だけではなく多様な視点が求められる。

日本軍慰安婦制度そのものの研究とともに必要なのは、この問題の解決を阻んできた、第二次世界大戦後の東アジアの軍事、政治、経済、社会の構造、その相互作用、歴史的な変化、などの解明であろう。言説や記憶の研究もそうした分析の一つとして重要であるだろう。その際、米軍の基地ネットワークとそれに支えられたアメリカによる東アジアにおけるヘゲモニーの分析は重要な位置を占めていると思われる（林博史「米軍基地と植民地主義」『季刊戦争責任研究』第七〇号、二〇一〇年一二月参照）。

また本稿ではほとんど触れられなかったが、近代においては、軍隊と売春・買春の関連は、きわめて重要な課題であったが、この問題設定が今日ならびに将来において、どれほど有効なのか、検討が必要だろう（林博史「軍隊と性暴力―「慰安婦」制度と米軍の性暴力」（林博史他編著『連続講義　暴力とジェンダー』白澤社、二〇〇九年）。

本稿では、言説や記憶の研究に対して批判してきたが、けっしてその必要性や重要性を否定しているわけではない。そうした論者が、実証を軽視ないし揶揄し、実証あるいは事実を究明することの意義が貶められているから、そうした傲慢な姿勢に対して批判しているだけである。それぞれの研究にはそれぞれ固有の意義があり、同時に限界がある。一人の研究者ができることはきわめて限定されている。だからこそ、相互に足りない点を補い、多くの人々の成果を統合する必要がある。自らの問題意識や視角とは異なる者の研究を否定するような独善は慎むべきである。

筆者は、これまでの自らの研究と同様に、事実の究明に徹底してこだわり、素朴な実証に努めていきたいと思う。

(1) 以下、「慰安婦」の用語については便宜上、括弧なしで使う。
(2) VAWW‐NET Japan編『「慰安婦」・戦時性暴力の実態Ⅱ 中国・東南アジア・太平洋編』(日本軍性奴隷制を裁く——二〇〇〇年女性国際戦犯法廷の記録 第四巻、緑風書房、二〇〇〇年) 所収の判決解題 (林執筆分) ならびに、林博史「『法廷』にみる日本軍性奴隷制下の加害と被害」(VAWW‐NET Japan編『裁かれた戦時性暴力』白澤社、二〇〇一年)。
(3) 金富子「河床淑さんのケースにみる漢口慰安所」VAWW‐NET Japan編『「慰安婦」・戦時性暴力の実態Ⅰ 日本・台湾・朝鮮編』(日本軍性奴隷制を裁く—二〇〇〇年女性国際戦犯法廷の記録 第三巻、緑風書房、二〇〇〇年) 所収。
(4) 笠原十九司「中国戦線における日本軍の性犯罪」(『季刊戦争責任研究』第一三号、一九九六年九月)、「中国での日本軍による性暴力の構造」(『「慰安婦」・戦時性暴力の実態Ⅱ 中国・東南アジア・太平洋編』) に負うところが多い。
(5) 最近の状況については、『季刊戦争責任研究』第七一号、二〇一一年三月、「現在の紛争と性暴力」特集号、参照。
(6) この項は判決解題を要約、改訂したものである。
(7) 林博史「『法廷』にみる日本軍性奴隷制下の加害と被害」八一—八二頁。
(8) 歴史修正主義者への批判の最近の文献としては、吉見義明「日本軍『慰安婦』問題について— 『ワシントンポスト』の『事実』広告を批評する」(『季刊戦争責任研究』第六四号、二〇〇九年六月)、『日本軍「慰安婦」制度とは何か』(岩波ブックレット、二〇一〇年) がある。
(9) 特に論文については気がついていないものが多数あると思われるがご容赦いただきたい。
(10) 林「マニラ戦とベイビューホテル事件」(関東学院大学経済学部総合学術論叢『自然・人間・社会』第五二号、二〇一二年一月)。

(11) 前者の資料リストについては、『季刊戦争責任研究』創刊号に掲載され、その多くは、女性のためのアジア平和国民基金編『「従軍慰安婦」関係資料集成』全五巻(龍渓書舎、一九九七年)に収録されている。後者については、『季刊戦争責任研究』第三、五、七、九号に収集資料リストと主な内容が紹介されている。

(12) 韓国における米軍と性売買・性暴力については、宋連玉・金栄(『軍隊と性暴力―朝鮮半島の二〇世紀』(現代史料出版、二〇一〇年)が最近の研究である。日本語の文献のみを紹介すると、駐韓米軍犯罪根絶のための運動本部編、徐勝・広瀬貴子訳『駐韓米軍犯罪白書』(青木書店、一九九九年)、「老斤里から梅香里まで」発刊委員会編(キップンチャユ日本語版翻訳委員会訳『老斤里から梅香里まで―駐韓米軍問題解決運動史』図書出版、二〇〇二年)、金貴玉「朝鮮戦争と女性―軍慰安婦と軍慰安所を中心に」(徐勝編『東アジアの冷戦と国家テロリズム』(御茶ノ水書房、二〇〇四年)、アクティブ・ミュージアム「女たちの戦争と平和資料館」編(『戦時性暴力をなぜ記録するのか』同資料館、二〇〇五年)所収の金貴玉氏の講演録・資料、韓国女性ホットライン連合、山下英愛訳『韓国女性人権運動史』(明石書店、二〇〇四年)などがある。朝鮮戦争期の韓国軍向け慰安所と国連軍向け慰安所については金貴玉氏の一連の論考がある(『軍隊と性暴力―朝鮮半島の二〇世紀』にも所収)。なお英語では、Katharine H.S. Moon. Sex Among Allies: Military Prostitution in U.S.- Korea Relations. New York: Columbia University Press, 1997) という重要な研究が出ている。

(13) なお実証的な研究といっても、いったい何のために研究をしているのかわからないような、研究のための研究も少なくない。ここで問題なのは、慰安婦問題のような現実の政治社会問題に関心を持って研究しようとする者が実証を軽視する傾向である。つまり現実的な問題意識のない実証主義者と、そうした問題意識はあるが実証を軽視する論者とに二極分解してしまい、両者を共に備えた研究者が少ないという問題である。歴史学界の問題については別に批判したことがあるのでそちらを参照していただきたい(林博史「沖縄戦『集団自決』への教科書検定」『歴史学研究』八三一号、二〇〇七年九月)。

補論1　二〇一一年以降の研究の展開

二〇一一年以降、特に第二次安倍晋三内閣が登場してから、歴史的な研究を否定しようとする動きが強まると、そのことが新たな研究の展開を刺激したと言える。この二、三年の新しい研究成果と課題について整理すると、第一に、二〇一四年六月に東京で開催された第一二回日本軍「慰安婦」問題アジア連帯会議において、河野談話発表後に見つかった公文書五三八点を発表し、日本政府にも提出したことが挙げられる（文書リストなどは『季刊戦争責任研究』第八三号、二〇一四年に掲載している。なお発表時点では五二九点だったが、その後のチェックによりこの数字となっている）。

このなかには、第一章で取り上げた、慰安所が軍の正式の施設として設置されたことを裏付ける「野戦酒保規程」改正も含まれる。そのほかにもこの間、法務省が所蔵していた資料が国立公文書館に移管され、閲覧が可能になったため次々に新しい史料が見つかっている戦犯裁判関係資料なども含まれており、研究にあたって、あるいは政府が見解を述べるにあたっても参照されるべき史料群である。これでこれまでに見つかっている「慰安婦」関係の公文書は、連合国の資料も含めて約一千点にのぼる。

近年において新たに見つかった資料の紹介については、藤原義一「資料紹介　タバオ、バリックパパン海軍航空基地　第二設営班慰安所の資料」（『季刊戦争責任研究』第七五号、二〇一二年三月）、吉見義明「資料紹介　第三五師団司令部『営外施設規定』」、佐治暁人「BC級戦犯裁判と性暴力（1）―『戦争犯罪裁判概見表』を手がかりに」（『大阪経済法科大学　アジア太平洋研究センター年報』第一一号、二〇一四年三月、同（2）、第一二号、二〇一五年二月）、林博史「資料紹介　「慰安婦」など性的強制事件と軍による隠蔽工作」

（『季刊戦争責任研究』第八二号、二〇一四年六月）、林博史「資料紹介　ジャワ島における日本軍「慰安婦」等強制事件」（『季刊戦争責任研究』第八四号、二〇一四年一二月）などがある。またこの文書リスト発表後に出てきた新しい資料を含む研究として、杉本雄一郎「日本占領下アンダマン諸島の海軍「慰安所」に関する考察」（『季刊戦争責任研究』第八三号、二〇一四年一二月）がある。

第二に性奴隷制の問題である。これは吉見義明氏が名誉毀損訴訟を提起したことと関わっている。二〇一三年五月に橋下徹大阪市長の記者会見にあたって桜内文城衆議院議員（当時）が吉見氏の本を捏造であると発言したことに対しての訴訟である。この裁判を通じて、「性奴隷（制）」とは何かという議論が提起された。このなかで二〇一四年一一月に原告側から提出された阿部浩己氏の意見書は、国際法における奴隷制の定義・要件を明らかにして「慰安婦」制度への適用の可否を検討したもので、日本軍「慰安婦」制度を性奴隷制と規定することは「国際法上適切な表現」と結論している（YOSHIMI裁判いっしょにアクション『日本軍「慰安婦」制度はなぜ性奴隷制度と言えるのか』私家版、二〇一四年、阿部浩巳『国際法における性奴隷制と『慰安婦』制度」『季刊戦争責任研究』第八四号、二〇一五年六月）。

また二〇一三年八月に発足したウェブサイト「Fight for Justice 日本軍「慰安婦」―忘却への抵抗・未来の責任」は、日本軍「慰安婦」問題webサイト制作委員会が制作運営している。この制作委員会は、日本の戦争責任資料センターと「戦争と女性への暴力」リサーチ・アクションセンター（VAWWRAC）の二団体が共同で運営しているが、そこには最新の研究成果が盛り込まれている。ウェブサイトの内容の一部は、日本軍「慰安婦」問題webサイト制作委員会編、吉見義明・西野瑠美子・林博史・金富子責任編集『Q&A「慰安婦」・強制・性奴隷　あなたの疑問に答えます』（御茶ノ水書房、二〇一四年）として刊行され、さらに同制作委員会が開催したシンポジウムの記録でもある同編『性奴隷とは何か』（御茶ノ水書房、二〇一五年）も出されている。

性奴隷制概念は、一九九三年の第二回世界人権会議で採択されたウィーン宣言から使われるようになり、その後、国際人権機関や人権NGOにおいて日本軍「慰安婦」制度を性奴隷制とする見解が広まったが、本格的な研究が日本でもようやく始まったと言える。

第三に、日本人「慰安婦」についての調査研究もようやく本格化している。VAWW RAC編『日本人「慰安婦」――人身売買と愛国心の犠牲者たち』（現代書館、二〇一五年）と藤目ゆき『「慰安婦」問題の本質――公娼制度と日本人慰安婦の不可視化』（白澤社、二〇一五年）がともに二〇一五年春に刊行された。日本人「慰安婦」の問題はかねてから明らかにすべき課題として認識されていたが、日本の戦争責任という観点からはアジア諸国・地域の女性被害の問題が優先的に取り上げられ、また九〇年代以降に日本政府に対して謝罪と賠償を求めて名乗り出た方がいなかったこと、資料的にも難しいことなどから研究は遅れていた。日本人「慰安婦」の問題は戦争責任・植民地責任の文脈だけでなく、近代日本の公娼制や女性に対する支配・差別の構造に関わる問題であり、「慰安婦」制度の全体像を明らかにするうえで避けて通れない課題である。

この問題に関わって、「慰安婦」制度と公娼制との関連をどう考えるのかという問題が再び出てくるだろう。すでに九〇年代にある程度の議論がなされたが、最近では、国際的な婦女売買禁止の取組みや廃娼運動との関連、公娼制そのものが戦前においても「事実上の奴隷制度」と批判されていたこととの関連、公娼制といっても日本国内と植民地においては大きな差がありどちらとの関連で見るかによって議論の仕方が異なること、など議論になるべき課題は多い。近代の公娼制についてもヨーロッパで導入された近代の性売買管理制度との共通性の視点の重要さと同時に、日本の特徴をどう把握するのかも問題であろう。近世から近代への公娼制・遊廓の研究が進んでおり、それらの成果をどのように組み入れていくのかも課題である（佐賀朝・吉田伸之編

『シリーズ遊廓社会2　近世から近代へ』吉川弘文館、二〇一四年、人見佐知子『近代公娼制度の社会史的研究』日本経済評論社、二〇一五年、など）。

第四に国際比較に関する研究である。この点は第Ⅳ部でくわしく述べたい。

なお公文書館には移管されていないが情報公開法によって開示請求をおこない、出てきた史料もいくつもある。その方法で外務省文書を次々に出させている小林久公氏の仕事は貴重である（小林久公「日本政府による資料調査と『河野談話』」『季刊戦争責任研究』第八二号、二〇一四年六月）。また厚生労働省から出てきた慰安所関連史料としては、軍法会議関連文書に含まれていた沖縄の宮古島の慰安所史料がある（佐治暁人氏が厚生労働省から情報公開請求で出させたものである。林博史「資料紹介　沖縄・宮古島における日本軍慰安所」『季刊戦争責任研究』第八四号、二〇一五年六月）。

補論2　日本軍「慰安婦」制度等による性暴力被害の地域別特徴について

性暴力被害の類型

日本軍による性暴力被害にはさまざまなタイプがある。「慰安婦」（「慰安所」）制度をその中に位置づけると次のように整理できる。

Ａ　軍後方部隊によって設置・管理された、制度化された「慰安所」
　管理規則の制定、「慰安婦」登録・定期的な性病検査などの規則に従った管理がおこなわれている「慰安所」

Ｂ　比較的前線に配備された日本軍部隊がそれぞれの駐屯地で設置した「慰安所」
　Ａほどには整備されたものではないが、「慰安婦」制度の中に含められる。

Ｃ　前線に配備された日本軍部隊による、「性売買」の表面的な装いも取らない、むき出しの暴力的監禁、集団強かんとも言えるもの
　「慰安所」と言えるかどうか議論があるが、軍が「慰安婦」制度を導入したことがこうしたものを生み出したという点では、「慰安婦」制度導入にともなう性暴力被害と言える。

Ｄ　比較的短期間あるいは一回かぎりの性暴力
　「慰安所」とは言えないが、「慰安所」に通うことが難しい最前線の末端の兵士たちが〝タダ〟でできる性暴力に走ったという側面を見ると、「慰安婦」制度が導入されたことがこうした性暴力を刺激促進したと

言える。

日本軍の文書が作られ残っているのは、主にAとBであり、CとDは文書も作られていないと見られる。一部、日本軍の軍法会議で処罰されたケースがあるが、それらの資料はプライバシー保護を理由としてほとんど非公開なので詳細はよくわからない。Bの場合も「慰安所」があることを示す断片的な記述にとどまるものが多い。

こうした性暴力の被害女性について見ると、日本、植民地（朝鮮、台湾）など他地域から連行された女性はABの「慰安所」に入れられた。中国・東南アジア・太平洋諸島の地元女性たちはABCDのすべてのタイプの性暴力の被害を受けている。なお念のために述べておくと、ABCDは、性暴力被害の深刻さの程度とは関係なく、あくまでも性暴力被害の類型の違いでしかない。

＊Aのみを慰安所とし、かつ慰安婦は日本人と韓国朝鮮人だけに限定する『帝国の慰安婦』朴裕河《パクユハ》氏の議論は、中国や東南アジアなど占領地の女性もABの慰安所に入れられたことを無視する空論であろう（第Ⅲ部補論参照）。

占領地のあり方と性暴力の類型

日本軍「慰安所」が設けられた地域について見ると、日本軍による占領地のなかで支配が比較的安定していた都市部などでは（中国では「治安地区」と呼ばれた地域など）、軍の後方部隊により制度化された「慰安所」が設置された（A）。さらに一定の規模の部隊（中隊・大隊以上）が駐屯した町村などでは、駐屯する部隊によって「慰安所」が設置された（B）。Bのケースでは駐屯する町村の幹部に女性を斡旋させるなど部隊が自前で「慰安所」を作ることも少なくない。

他方、日本軍の支配が及ばない、あるいは不安定な地域、中国では「敵性地区」と呼ばれたような地域では、抗日ゲリラを粛清・討伐するという名目で日本軍による住民虐殺、略奪、放火、強かんがしばしばおこなわれた。こうした地域内あるいは地域に接する前線に配備された日本軍部隊の駐屯地には「慰安所」が設置されないことが多かったので、部隊は村の幹部に女性を差し出させたり、あるいは討伐の際に女性を拉致し、監禁して強かんをおこなう、「慰安所」に類似したものを設けることもあった（C）。こうした地域や部隊ではさまざまな性暴力が地元女性に加えられた（D）。

国・地域別の類型の現われ方

国・地域別に整理すると、中国では、ＡＢＣＤのタイプが地域ごとに見られる。大都市部から地方都市にかけてＡとＢが見られるし、前線、特に抗日勢力の強い地域に行くほどＣＤが多くなる。中国の山西省のケースはＣＤの典型である。

東南アジアでもそれぞれの地域でＡＢＣＤのすべてのタイプの性犯罪が見られるが、どのタイプが強く現れるかどうかについては国地域ごとに異なった特徴が見られた。アジア太平洋戦争が始まり日本軍が占領してからしばらくの時期、連合軍の反攻がまだであり、かつ地域内の抗日運動もまだ激しくなっていない時期には、まずＡＢが展開していった。

その後、マレー半島（マレーシア半島部）やシンガポールなどのように敗戦まで連合軍が侵攻しなかった地域では、ＡＢが敗戦まで継続した。ＣＤがないわけではないが、ＡＢが中心の傾向が強いと言える。

他方、フィリピンやビルマのような所では、当初はＡＢが広がっていたが、連合軍の反攻と強力な抗日勢力のために、「敵性地区」のようになった地域では、山西省と同じような暴力的な連行・監禁強かん型の性暴力が頻発した。つまりAB中心からCDの激化へと変化していくと見られる。この点では、AB中心が敗戦まで継続するシンガポールなどと違う特徴である。

インドネシアは、多くの島々があり状況も異なるので、ABCDのさまざまなケースが混在していたといえる。カリマンタンやバリ島など海軍の支配地域の方が、陸軍の支配地域に比べ軍直轄の傾向が強い。なお戦争後期には、インドネシアのジャワの女性たちがシンガポールを含む周辺の島々に「慰安婦」として送り込まれていた。戦況の悪化にともない朝鮮や台湾からの輸送が困難になったからと考えられる。

またインドネシアでの特徴として、多くのオランダ女性、あるいはオランダ人と住民との間に生まれた女性が多数、「慰安婦」にされたことである。このことも重なるが日本軍が抗日容疑で逮捕した女性、あるいは逮捕された男性の妻などに「慰安婦」になることを強制したケースが多い（オランダ人や欧亜混血人は抗日として疑われる危険性が高かった）。さらに「慰安婦」になるか、特定の日本軍人の性的相手をするかを強いられたケースも多い。こうした点はほかの地域とは異なる特徴と言えるだろう。

東チモールはインドネシアと同じような特徴が見られる。オーストラリア軍などに協力した者の妻が慰安婦にされたり、特定の将校の性的相手をさせられた。連合軍が上陸しなかったが日本軍にとっては連合軍と対峙する最前線の地域であったため、さまざまなケースが見られるが、占領地であり、かつ最前線ということもあって軍の暴力性が強いと言える。

パプア・ニューギニアなど南太平洋の島々では、ラバウルのようなAの「慰安所」があった場所もあるが、それ以外についてはよくわかっていない。米国領グアムでは、日本や朝鮮などから女性が「慰安婦」として連行されてきただけでなく、地元女性が「慰安婦」になることを強制されたことがわかっている。ベトナムなどインドシナについてもＡＢの「慰安所」が設置されたことはわかるが、それ以上の詳細はわからない。

朝鮮と台湾でも一部の地域に「慰安所」が設置され、その地域の女性や日本人らが送り込まれた。また戦争末期には米軍の侵攻を迎え撃つために配備された日本軍部隊のために、沖縄や日本本土各地にも「慰安所」が設置された。そこには日本や朝鮮の女性たちが送り込まれた。

徴集・連行方法の違い

「慰安婦」にさせられた女性たちを見ると、日本と植民地だった朝鮮、台湾の女性たちが、中国や東南アジア、太平洋各地に送り込まれた。戦争後期にはジャワの女性たちも周辺地域に連行され、被害を受けた。また日本軍によって占領された地域では、日本と朝鮮、台湾の女性たちに加え、膨大な地元女性たちも「慰安婦」にされるなど性暴力の被害者となった。

概して、女性たちの「慰安婦」としての被害を受け続けた期間は、遠方に送り込まれた女性たちの方が比較的に長いと言えるが、それは帰ろうとしても帰れなかった輸送手段の問題も大きい。

女性を「慰安婦」として徴集するにあたっては、略取（暴力や脅迫などを用いて）、誘拐（詐欺、騙し、誘惑などにより判断を誤らせて）、人身売買などさまざまな方法が使われた。略取と誘拐は戦前戦中においても犯罪であったことは第Ⅰ部補論で見てきた。人身売買については国内では禁止されていなかったが、人身売買した人を国外に連れて行くことは人身売買国外移送罪にあたり当時でも犯罪だった。したがって、日本や朝鮮、台湾（以上はいずれも当時は日本国）から、中国や東南アジアなどに人身売買した女性を連れて行くことは犯罪であった。したがって日本や朝鮮、台湾で徴集・連行する場合、略取、誘拐、人身売買などいずれの方法をとるにせよ、中国や東南アジアの「慰安所」に連行することは、当時の国内法に照らしても犯罪であった。この点を確認しておきたい。

中国や東南アジアなどの占領地の現地で女性を「慰安婦」として徴集する場合、略取、誘拐、人身売買などさまざまな方法が取られた。占領地ではしばしば暴力や脅迫による略取の方法が取られた。特に比較的近い場所に連行するときは暴力が使われることが少なくない。かいらい政権がある場合は、日本軍が直接徴集をおこなわず、その政権（あるいはかいらい軍）にやらせることもあったが、いずれにせよ軍が前面に出て女性を徴集する性格が強いのが特徴である。

他方、日本本土や朝鮮、台湾などで徴集し、そこから中国や東南アジアへ連行する場合、多くは誘拐または人身売買の方法が取られた。日本本土と植民地では、一般行政あるいは総督府の統治下にあり、軍が直接徴集せずにそうした行政機関あるいは、行政機関の協力・監督下で業者にやらせることが一般的であった。

被害者の出身国・地域

日本軍「慰安婦」にされた女性の出身は、日本の公文書、日本側関係者や地元の人々、被害女性などの証言・回想記などから判明しているものは、日本、朝鮮、台湾、中国、マレーシア、シンガポール、タイ、フィリピン、インドネシア、東チモール、ビルマ、ベトナム、太平洋諸島、などが挙げられる。さらにそれらの地域に住んでいた、インド人、ユーラシアン（欧亜混血）、オランダ人、華僑（華人）などもあげられる。ラオス、カンボジアについては不明だがその可能性は高い。沖縄を含む日本と日本の植民地だった朝鮮、台湾、さらに日本軍が占領し部隊が駐留した中国・東南アジア・太平洋のほとんど全地域の女性が日本軍「慰安婦」など日本軍による性暴力被害者にされたと言ってよいだろう。

第Ⅲ部　歴史資料隠蔽と歴史の偽造

第一章　公文書・天皇関係書類の廃棄と「慰安婦」隠し——日本軍電報の暗号解読資料

『季刊戦争責任研究』第六三号、二〇〇九年三月

日本軍による電報処分と連合国解説資料の価値

日本は一九四五年八月の敗戦時に、大量の公文書を焼却処分したことはよく知られている。しかし、その処分命令あるいは指示は多くの場合、口頭でなされたため、どのような処分命令が出されていたのかは、よくわかっていない点が多い。必ずしもすべての公文書を焼却したわけではなく、その際にある程度、選択していたようである。ただ命令を受けた下部機関では、文書を選択する余裕などなかっただろうことも推測できる。

日本国内などでは、主として電話や、人を派遣して口頭で伝えていたことがわかっているが、当時、日本軍はアジア太平洋地域の各地に展開しており、それらの部隊への連絡は無線が使われた。また海外公館への連絡も外交電報によってなされた。無線の電文を起案した文書が作られたはずであり、それを暗号に変換して送信され、受け取った通信隊は暗号を解読して、通常の文に変換して文書化し、司令官・参謀などに伝えたはずである。しかし、これまでわかっているように、またここで紹介する電文を見てもわかるように、電報の内容を理解したのち電報そのものを処分せよと命じている。そのために送信側と受信側の双方共に、電文の文書は処分したと見られる。

しかし日本軍の通信について連合軍はそれを傍受し、暗号を解読していた。そうした暗号解読された電報の記録が連合国に残っていることによって、日本軍の通信内容を今日われわれが知ることが出来るのである。

連合軍は、暗号解読する際に、まずは日本語を復元したうえで英訳し、軍や政府上層部に報告していた。現在、アメリカやイギリスの国立公文書館で公開されている文書には、復元された日本語のものはまったくなく、すべて英訳されたものだけである。そのためその英文から元の日本文を復元しなければならない。暗号解読された電報といっても、その電文のすべてが完全に解読されていないことも多く、文の途中が空白になっていたり、発信者を特定できていないものも多い。

電報の日本語の原文が残っている場合、それらと照合すると、解読する際の間違い、あるいは英訳する際の間違いもある。しかし、原文が失われてしまっている場合、これらの暗号解読文書は失われたものを復元する貴重な手がかりであることは間違いない。また、連合軍は日本軍の動き、意図を正確に把握するために無線を傍受し暗号解読をおこなっている。戦後の五〇年以上にわたって機密扱いされていた資料の性格から見て、内容が連合軍によって捏造あるいは改ざんされることはまず考えられない。

アメリカの国立公文書館で公開されている、そうした暗号解読資料のなかで、敗戦時の公文書廃棄に関する電文については、すでに『季刊戦争責任研究』において紹介したことがある（林博史「進展するアメリカの戦争関係資料の公開―米国立公文書館資料調査報告（その2）」『季刊戦争責任研究』第三七号、二〇〇二年九月、林博史「敗戦時の公文書廃棄についての資料（補遺）」同、第三八号、二〇〇二年一二月）。また沖縄戦に関するものをまとめて、林博史「暗号史料にみる沖縄戦の諸相」（『（沖縄）史料編集室紀要』第二八号、二〇〇三年三月）で紹介した（この論文は、筆者のウェブサイトで読むことができる http://www32.ocn.ne.jp/~modernh/paper52.htm）。

『季刊戦争責任研究』第三七号では「マジック―極東サマリー Magic Far East Summery」のなかからいくつかを紹介した。この「マジック」資料は、解読電報の抜粋を集成した報告書であるが、第三八号では、「マジック」を編集する前の、解読電報が一件ずつ並べられている資料群からのものと、「マジック―外交サマリー Magic Diplomatic Summery」、つまり外務省と在外公館との間の外交電報の暗号を解読したものからいくつかを紹介した。

以上は、アメリカ国立公文書館の資料である。他方、イギリスでも暗号解読関係の資料が大量に公開されたことがわかっていたが、二〇〇七年年末にようやくそれらを調査する機会が得られた。イギリスの暗号解読については、ナチス・ドイツに対するものが有名であり、エニグマ Enigma という名前で知られている。英語文献ではたくさんの研究があり、日本の出版物でも暗号についての書物のなかでは必ず触れられるほどである。また「エニグマ」（二〇〇一年制作）というタイトルで映画にもなっている（最近では「イミテーション・ゲーム」二〇一四年制作）。

一方で、日本の暗号も解読していたことはあまり注目されてこなかった。今回の調査では、短期間であるが、日本関係の暗号解読の資料のなかで、敗戦前後にしぼって調べてみた。そのなかで、御真影など天皇関係のものの焼却命令、公文書の焼却命令、日本軍「慰安婦」に関するもの、の三種類について紹介したい。天皇関係については、二〇〇八年四月五日付地方紙各紙に共同通信の記事として紹介され、日本軍「慰安婦」関係の電報二点については、六月二〇日付地方紙各紙に同じく共同通信の記事として掲載された。

天皇関係のものの焼却命令

イギリス国立公文書館に保管されている暗号解読資料は、一部、アメリカ国立公文書館のものと重複している。重複していないものもあるが、両方の公文書館を完全に調査したわけではない以上、いまの段階ではなんとも言えない。電報によっては、英米の解読文（英文）がまったく同じものがある。英米が別々に解読をしてまったく同じ英訳をするとは考えにくいので、情報の交換が行われていた可能性も否定できない。ただ両国にとって暗号解読は最高の軍事機密だったので、どこまで情報を交換していたのか、検討する必要がある。

本章では、イギリス国立公文書館で見つけた電報を紹介する。アメリカ国立公文書館のものと一部重複するものもあるが、全体の状況を把握するために一部は重複をいとわずに掲載する（なおその旨を注記しておいた）。天皇に関しては、御真影や勅語など天皇の写真や署名を焼却するだけでなく、兵器についている菊の紋章を取れという命令には滑稽ささえ感じる。そこまで軍と天皇との関係を隠蔽したかったのだろうか。英訳しかないので、原文の日本語の表現がわからないが、公文書などは「焼却処分せよ」destroy by burning または単に「焼却せよ」burn という言葉が使われているだけであるのに対して、御真影などの処分については、「厳粛に火に捧げ」reverently consecrated to flames というような仰々しい表現がつかわれている。

御真影を敵の手に渡してはならないというのは、沖縄でもそうであり、御真影の防衛のために特別な措置がとられ、第三二軍司令部の全滅の報が伝わると、御真影を焼却処分したことがわかっているが、天皇に関わるすべてのものは敵の手に渡してはならないというのが各地の軍にまで命令されていたことがわかる。公文書を廃棄したことは戦犯追及への対策としての側面があることは従来から指摘されているが、天皇関係のものの処分命令は、天皇と軍との密接な関係を隠蔽し、天皇の責任が追及されることをすこしでも避けようとしたものと言えるかもしれない。ただ敗戦時にそんなことをしても無駄だと思えるが。

「慰安婦」に関する海軍電報

日本軍「慰安婦」に関する二つの海軍電報については、ほぼ同じ内容のものが、George Hicks, *The Comfort Women*（Singapore: Heinemann Asia, 1995, p.112）に紹介されている。しかしヒックスの本は一切出典を明記していないので、研究上はまったく利用できないものだった。以下に紹介するものはイギリス国立公文書館所蔵のものであるが、同じものをアメリカ国立公文書館でも確認した。両公文書館に所蔵されている電報を比べると、本文はまったく同じで、電報の宛先などの表記が若干異なっているだけである。ヒックスの本で引用されているものとは英文がかなり異なっている。したがって、ヒックスが適当に資料を書き換えていたのか、英米以外のどこかに別の資料があるのか、わからない。いずれにせよ、本来出典が明確に表記されているものを資料として使うべきであり、そうした資料を活用していただきたい。

二つの電報のうち最初のものは、敗戦にあたって、シンガポールで日本人「慰安婦」を八月一日付でさかのぼって軍病院の補助看護婦にしたことを述べていると同時に、同様の措置を取るように、マレー半島、インドシナ、インドネシアなどの部隊に指示したものである。第二の電報は、インドネシア地域で日本人女性を軍あるいは軍政府（民政部とは海軍の軍政部のこと）の病院の看護婦にするようにとの指示である。ここには「慰安婦」を示す言葉は出てきていないが、第一の電報を受けて、その指揮下の部隊で出されたものと考えるとよく理解できる。ここでは日本人としか言っていないが、その日本人には当時、植民地であり国籍は日本であった朝鮮人や台湾人も含まれていると見てよい。

また韓国で名乗りでた元「慰安婦」で東南アジアにいた方のなかで金福童さんが、敗戦直後に突然、病院に連れて行かれて、看護婦としての仕事を教えられたと証言している。この証言はこの電報とぴったりと一致する（アクティブ・ミュージアム「女たちの戦争と平和資料館」編『証言　未来への記憶　アジア「慰安婦」証言集Ⅱ』明石書店、二〇一〇年）。したがって、暗号解読電報、部隊名簿、元「慰安婦」の証言の三つから判断して、このように「慰安婦」を看護婦にする措置がとられたと見て間違いないだろう。

日本軍がこうした措置をとったのは、日本軍「慰安婦」の存在を隠したかったのが理由ではないかと推測している。現地で集めた「慰安婦」は解散し家に帰らせるとしても、日本人や朝鮮人など遠くから連れてきた女性たちはそうするわけにはいかなかっただろう。「慰安婦」の存在を隠すために、若い女性がいてもおかしくない軍の仕事として病院の看護婦や勤務者を思いついたのだろう。日本軍「慰安婦」の隠蔽工作が敗戦と同時に始まっていたことがわかる。ただ連合軍はすでに日本軍「慰安婦」の存在を知っていたのだが。

日本人女性をこのように扱った一つの理由として、「慰安婦」は軍人でも軍属でもなく扱いに困るので、軍の看護婦にして、連合軍による収容や引揚げなどにおいて問題が生じないようにしたのではないかという可能性もありうる。

米英が暗号解読した電報は膨大な量があり、それらを丁寧に調べれば、さらに関連するものがみつかる可能性はある。

（注）以下に紹介する資料はいずれもイギリス国立公文書館所蔵のものである（分類番号は、HW23 のシリーズ）。これらの資料群には、解読された電報が一通ずつ綴じられたものと、「極東サマリー Far Eastern Summary」という、解読電報のなかから重要なポイントを抜粋して編集した報告書の形式がある。ここではすべて前者から選んだ。

天皇関係の文書や公文書などの処分は、電報の発せられた時刻順に並べた（資料1～35）。「慰安婦」関係の二つの電報は最後にまとめて掲載した（資料36・37）。各資料の末尾にイギリス国立公文書館の請求番号を記した（たとえば、HW23/763）。原資料では、解読できなかった箇所は、空白になっていたり、blankと書かれていることが多い。そうした箇所は、○○あるいは……として示した。（注）は筆者による説明である。すでに本誌で紹介したアメリカ国立公文書館に所蔵されている暗号解読資料と同じ電報である場合は、本誌掲載号と頁を記した。「写」はカーボンコピーとして送られた先である。日付の後の四桁の数字は時刻を示す。すべて一九四五年八月の電報である。

【資料】

① 発信者不明　宛先　第六二警備隊、第六三警備隊ほか　八月一六日〇四〇〇
第四艦隊　命令
機密文書を以下のように処置せよ。
1 〝軍極秘〟ならびにそれ以上に分類されたすべての機密文書は焼却処分せよ。すべての暗号文書、○○、暗号解読のリストを含む。ただし当面使用中のものは引き続き保持せよ。
2 第四艦隊の……命令を受け取り次第、現在使用中のものもただちに焼却処分せよ。
（HW23/763）

② 発信者不明　宛先　指揮下全部隊　写　第一〇方面艦隊（マレー・ジャワ方面）八月一六日〇九三七
機密文書は以下のように処分すべし。
1 すべての古い暗号文献は、現在作戦部隊によって使用されているものを除いて、完全に焼却処分すべし。現在使用中あるいは当面使用するものは、作戦が継続している間は保持すべし。

2　上記以外の「ロ機密」と指定された機密文書、ならびにもし敵の手に落ちたならば帝国にとって不利益となるような文書、ならびに現在使用している文書は作戦が続いている間は、保持せよ。それら以外のすべての文書は焼却せよ。

3　作戦が停止された後は直ちに、現在使用中の文書は焼却すべし。

4　……敵の手に渡らないよう……。この電文を受領しその内容を理解し次第、焼却処分せよ。(HW23/763)

(注) 米国立公文書館に所蔵されている、第二三特別根拠地隊命令(司令部マカッサル、セレベス島、指揮下部隊宛　一九四五年八月一六日一六時三九分発)と同文と思われる(『季刊戦争責任研究』第三八号、七〇頁参照)。ただし、この電報の方が時間的に早いので、第二三根拠地隊の上級司令部から出されたものと思われる。ただし解読にやや違いがあり、『季刊戦争責任研究』第三八号で紹介したものの方が適切な訳ではないかと思われる。

③　発信者不明　宛先不明　八月一六日一二三七
撃墜した敵の航空機から奪った物は焼却処分せよ。この電報を了解すれば、これを焼却せよ。(HW23/763)

④　発信者　ハヤシ海軍大尉　宛先　航空将校マツダ　八月一六日一五〇〇
軍艦に関わるすべての書類を焼却処分にせよ。
[一六〇〇　次のような回答があった]
隊員の書類は焼却処分せり。他には特になし。(HW23/635)

⑤　発信者　第一七警備隊　宛先　不明　八月一六日一六四七

ポツダム会議の……、帝国は一四日の……機密文書を下記のように処分することとする。現在使用中の暗号書ならびに機密文書を除いて、すべてを完全に焼却処分すべし。残りの文書は、作戦が終了後、完全に焼却処分すべし。この趣旨を理解すれば、この電文を焼却する措置をとれ。（HW23/763）

（注）大本営海軍部から受けた電報を、第一七警備隊がさらに伝達した電報とも読める形式となっている。

⑥ 発信者　第六警備隊ケパン分遣隊　宛先　第六警備隊ディリ分遣隊、アロール島監視処、ロティ島監視処　八月一六日一八〇六

暗号キジ以外のすべての極秘ならびにそれ以上の機密暗号書はすべて焼却処分した後、その旨報告せよ。（HW23/635）

⑦ 発信者　海軍省軍務局長（？）　宛先　全海軍鎮守府・警備府、艦隊司令部ほか　八月一六日一九〇九

海軍省〇〇第一五二〇三八号に従って機密文書の処置を手配するにあたって。以下の挙げたものは、たとえ敵の手に落ちたとしても、外交関係上、帝国に不利益をもたらさない、したがって保持すべきものの例である。

例

1　〇〇財産、在庫、雇用人、他の生産に関わるデータ

2　捕虜、民間抑留者、かれらから渡された個人記録、死亡記録、医療記録、所有物、〇〇、収容所のリスト、手持ちのたくわえなど。

これを読んだ後、焼却せよ。

（注）『季刊戦争責任研究』第三七号、九三頁に一部抜粋

⑧ 発信者　支那方面艦隊司令長官　宛先不明　写　海軍軍令部第一部ほか　八月一六日一九二七

3　すべての部隊は、戦闘準備に関する作業を停止せよ。そして海軍○○第152315号に指示されたように機密文書を廃棄せよ。ただし生産施設については破壊してはならない。

（HW23/763）

⑨　発信者 海軍軍令部第三部長　宛先　すべての学校長　八月一六日一九一〇

捕虜、□□尋問（特に米パイロットの捕虜の尋問に関連して一九四四年一二月に出されたもの）、没収された□□に関するすべての書類は、この電報も同様、敵に口実を与えないように直ちにかつ確実に処分すべし。

（HW23/763）

（注）Magic: Far East Summary（「マジック―極東サマリー」）にも収録されている（『季刊戦争責任研究』第三七号、九三頁）。

⑩　発信者　第九特別根拠地隊司令官（サバン）　宛先　指揮下のすべての分遣隊　八月一六日二二〇〇

機密文書の緊急処置は下記のように扱うべし

1　現在使用中であり、当面必要な暗号書と呼び出し符号リスト（第九特別根拠地隊特別暗号を含む）を除いて、古い暗号書類はすべて焼却処分せよ。

2　上記の秘密書類を除いて、〝ロ〟以上の機密文書はすべて焼却処分せよ。

3　すべての隊員の個人的な……文書についても秘密文書はすべて焼却せよ。

4　上記の処分が完了すれば、無線で報告せよ（文書……）。

5　いかなる事態になっても、秘密文書が敵の手に落ちないように確実な手段を取れ。

（HW23/635）

⑪　発信者　不明（海軍軍令部か？）　宛先不明　八月一六日二二〇〇

第二段落を次のように修正する。

すべての部隊の将兵の記録と機密文書、すなわち経歴、氏名、登録番号、本籍、現住所、ならびに現在保持している兵器目録は、一部を除いて、すべて焼却処分せよ。（HW23/635）

⑫ 発信者　第八特別攻撃隊司令官　宛先　呉通信隊　八月一六日二二一六
1 命令に従うように布告した勅語を遵守し、……。現時点において、部下の無分別な行動を抑制すべし。
2 次のような……措置をとれ
イ）すべての機密文書を焼却せよ（海軍軍令部総長……第○○参照）。（HW23/763）

⑬ 発信者　第六警備隊ケパン分遣隊　宛先　第六警備隊ディリ分遣隊ほか　八月一七日一三一四
艦長は、当面使用中の……を除き、目録を含めてすべてを焼却せよ。（HW23/763）

⑭ 発信者　第二三特別根拠地隊（マカッサル）　宛先　第二一特別根拠地隊ポンテアナック司令官　八月一七日一三一四
1 すべての軍の物資を維持せよ。生産施設を破壊しないように特別な措置をとれ。
2 機密文書を焼却するために必要なあらゆる準備をせよ。
3 すべての通信送受信機を焼却せよ。
4 すべての文書を焼却せよ。重要な文書の複写一部は司令部で保持する。
5 ○○を含め、すべての○○文書は焼却せよ。（HW23/763）

（注）第二二特別根拠地隊はバリクパパンにあった。

⑮　発信者　不明　八月一七日一三一四
第五項は以下のように訂正する。
5　すべての個人文書は、司令官のものを含めて、焼却せよ。（HW23/763）
（注）14の第五項の修正電報。

⑯　発信者　第九特別根拠地隊？（サバン）　宛先　第九特別根拠地隊の指揮下全部隊　八月一七日一三三〇
スマトラ根拠地隊命令
5　軍艦旗、秘密冊子、書類、記録、日誌を含め、敵にわが軍の作戦について推測を与えるようなものはすべて、ただちに焼却すべし。（HW23/763）
（注）海軍軍令部からの電報を、指揮下部隊に伝達した電報と見られる。

⑰　発信者　第二三特別根拠地隊司令官　宛先　警備隊第八通信隊、ケンダリー分遣隊ほか　八月一七日一八〇四
1　すべての兵器その他から紋章をはずせ。
2　すべての……写真？を焼却処分せよ。（HW23/763）

⑱　発信者　支那方面艦隊司令長官　宛先　第二遣支艦隊司令長官　八月一七日一九二五

新しい状況に照らして、特別な文書を除いて、すべての文書による発送は取りやめるように手配せよ。……連合艦隊に関わる文書は……によって焼却処分せよ。（HW23/636）

⑲　発信者　第二南遣艦隊参謀長（蘭印）　宛先不明　八月一七日二〇〇七
本艦隊によって発せられた命令、参謀長から発せられた……規則ならびに以下の冊子はすべて焼却せよ。蘭印部隊機密命令　第16、18、20、23、25、27、29、30、41、42、56、57、58、60、61、62、67、68。この電文も、この措置が取られれば焼却せよ（HW23/636）

⑳　発信者　第二三特別根拠地隊司令官　宛先不明　八月一七日二一〇四
1（略）2　暗号を焼却できるように準備せよ。
3　すべての通信日誌を焼却せよ。
4　すべての文書を焼却せよ（重要文書の一部は司令部で保管する）。
5　日記を含む○○文書は焼却せよ。（HW23/636）

㉑　発信者　第六警備隊ケパン分遣隊　宛先不明　八月一八日〇九三〇
わが国の外交関係に損害を与えるような暗号通信や文書はすべて焼却し、その旨を報告せよ。（HW23/636）

㉒　発信者　参謀長　八月一八日一一二五
今後は通常報告に関する文書の提出は取りやめることとする。新しい状況に関連する重要事項は、電報で扱う

ものとする。また、郵便局などで留められてきた文書は焼却するように措置せよ。
(HW23/763)

(注) 参謀長がどの部隊の参謀長か不明。

㉓ 発信者 第一〇方面艦隊司令長官 宛先 主計官 八月一八日一三四七

保持すべき補給部門に関する文書の一覧は以下の通りである。下記に挙げた以外の文書は焼却すべし。

1 総務関係
人員名簿
保持する必要のあるそれぞれの部隊に関する文書

2 基金の経理に関わる現金受領書ならびに支払帳、費用明細帳、配給表、負債ならびに信用に関する規則抜粋

3 物品の経理に関する帳面ならびに収入と支出の帳面
(HW23/764)

(注)『季刊戦争責任研究』第三八号、七一頁、参照。

㉔ 発信者 第一〇方面艦隊司令長官(シンガポール) 宛先 第一〇方面艦隊ほか 八月一八日一一一五
(?)

第十方面艦隊命令第八九号

戦争態勢を終了するように措置すべし。御真影、勅語や勅諭(複写を含む)、菊の紋章、天皇陛下の肉筆などは最大限の敬意をもって、箱に収めて安置するように命ず。われわれによる保管が神聖なものであることを認識し、いかなることがあってもその安全を守るべし。軍艦旗に関しては、最小限の数だけ艦上に残し、残りは

上記に指示したように扱うべし。それらが敵の手に陥る危険な状況になったときには、処分すべし。

（注）発信時刻は「一一五」とあり、一桁が落ちている。手書きで「一」が書き加えられているかのような形跡があるので、一一一五としておいた。

㉕発信者　ナウル第六七警備隊　宛先　トラック第四通信隊、第四艦隊参謀長　八月一九日〇六二五

1　本部隊には……捕虜がいない（?）。中国人労務者も……。

2　すべての機密文書、暗号と暗号解読関係文書は、現在使用中の一部を除いて、焼却処分せり。

（HW23/764）

㉖発信者　スラバヤ第二一通信隊　宛先　スラバヤ通信隊二一—四分遣隊　八月一九日一五五四

1　（略）

2　貴官は、〇〇装備を破壊すべし。また現在使用中の暗号書を除いて、〇〇に関するすべての文書を完全に焼却処分せよ。

（HW23/764）

㉗発信者　第一〇特別根拠地隊司令官（シンガポール）　宛先不明　八月一八日一六五七

シンガポール特別根拠地隊命令　第一一五号

大本営に従って、すべての部隊は次のように行動せよ。

1　戦闘作戦を直ちにやめよ。

2　（略）

3　まだ処分されていない装備や在庫、使用されていない暗号書、個人の日記を含む秘密文書は焼却処分せよ。
4　この電文が理解されれば、焼却せよ。
（HW23/764）

㉘　発信者　第二南遣艦隊　宛先不明　写　第十方面艦隊司令長官　八月一九日二二五八
海軍大臣の命令に加えて、医療業務の処置は下記に従っておこなえ。
1　保持すべきもの　日本人の診察記録、患者リスト、病人リスト、死亡診断リスト、死体検査リスト、現在の患者□□、患者日誌（摘録）（病院は上記に従うこと）
2　焼却すべきもの　外交的観点から見て不利になる、原住民に関わるあらゆるもの
3　外交的観点から見て特に不利になるようなものを除いて、捕虜に関するものは保持せよ。
（HW23/764）
（注）『季刊戦争責任研究』第三七号、九三頁、参照。

㉙　発信者　支那方面艦隊司令長官（上海）　宛先　海南島根拠地隊司令官ほか　八月二〇日一〇二四
1　現在の将校、兵ならびに軍属の名簿は正しくかつ完全な状態であること（定められた任務、任命日、階級ならびにその昇級日、特別な資格など、誕生日、signal number or service number, homeport, 連絡者である近親者の名前と住所）。勤務経歴、適性能力報告記録は記録から除去し、ただちに焼却せよ
2　将校の登録簿ならびにそれに付随する刊行物はただちに焼却せよ。この電報が了解され次第、焼却せよ。
（HW23/637）
（注）『季刊戦争責任研究』第三七号、九三頁。ただし、いくらか英訳が異なっている。

㉚発信者不明　宛先　第一三航空艦隊（マレー方面）ほか　写　海軍次官　八月二〇日一三〇二

1　すべての部隊はただちに無線諜報活動を停止し、関連するすべての文書を焼却せよ。

（HW23/637）

㉛発信者不明　宛先　第一〇特別根拠地隊アナンバス分遣隊　八月二〇日一九一七

八月二〇日付、岡参一第五二九四号ならびに岡作命第二四七号の概要

1—4（略）

5　詳細については参謀長より下記のように決定された。

(1)　移動するすべての部隊は、機密文書や、すべての重要な書類を直ちに焼却すべし。そして重要事項についての情報漏洩がないように警戒せよ。

（HW23/764）

（注）岡＝陸軍第七方面軍（シンガポール）

㉜発信者　スラバヤ航空艦隊基地　宛先　第二南遣艦隊　写　第一〇方面艦隊司令長官　八月二〇日二三〇〇

新しい状況に照らして、特別な命令がないかぎり、財政、補給ならびに会計の関する物件と文書の処分は、次のようにおこなうべし。

1　以下に列挙したもの、ならびに特別に……されたものを例外として、それ以外のものは焼却すべし。

イ）（現金の支出ならびに領収台帳など）

ロ）（領収ならびに支払い台帳）

ハ）（手持ちの現金関係）

ニ）すべての財産　（HW23/637）

（注）括弧内は、主なものを挙げた。

㉝　発信者　スラバヤ第二一通信隊　宛先　第二一特別根拠地隊（ポンテアナック）、第六警備隊本部、第六警備隊ケパン分遣隊　八月二一日二〇五〇

保管されている、御真影と〇〇は、敵の手に陥らないように扱うべし。もし必要ならば、直ちに厳粛に火に捧げるべし（If necessary, they are to be reverently consecrated to flames on the spot.）。その場合は直ちに海軍大臣に電報で報告すべし。　（HW23/637）

㉞　発信者不明　宛先　Thudaumot 航空基地　八月二二日〇八四五

機密文書はすべて焼却処分せり。　（HW23/764）

㉟　発信者不明　宛先　第二南遣艦隊指揮下の全水上航空基地　八月二二日一五四〇

第二南遣艦隊命令第七一四号

すべての部隊は、装備より菊の紋章をすべて厳粛に取り除くべし。　（HW23/637）

㊱　発信者　第一南遣艦隊司令長官　宛先　第一一特別根拠地隊（サイゴン）、第一三特別根拠地隊（ラングーン）、第一五特別根拠地隊（ペナン）、写　スラバヤ第二一通信隊ほか　八月一八日一一二一

参謀長より

シンガポールの海軍〝慰安施設consolation establishments〟に関して、八月一日付で日本人従業員は海軍第一〇一病院で雇用されることとなった。多くの少女たちが補助看護婦とされた。これと同様の措置をとるようにせよ。

（HW23/764）

㊲　発信者　不明　　宛先　第八通信隊　八月二〇日一九一五

全民政部長へ

全地区の日本女性を現地の病院（第一〇二病院の支部または民政部病院）に看護婦として割り当てるべし（以前からそうであったように取り扱え）。しかしながら、スラバヤとジャカルタは特別の命令に従って扱うべし。この電文は完全に了解すれば、焼却せよ。

（HW23/637）

（注）第二南遣艦隊の管轄内（蘭印方面）と見られる。ここで「民政部」とあるのは、海軍の軍政部のことを指す。

第二章　「慰安婦」など性的強制事件と軍による隠蔽工作

『季刊戦争責任研究』第八二号、二〇一四年六月

法務省戦犯裁判関係文書

連合国によるＢＣ級対日戦犯裁判において、オランダが裁いたケースとして、スマラン事件と桜倶楽部事件は有名である（前者は『季刊戦争責任研究』第三号、後者は第五六号、参照）。これらのＢＣ級戦犯裁判関連資料は、日本の法務省が所蔵していたものが近年、国立公文書館に移管されて、一部が一般に公開され、スマラン事件は、バタビア裁判六九号事件と一〇六号事件、桜倶楽部事件はバタビア裁判五号事件と番号が付けられて整理されている。

日本の法務省が所蔵していた戦犯裁判関係文書は一九九九年以降、大量に国立公文書館に移管されて順次整理され、依然として少なくない文書が要審査（閲覧申請があってから審査がおこなわれ、公開されるが、一部非公開となることが多い）と分類されているが、かなりの文書が閲覧できるようになった。

戦犯裁判に関するそれらの文書群を整理すると、第一に各国裁判ごとの「戦争犯罪裁判概見表」がある。これもいくつかの種類がある。そこには被告の所属部隊・階級・本籍・氏名（氏名は墨塗りされている）、判決日、判決内容、事件の概要、などが記されている。これまでは「概見表」の一つと思われるものが茶園義男氏

の編によって多数刊行されているが（『BC級戦犯関係資料集成』全一五巻、不二出版）、それらに収録されたものよりも「概見表」にはもっと詳細な内容が含まれている。

第二に事件ごとに法務省が収集した文書が綴じられている簿冊がある。その中には、起訴状・付託決定書、判決文、証拠書類、弁護士などのメモ、被告の嘆願書などさまざまな関連文書が含まれている。そこには各国の言語で記された裁判資料とその邦訳（完全な邦訳もあれば、メモ程度の抄訳もある）も含まれている。ただし、これらの資料はおそらく弁護士などを通じて法務省が入手したものと見られ、事件ごとに分量には大きな差がある。数百枚にわたるものからわずか数枚のものまで事件ごとに異なる。しかし、裁判の原文書の閲覧が制限されていたり、所在が不明のために閲覧できない、オランダやフランス、中国などの裁判資料が多数含まれており、貴重である。

第三に一九五〇年代から六〇年代にかけて法務省スタッフが日本全国各地を回り、元戦犯や弁護士から聞き取り調査をおこなった記録である「地方出張調査報告書」「面接調査報告書」がある。ここには、戦犯追及の恐れがないので、関係者が赤裸々に語っていることも多い（この文章群の全体像については、大江洋代・金田敏昌「国立公文書館所蔵『戦中犯罪裁判関係資料』の形成過程とBC級戦争裁判研究の可能性『歴史学研究』二〇一五年四月、参照）。

バタビア二五号事件

これらの文書の中から、ここではバタビア二五号事件の資料を紹介する。

バタビア二五号事件は、これまでは「慰安婦」関係の裁判とは認識されていなかった事件である。

オランダがバタビア（ジャカルタ）で裁いたケースである二五号事件の被告は、海軍兵曹長で、バリ島海軍第三警備隊の特別警察隊長（陸軍の憲兵隊長にあたる）だった人物である。法務省文書ではこの事件を「三警事件」と名づけている。

被告は、多数の市民に対する虐待や強制売春の容疑で起訴され、禁固一二年の判決を受けている。「ＢＣ級（オランダ裁判関係）バタヴィア裁判　第二十五号事件（一名）」と題された資料には、臨時軍法会議付託決定書（起訴状に相当する）、判決文、証拠書類などが多数含まれている。証拠書類の中には、日本軍「慰安婦」あるいは特定の軍人の性的相手を強制された女性やその関係者の尋問調書がいくつも含まれており、貴重な証言である。

さらに「大阪・神戸地方出張調査報告書（戦争裁判関係）（昭三十七．八．六〜十一）・昭和三十七年度」と題された資料のなかに、この被告から聴取した内容が記録されている（この聴取記録は前者の文書にも収録されている）。

被告が一九六二年八月八日に法務省のスタッフに語っていることを見ると、海軍特別警察隊長であった自らの口で、「慰安婦」徴集が戦犯になるのではないかと心配していたこと、軍の資金を使って住民の懐柔工作、すなわちもみ消した工作をして、うまく戦犯追及を免れたことを証言している。もはや戦犯追及のおそれがなくなった時点で、率直に語っていると言えるだろう。

軍資金によるもみ消し工作を示す文書、しかも実行した本人が証言している文書は初めてであろう。同時に重要なこととして、「戦中の前後約四ヶ年間に二百人位の婦女を慰安婦として奥山部隊の命により、バリ島に連れ込んだ」と語っていることである。「部隊の命」によって女性たちを慰安婦にしたと証言していることである。しかもそれを日本政府の職員が聴取して、政府の文書として書き留めているのである。

また資料として、被害女性の証言多数が含まれている。名前から判断すると、被害女性はオランダ人ではなく、中国系の現地住民と見られる。特別警察隊長である被告によって、ビンタを受けたり殴られたり、あるいはピストルを突きつけられて連行されていることがわかる。また被告は、お茶を入れる仕事だとか、マレー語を教える仕事だとか、騙して連れて行こうとしていることもわかる。慰安所の経営を日本軍に命じられた人物は、慰安所に連れてこられた女性たちが泣き叫ぶ姿を目撃しており彼女たちが強制されてきたと断言している。

紹介する資料を説明しておくと、まず臨時軍法会議附託決定書（起訴状にあたる）とその判決文を掲載した。付託決定書の十と十一項が強制売春に関わる起訴内容であり、判決のj項とk項がそれにあたる。判決では強制売春については立証されていないとして、「暴行と脅迫」を用いて「性交を強いる目的」をもって女性を上官の家に「強制的に連行」したことが認定されて有罪となっている。証拠書類として提出された尋問調書には「慰安婦」強制のケースも含まれているが、検察は立証しきれなかったようである。

判決文の後に、一九六二年に法務省が被告本人からおこなった聞き取り調査の報告を掲載した。戦犯裁判で「慰安婦」強制が立証されなかった背景として、軍資金を使って住民の口封じをおこなっていたことを本人が証言している資料であり、非常に珍しく、かつ貴重な証言である。

最後に尋問調書から八人分を引用紹介する。①は慰安所経営を任されていた人物で、慰安所に強制されて連れてこられた女性についても証言している。②は被告によって暴力で「慰安婦」にさせられそうになった女性、③は日本人の性的相手を強制された女性の証言である。④⑤⑥は一人の被害女性をめぐる証言で、④は海軍軍人の性的相手を強制された、当時一七歳の少女の証言、⑤はその父親の証言、⑥はその被害少女に付き添った少女の証言である。⑦は、④の少女が村に帰された後に軍人の性的相手を強制された女性の証言であり、⑧はその父親の証言である。

つまり①②は日本軍「慰安婦」に関わる証言であり、③以下は特定の将校の性的相手を強制された事件に関する証言である。

なおこでは紹介できなかったが、日本軍が女性たちに「慰安婦」になるか、特定の軍人の性的相手となるか、まさに究極の選択を強いることを示す証言が多数見つかっている（第Ⅱ部第一章参照）。

資料収集を怠る日本政府

こうした文書は、すべて日本の法務省が収集し所蔵していたものであるにもかかわらず、一九九三年の河野談話を発表するにあたっての政府調査では、落ちていたものである。法務省は、スマラン事件と桜倶楽部事件の二件の概要のみを、関連資料として内閣官房に提出したが、この二五号事件に関する文書は提出していない。これは、法務省が隠していたか、あるいはきちんとした調査を行わなかったか、のいずれかでしかないだろう。当時は非公開だったというのは言い訳にはならない。

またその後、国立公文書館で公開がなされているにも関わらず、日本政府が、これらの文書を「慰安婦」関連文書として認めておらず、「慰安婦」問題に関する政府答弁でも触れようとしないのは大変問題である。これらの文書の存在を認めると、「強制連行の裏づけとなるものはなかった」という政府の強弁を取り消さざるを得なくなるからであろう。

河野談話は、業者が主であるかのように読み取れる記述で不十分であるが、軍の関与を認めたこと、本人の意思に反して集めたこと、強制的な状況におかれたこと、などを認め、女性の名誉と尊厳を深く傷つけたことを認めたことは評価できる。これらの資料は、そうした河野談話の認識を裏付けるものである。

これらは法務省が保管していた文書で、現在は国立公文書館に移管されているが、すでに公開されているものでも部分的な公開が多く、非公開部分が少なくない。これらの文書の調査を日本政府は行うべきである。

なおこの第二五号事件の隠蔽工作などの記述は、佐治暁人氏が見つけたもので、その提供を受けて筆者が分析したものが本稿である。ここで紹介する資料は、注記がないかぎり、国立公文書館に所蔵されている「ＢＣ級（オランダ裁判関係）バタビア裁判・第二十五号事件（一名）」に収録されているものである。臨時軍法会議附託決定書と判決は収録されている邦訳を掲載し、尋問調書はオランダ語の原文を英訳したものから邦訳した。なお[redacted]は国立公文書館が非公開として伏字にした箇所である。それ以外の記号やイニシャルは、筆者によるものであり、性的犯罪の被害者などについては名前を伏せた。旧字体は新字体に直した。

【資料】

臨時軍法会議附託決定書

日下チピナン刑務所ニ拘禁中ノ日本福岡県福岡市[redacted]生レ（一九〇八年八月二十五日出生）当年三十八歳日本海軍二等兵曹

《Ａ》

ノ件ニ関シ其調書ヲ照校シ、一九四六年官報第七四号戦犯審判令第九條及次條ノ規定ニ顧ミルニ被告《Ａ》ハ前記調書ニ基キ左記事項ニ就キ其責任ノアリ得べキコト明カナリ。

被告ハ一九四三年一月以降一九四五年八月十五日ニ至ル期間、即チ戦時中敵国日本ノ臣民トシテ「デンパッサル」海軍特別警察隊員トシテ戦時公法及同慣習法ニ違反シ「バリ島」ノ一般住民ニ対シ組織的恐嚇ヲ実施スルコトニヨリ戦犯行為ヲナセリ。即チ

一、被告ハ一九四五年七月頃「デンパッサル」ニ於テ「バリ」人「イメルタ」ニ対シ彼ノ自白ヲ強制スル目的ノ下ニ長サ約一米、厚サ約五糎ノ杖ヲ用ヒ彼ノ後頭部ヲ連続殴打シ遂ニ彼ヲシテ昏倒セシムルニ至ラシメタリ。然而ナホ彼ノ臀部ヲ同種ノ杖ニテ殴打シ再ビ彼ヲ気絶セシメタリ。爾後二日ヲ経、彼「イメルタ」ノ両手両足ニ夫々手枷足枷ヲ施コシ棚ノ一種ニ縛リ付ケ然シテ彼ノ臀部ヲ殴打シ昏倒セシメタリ。爾後再ビ二日ヲ経同種ノ杖ヲ用ヒ彼ノ臀部ヲ五回殴打セリ。如斯行為ヲ被告ハ繰返シ二日間毎ニ約五回ニ互リ行ヘリ。

二、一九四三年下半期被告ハ「デンパッサル」ニ於テ「バリ」人「イマデコムピアン」ニ対シ自白ヲ強要スル目的ノ下ニ、二回彼ノ口腔ヲ土足ニテ蹴上ゲ、タメニ彼ノ口中ヨリ出血ヲミルニ至レリ、亦彼ヲ拳銃乃至ハ火器ニテ脅カシ、木片ニテ劇シク殴打セリ。其後約十九日ヲ経、彼ノ頭髪及口髭ヲ刈取レリ。或ヒハ彼ニ手枷ヲ施コシ木刀ヲ以テ繰返シ殴打シ昏倒セシムルニ至ラセリ。同日、「ヂエダラン」ニ於テモ殴打シ足蹴ニシ亦此等ヲナサシメタリ。然シテコレガ苦痛ノ余リ彼ヲシテ便ヲ漏ラスニ至ラシメタリ。如斯虐待ノ結果、「イマデコムピアン」ハ約二ヶ月ニ互リ充分ニ働クコトヲ得ザリキ。

三、一九四三年下半期、被告ハ「ギヤンヤル」県庁ニ関スル不利ナ証拠ヲ得ル目的ノ下ニ「イレシカ」「イデワ」「グデライ」「イマデチャクラ」「イトウルン」「イチグアンダル」ソノ他多数ノ者ニ対シ上記材料ヲ得ンガタメ虐待セリ。

四、一九四三年「デンパッサル」ニ於テ「イダバグスムルググ」ナル者ノ妻ヲ何等正当ノ理由ナク十一日間ニ互リ拘禁セリ。

五、一九四四年二月十五日頃「ペニンガハン」及「デサラタン」ニ於テ被告ハ支那人「リー、ホワットクワン」ヲ劇シク殴打シタリ、長サ約一米半厚サ約五糎ノ木製ノ棒ヲ用ヒテ無数ニ殴打シ、又ハセシメタリ。亦竹片ヲ用ヒテモ同様殴打シ、或ヒハセシメタリ。

ソノ結果彼「リ、ホワット、クワン」ヲ昏倒セシメ、彼ノ右腕首ヲ折リ口中ヨリ出血ヲミルニ至ラシメタリ。

六、一九四三年九月頃、「デンパッサル」ニ於テ二名ノ支那人「リ・コンチャップ」「リ、コン、シャン」ヲ木製ノ棒ニテ劇シク殴打シ昏倒セシメタリ。亦彼等ノ頭部ヲ若干時間水中ニ突込ミタリ。此等虐待ノ結果、両名ハ約一ヶ月間ニ亙リ働クコトヲ得ズ亦充分ニ働クコトヲ得ザリキ。

七、一九四四年十月頃「デンパッサル」ニ於テ支那人「チユ、シャン、イン」ニ対シ『御前ガ品物ヲ非常ナ高価デ売却シタコトハ真実ナリヤ』ト訊問セル後、杖ニテ彼ヲ劇シク殴打シ彼ノ肩及ビ頭部ヲ土足ニテ蹴上ゲタリ、然ル後彼ヲ一週間ニ亙リ暗イ小室ニ拘禁セリ。

八、一九四三年「ギヤンヤル」刑務所ニ於テ二名ノ監視員及ビ数名ノ拘禁者ヲ被告ニ対シ充分ナル敬意ヲ払ハザリキトノ理由ニテ虐待セリ。

九、一九四三年「デン、パッサル」ニ於テ支那婦人「リム、チョン、ニヨー」ガ被告ニ挨拶ヲセザリシトノ理由ニテ彼女ヲ杖ニテ多数劇シク殴打シタル後、暗キ小室ニ押込メタリ。ソノ結果、彼女ハ遂ニ流産スルニ至リ十日間ニ亙ル入院ヲ要シタリ。

十、一九四四年、両名ノ支那婦人△△△△及ビ▲▲▲▲ヲ殴打シ、且ツ火器其他デ脅迫シテ彼女等ニ売淫ヲ強要シ、或ヒハ少ク共彼ハ両名ノ婦人ガ上官ニ依リ暴行ヲ受ケ得ルコトヲ知リ或ヒハ推察出来得タルニ拘ラズ彼女等ヲ強引ニ上官ニ差出セリ。

十一、一九四五年八月頃、「デンパッサル」ニ於テ支那婦人◆◆◆◆ヲ虐待セリ。即チ、彼女ニ対シ売淫ヲ強要スルノ目的ニテ彼女ノ顔面ヲ劇シク殴打シ両腕ヲ捩上ゲ且彼女ヲ拳銃ニテ脅カセリ。

斯ク被告ハ上記ノ人々ニ対シ彼等ノ心身ニ重大ナル苦痛ヲ蒙ラシメタリ。

如斯事実ハ一九四六年官報第四五号戦犯処罰條令第四條及次條ノ定ムル所ニ據リ処罰セラルベキモノナル

ヲ以テ「ウォータロブレン、オースト」所在高等法院構内ニ設置シアル「バタビヤ」臨時軍法会議ニ前記《A》ヲ本件審判ノ為メ附託ス。

審判日一九四七年六月六日　曜日午前八時三十分
バタビヤ、一九四七年五月十三日
軍法会議検察官
（法学士、イエ・ア・ラメルス）

（注）付託決定書の　十が判決の j 項、十一が判決の k 項にあたる。

判決

公判年月日：四七年六月六日
求刑：「組織的暴虐」ノ廉ヲ以テ懲役一五年
陳述及ビ証言：省略

以上ノ証言中宣誓ノナキモノモアルモ、之等証言中ニ述ベラレアル事実ハ何レモ被告ノ法廷ニ於ケル陳述ト符合シ且又宣誓証言ニ依リ事実ガ裏書キセラレアリ。又、不宣誓証言ト謂ヘドモ調製官ノ宣誓ハ規定通リ行ハレアルト共ニ、戦犯行為ノ犯サレタル現場ガ遠隔地ナル為之以上ノ証拠蒐集ガ不可能ナル現状ニ鑑ミ、「戦犯訴追条令」第七四条ニ基キ之等証言ニモ、証拠力アルモノト認ム。

猶、被告ハ起訴事実中、d）項トk）項ヲ除ク他ノ点ハ認メリ。d）項ニ関シテハ「憶エナシ」ト云ヒ、又k）項ニ関シテハ、被害者ヲ失神セシムル程ノ暴力ヲ用ヒタルコトハ、嘗テナシト述ベ否認シアルモ、此ノ二点ヲ除キテハ、総テ上述ノ法的証據材料トシテ用ヒラレタル証言ニ依リ、立証セラレタルモノトス。

故ニ被告ハ起訴事実中、a）、b）、c）、e）、f）、g）、h）、及び、i）項ニ挙ゲラレタル虐待行為ニ関シテハ有罪、又、j）項△△△△及ビ▲▲▲▲ナル娘ヲ、当時ノ隊長林田大尉ノ命ニ依リタルニセヨ、暴力ト脅迫ヲ用ヒ、性交ヲ強イル目的ヲ以テ、同大尉ノ家へ強制的ニ連行セシ件ニ対シテモ有責ナリ。

被告ハ又、己ガ犯セシ虐待行為ノ苛酷度ヲ縮減セシメントシ、更ニ又、捜査ニ当リ証據蒐集ノ為暴力ヲ行使スルハ已ムヲ得サル状況ナリキト釈明ヲ行ヒタルモ、上記ノ諸証言ニ依リ被告又ハ、ソノ監督下ニ「バリー」人ノ手下ニ依リ犯サレタル虐待行為ハ起訴事実通リノ方法ニ依リ行ハレ、又、起訴事実通リノ被害ヲ被害者ニ与ヘアルコトガ明白トナレリ。

然ルニ一方ニ於テハ警察業務関係ノ取調ベニ当リ、容疑者又ハ証人カラ暴力ヲ使ヒテ陳述ヲ得ルコトハ絶対ニ許サレアラズ。

故ニ、被告ガDen Pasarノ特警隊長タリシ間、日本軍ニトリ好マシカラザル行為ヲ犯シタルカ、或ハ犯シタル容疑ノ為、特警隊ニ干渉セシムニ至リタル人々ニ対シ行ハレタル虐待行為ハ、ソノ野蛮性ヲ以テ住民ノ恐怖ト、奴隷的柔順サヲ惹起セシムル為ニノミ行ハレタルモノナルモ、此ノ目的ハ被告ニ依リ相当程度ノ成功ガ収メラレ、ソノ結果、Den Pasar及ビソノ周辺ニ於テハ恐怖政府ガ組織的ニ行ハルヽニ至リ、且又此ノ状態ガ維持セラレタリ。

又、起訴事実中ニアル「婦女ヲ上官ニ供与セリ」トノ事実ハ立証セラレタルモ、此ノ事実ハ婦女ヲシテ売淫行為ヲ行ハシメタルニハアラズシテ、被告ノ上官タル「林田大尉」ノ為ニ向ケラレ、ソノ「私用」ニ充テラレタルモノナルヲ以テ、戦犯行為タル「売淫ノ強制」ニハ該当セズ。然リトハ謂ヘ被告ノ斯カル行為ハ、ソノ他、有罪ト立証セラレタル諸行為ト共ニ、被告ノ行ヒタル「テロ」行為ノ一班ヲ形成セルモノナルコトハ疑ヒナキモノトス。

故ニ、被告ガ起訴事実中ニ挙ゲラレタル以上ノ点ニ対シ有責ナルコトハ立証セラレタルモ、猶、被告自身ノ行為ニ非シテソノ手下ニ依リ犯サレタル事実ニ対シテモ被告ハ同様有責タラザルベカラズ。何トナレバ、被告ハ之等ノ行為ニ対シ直接命ヲ与ヘタルカ、或ハソレヲ黙認シ、少クトモ、之ヲ阻止セザリシヲ以テナリ。故ニ、被告ハ以上ノ「組織的暴虐」ナル戦犯行為ニ該当スル事実ニ対シ有罪ニシテ、下記ノ諸法令ニ基キ刑ノ判決ヲ受ケザルベカラズ。

次ニ被告ニ課スベキ、刑ノ量ニ関シテハ、次ノ諸点ヲ考量ス。

即チ、被告ハ予審訊問ニ於テ既ニ殆ンド全部ヲ認メ、法廷ニ於テモ之ヲ繰返シタル事実、及ビ、起訴事実第j）項ニ関シテハ最初、上官ヲ庇フ為ニ、上官ノ命ニ依リ、又、上官ノ為ニ行ヒタル行為ナルコトヲ沈黙シタル事実ニ表ハレタル被告ノ態度。

更ニ、被告ノ行為ハ粗暴、野蛮ナルモノナレド、本軍法会議ガ他ノ戦犯事件ニテ経験セルガ如キ手ノ込ミタル残忍性ハ認メラレザリシ事実、

以上ノ諸点ヨリシテ、被告ヲ最苛酷ノ戦犯行為者トハナシ得ズ、一二年ノ懲役刑ヲ以テ罪状相応ノ刑ト思考ス。

依而、四六年官報第四四、四五、四六及び四七号ニ依リ、被告《A》ヲ戦犯行為「組織的暴虐」ノ廉ニ依リ懲役一二年ニ判決ス。

執行命令発令日：？

判決言渡年月日：四七年八月四日
裁判長：J. La. Riviere 中佐（Mr.）
陪席：L. F. De Groot 少佐（Mr.）
陪席：J. G. H. ran der Starp 中尉（Mr）

「蘭・バタビヤ法廷事件番号第二五号　三警事件資料」（『大阪、神戸地方出張調査報告書NO．47』所収）

供述者：《　A　》（元海軍兵曹長）
聴取者：豊田隈雄
日時：昭和三十七年八月八日（水）
一四〇〇から一五三〇まで
場所：大阪矯正管区、管区長室
（注）本調査は大阪矯正管区長《C》氏の調査の際、管区長の好意により、調査対象外なりしも、電話招致されたるにより、併せて聴取したものである。

一、現住所：大阪府豊中市[redacted]
当時の職名、階級：バリ島海軍第三警備隊、特別警察隊長海軍兵曹長

二、略歴
昭和一六・一〇　応召、佐世保鎮守府、佐世保第二特別陸戦隊

昭和一六．一一　パラオ進出、訓練
昭和一七．一．一一　メナド上陸、ついでケンダリー上陸掃蕩作戦後メナド警備隊勤務。後バリ島警備隊へ転勤、同地において終戦
昭和二一．三．八　蘭軍の呼出を受け、そのままバリ刑務所入り（約二ヶ月）後スラバヤ刑務所移管、さらに約一ヶ月後実地検証のため、バリ刑務所に送還（約二ヶ月）ついで、スラバヤ刑務所を経てバタビヤ（グルドック）刑務所へ移監。
昭和二二．三．一三　起訴
昭和二三．六　裁判（求刑十五年）
昭和二三．八　判決（十二年）

三、取調

昭和二十一年三月五日蘭軍入島。三月八日出頭を命ぜられ、そのままバリ島刑務所へ収監さる。（約二ヶ月）。ついで一度、スラバヤ刑務所に移監され、約一ヶ月の後、再びバリ島レンパッサル刑務所に送還され、実地検証を受く。

○事件の調査はバリ島およびスンバ、ロンボック、スンバワの四島、所謂小スンダ列島において生起した事件に関するもので、私にかかる事件はバリ島その他で行われた部下の現住民虐待事件約三百件にも及んでいた。

○取調べは拘禁された当初、バリ島で約一ヶ月位の間連続して行はれた。取調官は、当初は営林省の技師とか云っていたが、極めて穏かな取調べ振りであった。私はかねて、このことあるを予想して、終戦と同時に南拓の職員で私の通訳をしていた者を、逸早くスラバヤに逃したが、私の取調べが始まってから、外部と連絡

をとり、私の部下隊員を全部逃亡させた。しかし、これらの部下達は、インドネシヤ独立軍に参加し殆んど殺された。

その結果、現地で逸早く捕まった私だけが単独裁判にかけられることとなった。

○スラバヤでの取調べは拷問を伴い、常に生命の不安を感ずるようなひどいものであった。

○私は、取調べを予期して、事件報告書を作成して持っていたが、幸い蘭側から要求もなく、また取調べの情況からも提出しない方がよいので遂出《ママ》さなかった。

○取調べ事件の関係者が、私一人となったため、蘭側も事実の調べ様がなく、約三百件の中、私が知っており、認めたのは十三件位で、他は全部「知らない」で否認し通した。

　私の認めた事件中一番大きな問題は、長い間の悪政で、私服を肥し、住民を苦しめていた酋長一人を捕えてロンボック島へ妾約四十人中十人位を同伴させ、島流しにした件であった。この逮捕のとき、その邸からトラック一台の金品（評価七千万円）を押収し、民政部に渡したが、終戦後その金品の紛失しているのを私に補償せよと迫ったが、私はこれを拒否した。多分これは、後日、日本に賠償でも要求する種にしようとでも思ったものらしい。

　この酋長は蘭系であったが、終戦後、バリ島に帰って来て復讐のつもりで訴え出たものであった。

　この酋長事件以外は、殴った蹴った程度のもの許りであった。

　私の本当に恐れていたような大事件は遂に出ず幸であった。

四、事件の真相

○私は、終戦前から、この事件ある《ママ》を予期したので、終戦直後の約三ヶ月位、気懸りになった事件の揉み消し策に全力をつくした。

戦中に使っていた腕利きの現住民スパイ約八百人を終戦とともに蘭軍側に協力させた。私の取調べについても、この八百人中の或者がやって来たこともあり、そんな時には私から一寸目で合図すれば、私の意図をすぐ諒解してくれ好都合であった。彼等に対して私は、「戦犯はおれ一人に止めるよう」申聞かせてあった。
○私の一番恐れていた事件は、慰安所事件であった。
これは慰安婦の中には、スラバヤから蘭軍下士官の妻君五人の外、現地人七十人位をバリ島に連れて来た件である。

下士官の妻君五人は、終戦後直ちに送り返したが、スラバヤ着と同時に現住民に殺されたとのことであった。

この外にも、戦中の前後約四ヶ年間に二百人位の婦女を慰安婦として奥山部隊の命により、バリ島に連れ込んだ。

私は終戦後、軍需部、施設部に強硬談判して、約七十万円を本件の工作費として貰い受け各村長を介して住民の懐柔工作に使った。

これが完全に効を奏したと見え、一番心配した慰安所の件は一件も訴え出なかった。
○現住民は一般に性的には風紀は紊乱しており、一応は慰安婦となることを嫌うが、一度連れて来られ衣料等の支給を受けるとまるで平気な素振りであった。
なお、バリ島住民は宗教的にヒンズー教徒で、親日的であり、この点ジャバ島のイスラム教徒と対日感情も異るようである。

バリ島で重大事件が発覚しなかった理由は、こんなところにもあったかも知れない。

○バリ島では、宗教の関係上異端者の潜入はすぐ曝露する関係上検挙するような犯罪は殆んどなかったが、ロンボック島では、陰謀、密偵事件等あり検挙も相当あった。

五、裁判について

裁判長大（中）佐、陪席少佐一人、中尉一人、検事ファンデンベルグ、審理は三・四日間、弁護人松本清氏は、私の事件が最初の試練であった。

裁判地が、バタビヤで事件現地でないので殆んど宣伝もされず、幸せであった。（スラバヤ辺では、戦犯は新聞等で広告宣伝され、戦犯の告訴を奨励されていた）

六、その他

○私は、初代のバリ島特別警察隊長であり、部下三十七人の外、現地人七・八百人を使用していた。第三警備隊司令は海軍大佐、奥山鎮雄氏であった。（全員約四百人）

バリ島の占領は当初陸軍によりなされ、それを海軍部隊に引継がれたものである。

バリ島海軍第三警備隊は二南遣艦下第二十一特根司令官に直属し、特根司令部の担任参謀は篠原中佐であった。

終戦後、バリ島には奥山部隊（四百名海軍）、陸軍も前線から島づたいに引きあげていたのが、空爆等の為これ以上撤退出来ないので、憲兵六〇名、陸軍一〇〇〇名おり、陸軍病院もあった。その他義勇軍が三ヶ大団（一五〇〇名）海軍兵補（二・三〇〇名）がおり、アンボンにいた官吏も引揚げて滞在していた。

○私は、前後約八ヶ月に亘って取調べを受けたが、最初スラバヤに送られたときの取調べでは、拷問、（裸体のまま鉄の鎖で殴打、手錠で締め上げ絶食等）その他、随分ひどい目にあった。そのため今でも顔に傷痕が残っている。その時は余りひどいので告訴した。

蘭軍の看守兵によるリンチもひどく、生命の危険は常時つき纏った。

当時は連行されたまま行方不明になった者も相当あり、問合せると皆「自殺した」で片附けられていた。

○バリ島の刑務所は外出は出来るし、行動は全く自由で行刑の本質として「罪をおかしたからには労働をさせてオランダに弁償させよう」という方針で行われていた。偶々所長の息子を日本軍占領当時、貯金引出しのことで援助してやったことがあったが、所長はこれを恩に着て、私には特によくしてくれ、蘭側の情報も筒抜けに知ることが出来た。

○私は特別警察隊員としての特別教育は、スラバヤ軍法会議で海軍警部から約一ケ月間の講習を受けた。今考えると、これもまことに幼稚なものであった。しかも、私の部下隊員は、私自身が教官で教育する外なかった。随って私共の特警隊としての行動は随分怪しげなものであった。

それでも、私は一応の特別教育を受けたが、ハルマヘラ等にあった海軍の特警隊は何等特別の教育もなくやったことを思うと冷汗の出る思いである。

一番いけなかったことは、民族の習慣を顧慮せず、日本式に考えて押し付けたことで、これが一番問題の種となっている。このような任務につく部隊は予め充分教育する必要がある。

○バリ島は八ヶ州に分割されているが、その中で、ギャラリ州だけは和蘭が占領当時何等抵抗しなかったので、酋長以下代々蘭側から優遇されていた。そのため統治者が漸次横暴となり、悪政を重ね、私腹を肥すに至り、日本軍占領により逮捕（酋長は子息に譲らせ）流島の処分をなされたものであった。

尋問調書

＊尋問調書より引用。原文はオランダ語で、その英訳から邦訳した。文途中の省略のみ（略）と記した。

＊被害者の名前や出身村は伏せた。他の人物もイニシャルで示した。証言中にAとあるのが、この第二五号事件の被告である。シガラジャはバリ島北海岸の町。デンパサールは南側の町である。年齢、職業などは、尋問調書が取られた一九四六年八月から九月のものである。したがって事件当時は二歳ほど若い。名前から中国人であることがわかる者のみ、中国人と記した。ただ中国系でも名前は現地風に変えていることも多いので、とりあえず名前から判断できるかぎりにおいて記した。なおバリ島はヒンドゥ教が普及している島である。

①　◇◇◇◇　四七歳　商人　デンパサール在住［慰安所経営を任せられた人物。名前などから判断して中国人ではない。強制されて慰安所に連れてこられた女性たちについて証言］

一九四一年に（一九四二年か？）私は日本軍から、日本軍兵士のための慰安所を開くように強制されました。この種の仕事は私の宗教上禁止されていたので、拒否しましたが、無駄でした。私自身がこの家に泊まらせた女性たちは自分たちの自由な意思で来ました。彼女たちは職業的な売春婦で、全部で約一七人でした。それからちょうど一年後、七月ごろに初めて、A（被告）によって強制されて女性たちが慰安所に連れて来られました。彼女たちが強制されていたということは、彼女たちが車から降りて慰安所に入るときに泣いていたという事実から明らかでした。彼女たちは一〇人でした。彼女たちはAによって一人ずつ車から引きずり出されたので、服は引き裂かれていたほどでした。それ以降、彼女たちはこの家を離れることを許されず、おおむね監禁状態におかれていました。これらの一〇人の女性の中でKRDとKNTと呼ばれていた〇〇〇から来た二人は思い出すことができます。私が慰安所を経営していた間、彼女たちが敬意を払うことを拒まないかぎりにおいては、Aやほかの日本人から女性たちが虐待を受けたことはありませんでした。私は一九四三年まで、もっと正確に言えばその年の四月一日ごろまで慰安所の経営にあたっていました。そして、この仕事をやめたいという強い要望がAによってようやく許され、THSが私の後を引き継ぐことになりました。

最後に、私は日本人のAから命令を受け、Aが慰安所を監督し、管理していたと言うことができます。

② ◆◆◆◆ 二〇歳　店員　デンパサール在住［暴力で慰安所に入れられそうになった女性］

一九四二年ごろ、正確な日付は忘れましたが、悪名高い日本人Aが私の店にやってきて、慰安所に行くように命令しました。私が断ると、Aは私の顔を平手で二〇回くらい殴りました。そのため私は口からひどく出血しました。数分間、彼は立て続けに私に暴行を加えたので、私は意識を失いました。意識が戻ったときには、もう彼はいませんでした。一〇日間、私はベッドに寝ていなければならず、その間、口が痛くてほとんど何も食べることができませんでした。

数日後、Aが私の家に来て、私に警察署に出頭するように命じました。警察署でまたAは私に慰安所に行くように命令しました。また私は拒否しました。するとAは、もし私が拒否し続けると、商売を続けることはもはや許されなくなると答えました。しかし、私は拒否し続けました。そして私は恐かったので、クーリー（肉体労働者）として働き始めました。

③　□□□□　一五歳　無職　デンパサール在住［日本人の性的相手を強制された被害少女］

約二年前、日付は忘れましたが、Aと呼ばれる日本人とほかの日本人が私の家にやってきて、Aが私に頼みました。そして彼についてくるように命令しました。私はまだ若かったので、彼の意図がはっきりとはわかりませんでした。私の両親と私は泣き始めましたが、Aは動じませんでした。私は彼に従わざるを得なくなり、車に乗りました。Aが二人目の女性を乗せてから、その女性も車に乗るときに泣いていましたが、コタ・タバナンまで連れて行かれ、そこである家に入れられました。そこで私は日本人の医者に検診を受けました。その後、私は承認されたようで、二つ星をつけた日本人が運転してケディリに車で連れていかれ、その村のある家に同じ日本人によって私一人だけ連れて行かれました。その日本人は後でカワテということがわかりました。私はそこに約四か月間いましたが、その間、週に二、三回ほど、カワテという日本人が訪ねてきました。彼はいつも私をレイプしました。私は激しく抵抗しましたが、彼によって無理やり相手をさせられました。私がケディリに連れてこられたとき、まだ生理は始まっていませんでした。ケディリの村に約四か月いた後になって、生理が始まりました。四か月後、カワテは私に帰るように命令しました。彼が家に連れて行ってくれたわけではなく、私は自分でバスを使って家に帰りました。私はまったく健康だと思ったので、治療は受けようとしませんでした。

日本人のカワテは一メートル八〇センチくらいの背の高さで、めがねはかけていませんでした。あごにほくろがあり、少し日焼けした顔で、ひげはありませんでした。

④　△△△△　一九歳　無職　既婚　シガラジャ［Aの上官ハヤシダの性的相手を強制された被害少女。中国

人」

今から二年前、一人の日本人が私の家に来ました。そのとき、私は結婚していませんでした。後になって、その日本人がAと呼ばれていることを聞きました。彼は二人のバリ人（名前は知りません）を連れてきました。

彼は私に、デンパサールへ行って日本人のために働かなければならないと言いました。その仕事とはお茶を出すことなどということでした。しかし、私は本当の目的がなにか非常にはっきりとわかったので、断りました。そうすると、Aは平手で私を殴りました。それは朝の一〇時ごろのことでした。そのとき私の母と兄弟がそこにいました。それに続いてAは私の兄弟と私に対してピストルで脅迫し、撃ち殺してやるぞ、と言いました。そのため私はあきらめました。

後に、ある使いが来て（名前は知りません）、LSJの家に行かなければならないと言いました。彼の養女であるLGNもそこにいるだろうということでした。二、三日後、私は、LGNと一緒にデンパサールのTEKの家に行きました。そしてさらにAによって、TLTの家に移されました。私はAに自殺すると言いました。私がその準備をしているとき、LGNが見つけて、Aに知らせました。その後、私の母が私と一緒に、TLTの家に滞在することを許しました。

Aとほかの日本人が時々、やってきました。Aは、彼の上官の愛人になるように私を説得しようとしました。彼は、もし私が断ると、私の家族やすべての中国人に累を及ぼすぞと脅しました。その上官は大きく、がっしりしており、日焼けした顔でした。ひげはなく、めがねはかけていませんでした。Aはそう言って五回くらい私を脅迫しました。あるときには、Aの関心を私に向けさせたのはLSJであり、シガラジャでの彼の目的のために私を利用しようと勧めているとAが私に言いました。その上官は毎晩やってきました。あるとき、彼は私を圧倒しました。ある晩、みんなが私の部屋からいなくなり、母もおらず、部屋にその上官と私だけ取り残されました。彼はドアに鍵をかけました。部屋にはベッドがありました。彼は、一緒に寝るように私に頼みました。私が拒否したところ、すぐに彼は私を捕まえ、ベッドに私を仰向けに押し倒しました。彼は私の両腕を抑えて片手で私の口をふさぎました。何回か、五回くらい、私は母の助けを求めて叫ぶ機会がありました。しかし叫ぼうとするたびに、彼は私の口をふさぎました。彼は自分の手で私の服を脱がせましたが、下半身を脱がせただけでした。私はできるかぎり抵抗しましたが、彼が私と性関係を持つことができるのを阻むことはできませんでした。終わるとすぐに、彼は私を離し、私は服を着ることを許されました。そして彼が出て行くと、母が入ってきました。その後、私は日本人によって悩まされることはありませんでした。そのレイピストの名は知りません。

その後、Ａは私に対してはもう怒りませんでした。しかしＡは内々に、「本当のところ、日本人に奉仕するのに慣れた少女たちがほしいのだが、ＬＳＪはそんな少女を提供してくれない。お前を私に提供してくれたのはＬＳＪだ」と私に話しました。

その後、▲▲▲▲という名前の少女が村から、私の代わりに来ました。Ａはこっそりと私に、その少女がおまえの代わりとしてきたのだと言いました。

⑤　ＮＫＮ　五二歳　無職　シガラジャ〔被害少女△△△△の父。中国人〕

ある晩、Ａと呼ばれていた日本人がやってきました。彼は私の娘が日本人のために働きにデンパサールに行くことができないか、とたずねました。私は反対ではないと言いました。翌日朝八時にＡがまた来て、その依頼をくりかえしました。△△△は拒否しましたが、娘はＡに平手で顔を殴られ、さらにＡはピストルで娘を脅迫しました。Ａはまた、そばにやってきた私の息子にも撃ち殺すと脅しました。その結果、△△△はあきらめた方がいいと言い、友達の少女を一緒に連れて行けないかと頼みました。Ａが去ると、しばらくしてバリ人が来て、私にＬＳＪの所に行くようにＡに代わって命令しました。私は従うことにしました。行くと、そこにはＬＳＪとＡがすわっていました。私はＡに対して、娘はすでに婚約していて結婚することになっていると言いましたが、無駄でした。

その夕方、バリ人がまた来て、△△△は夜一〇時にデンパサールに向けて出発する、だからＬＳＪの所に午後九時に来なければならないと言いました。デンパサールでの最初の三、四日間は、私たちはＴＥＫの家に泊まりました。そしてＬＧＮと△△△がＴＬＴに到着しました。するとＡは、ＬＧＮは村に帰らなければならないが、△△△は私と一緒に留まらなければならないと言いました。なぜなら私の娘は自分で首をつろうとしたからでした。Ａは彼の上官について不平を言っていました。彼の上官はＬＧＮと寝たがっているが、それはＡにとってやっかいだと言っていました。Ａは、ＬＧＮと△△△の代わりを見つけに行かなければならないと言っていました。後に、▲▲▲という少女がＴＬＴの家に来ました。それからまもなく、私たちはみんなシガラジャに帰ることが許されました。ＬＳＪの妻は先に帰りました。

また報告しなければならないことは、そのときより前のある晩、△△△と私は部屋にすわっていました。そこに突然Ａが入ってきて、△△△はすぐに上官の所へ行かなければならないと言いました。彼が言うには、上官は明日出発するので、△△△は彼と話をしてお茶を飲まなければならないということでした。△△△はＡと一緒に行きました。数分後、△△△が悲鳴をあげるのが聞こえました。家の中は大変騒がしかったので、彼女が何度悲鳴を上げたのかわかりません。誰が食堂でＴＬＴと話をしているのか、なぜ誰も娘を助けに行かないのか、Aにききました。するとAは何か私にはわからないことを叫びました。その直後、△△△△の部屋のドアが開いて、上官が出てきてすぐに立ち去り、その後△△△△が出てきました。

後にAが村に来て、「お前は愚か者だ。LSJを見てみろ。彼は二、三年で金持ちになり、何一つ不自由しなくなるだろう」と私に言いました。Aは△△△△をデンパサールに連れて行ったことを後悔し、LSJを非難しました。LSJがAにそうするようにアドバイスしたとAは言いました。このAの訪問は、私が娘と一緒に村に戻ってきてから一四日くらい後のことでした。

⑥　LGN　一八歳　無職　シガラディア［Aに協力していたLSJの養女。中国人］

私は、LSJとその妻の家で、Aと知り合いました。私はかれらの姪で、養子になり、かれらの家に住んでいました。日本軍の占領時代の最後の二年間ほど、たぶん最後の一年半だったかもしれませんが、Aは定期的に私のおじを訪問しました。かれらがそのときに何を話していたかはわかりません。Aが初めて来てから二か月ほどたったとき、Aは私にデンパサールに働きに行かないかと誘いました。私は断りました。するとAは私の頭の後ろを平手でたたきました。LSJはそこにいて、Aにそれをやめさせようとしました。彼はAに「どうかやめてください」と言い、さらに私がいないと商売ができなくなるとも言いました。

二日後くらいにAがまた来ました。家の前に車が止まっていて、家の中には何人もの人がいてその中に、△△△△という私が知っている中国人少女とその母親もいました。Aは私に対して、△△△△と一緒にデンパサールに行かなければならないと言いました。私はまた拒否しました。また私のおじであり養父もまたそのようにAを説得しようとしました。しかしAは、私は△△△△にただ付いていくだけで、その後は家に帰ってもよいと言いました。△△△△と私は、彼女の母親と私の義兄弟と一緒に、車に乗りました。デンパサールでは、最初、TEKの家に二、三日泊まりました。それからTLTの家に八日間ほど泊まりました。実際のところ、何もやることがありませんでした。日本人が私たちにデンパサールに来て働くようにと頼んだ目的が初めてわかったのは次のようなことからでした。

TLTの家で、△△△△と私は部屋に一緒にいました。すると一人の大きながっしりした日本人がやってきて、彼は自分をハヤシダと紹介しました。一度かれは私に一緒にベッドに行くように頼みました。私は断りました。かれは怒り出しましたが、私には何もしませんでした。別のときに彼は△△△△を除いてみんな部屋から出て行くように命じました。そのため彼女と彼だけが残されました。この命令はハヤシダではなくAの命令でした。鍵のかけられた部屋の中から△△△△が悲鳴を上げるのが聞こえました。私は別の部屋に行かなければならなかったので、それがどれほど続いたのか、ドアが再び開けられるまでどれほどの時間がたったのか、わかりません。私たちが一四日間ほどデンパサールにいた後、Aは私たちをシガラジャに連れて戻りました。私のおば、つまり養母が私たちを迎えに来たというのは事実ではありません。私が家に帰ると、おばはそこにいました。

⑦ ▲▲▲▲ 二三歳 主婦 シガラジャ ［△△△△の次に上官の性的相手を強制された被害女性。中国人］

私は母とシガラジャに住んでいました。ある日の夜一一時三〇分ごろ、TJTという名の中国人が来て、彼はLSJから、私を彼の家に連れてくるように命令されたと言いました。おそらくこれは突き詰めていくとAの命令だ、と彼は言いました。抗議しましたが、私はTJTと一緒にLSJの家に行きました。そこにはAとして知っていた日本人と、Ａのアシスタントらしい何人かのバリ人とともに、ＡＴＷとＴＴＫという二人の中国人がいました。Ａは私に話しかけ、デンパサールで日本人のために働く気がないかと尋ねました。その仕事は、日本人にお茶を入れたり、マレー語を教えたりするということでした。私は断りましたが、ＬＳＪもまた私を説得しようとしました。彼は、母と家にいるよりもデンパサールで日本人のために働いた方がお前にとってずっといいぞ、というようなことを言いました。最後にはＡは私を脅迫しました。もし私が拒み続けるならば、私を縛り付けて無理やりにでもデンパサールに連れて行くぞ、などということを言いました。その夜の午前一時三〇分ごろ、私は家に帰ることを許されました。翌朝、ＬＳＪが来て、デンパサールに車で連れて行くので午後一時三〇分に指定された場所で立って待っているように言ってきたと、母から聞きました。私はＡの脅迫が恐かったので、この命令に従うしかありませんでした。私は小型の高級車に乗せられました。車の前にはＡと運転手が、後ろには二人のバリ人が乗っていました。私は後ろの床に赤ん坊のように横たわらなければなりませんでした。コートが私にかけられました。そのため私はすごく暑かったです。デンパサールに着いたときには私はほとんど意識を失っていました。

私がデンパサールに四日間ほどいたときの、ある夜、一人の日本人、後でハヤシダと名前がわかりましたが、がやってきました。彼は完全な服装で立っていました。そのとき彼は二つ星で、後に三つ星になりましたが、二本のストライプの入った帽子をかぶり、その帽子には碇のマークがありました。ひげを生やしていました。彼は大きく、がっしりしており、赤ら顔でした。Ａとハヤシダは、私に対して、ハヤシダと寝なければならないと言いました。私が拒否すると、Ａは怒り出し、私を脅し始めました。Ａは燃えるマッチを私の鼻の下に持って来ました。私は彼の手を振り払いました。そうするとＡは平手で三度、私の顔を殴りました。そしてハヤシダは私を抱き上げてベッドに連れて行き、私をレイプしました。Ａはドアに鍵をかけて、外を見張っていたと思うのですが、ハヤシダがそうするのを助けました。このことはすべて、Aが私を泊めていたＴＬＴの家で起きました。私はできるかぎりハヤシダに抵抗しましたが、数分後、ハヤシダはすでに終わり、Aが入ってきました。そして彼らは私一人を残して出て行きました。三日後、Aは私をシガラジャの家に連れて行きました。約一三日後、ＬＳＪが私の家に来て、彼の家に来てそこで、Aが私をまたデンパサールに連れて行くまで待ちように命令しました。このようにして、私はデンパサールと、母と一緒にシガラジャでと、交互に住むようになりました。デンパサールで八日間、ついでシガラジャで一三日間、デンパサールで五日間、ついでシガラジャで八日間、デンパサールで一か月、シガラジャで一か月というように。その後、私はシガラジャにとどまりましたが、いつもＬＳＪか、ほかの代わりの誰かが、私に、ＬＳＪの家に行って待つように命令し、私をそこで拾うのはいつもAでした。私は最初のときと同じ方法でいつも移動させられました。私がデンパサールにいるときにはいつもハヤシダが週に二、三回私と寝るためにやってきました。私はいつもそれを拒否しようとしましたが、そうすると彼は脅迫し無理強いしました。彼はしばしばAを呼ぶぞと言って脅しました。Aはそうした脅迫を果たすために二回手助けしました。Aは私の家族がやっかいなことになると言いました。時々、Aはハヤシダに代わって私に服など贈物をくれました。Aはけっして私と寝ようとはしませんでした。

ＬＳＪはいつも、強制されていたのではなく、自らの意思で、Aによってなされた行為を助けていたという印象でした。

私が母とシガラジャにいる限り、Aは私が家の外に出ることを許しませんでした。一度私がこの禁止を破ったとき、Aに叱責されました。そのとき、そのことをAに話したのはＬＳＪだったとAが言っていました。

⑧　ＴＴＮ　四八歳　無職　シガラジャ〔被害少女▲▲▲▲の父。中国人〕

ＬＳＪは、日本軍の占領時代、非常に恐れられていました。なぜなら彼は日本軍の最も重要なスパイの一人として知られていたからです。二年ほど前、私の娘は四六時中、デンパサールに連れて行かれていました。最初、ＴＪＴという中国人が私の家に来て、私の娘▲▲▲▲に、ＬＳＪの家に行くように命令しました。しばらくして、私の娘が日本人に連れられて帰ってきました。その後しばらくして、ＬＳＪ、あるいはその代わりの誰かほかの者が来て、私の娘はＬＳＪの家に行って、もう一度デンパサールに連れて行かれるまでそこで待っていなければならないと言いました。ＬＳＪ自らがこのメッセージを持ってきたのは、私の個人的な体験でも五回あります。彼は、この命令はＡからのものだと付け加えました。私の娘が家に帰ってくると、彼女はいつも、デンパサールで日本人と寝なければならなかったと言っていました。私の娘は自分の意思でそうしたのではなく、いつも日本人やＬＳＪが恐くて、従っていたのです。

Ａとして私が知っていた日本人は、私の娘が他の男と寝ていないことを確認するために来ました。あるとき、Ａはまた、私の娘が私と家にいる限り、外出することを禁止しました。私の娘はひどくＡとＬＳＪを恐がっていました。あるとき、私はＬＳＪに対して、日本人の元に送るために、なぜわざわざ私の娘を選んだのか、なぜほかの女性を送らなかったのか、ききました。ＬＳＪは次のように答えました。『すでに汚れた女を送ることはできない。そうすると日本人とトラブルになるからだ。お前が娘を送ってくれればいいのだ』。私の娘は性病には罹っていません。私は、すべてのことが恐ろしく、男が誰も娘と結婚してくれないのではないかと心配でした。ＬＳＪが日本人に強制されてやっていたのかどうかは、私にはわかりません。しかし彼はこのことについては何も言いませんでした。ＬＳＪは私たち中国人の間で、私たちを金で日本人に売り渡した男として、知られていました。

第三章　ジャワ島における日本軍「慰安婦」等強制事件——ジョンベル憲兵隊ケース

『季刊戦争責任研究』第八三号、二〇一四年一二月

バタビア第八八号事件裁判記録

ここで紹介するのは、オランダがバタビア（ジャカルタ）でおこなった戦犯裁判の中で、ジャワ島東部のジョンベルに駐屯していた憲兵隊関係者を裁いた事件の裁判記録である。日本の法務省はこのケースをバタビア第八八号事件と名づけている。

ジョンベルならびにこの事件で出てくるボオンドオソは、ジャワ島東部の都市である。

まずこの裁判の概要を説明すると、ジョンベル憲兵隊分隊長（一九四二年九月―四三年八月）であった憲兵大尉和田都重ほか一七人が起訴された（表）。うち一五人はジョンベル憲兵分隊の指揮下にある、ボンオドオソとバニュワンギの分遣隊やその他の分駐所などの憲兵隊の将校下士官である。残り二人はこの表では憲兵ではないかのように記されているが、法務省がまとめた別の資料では憲兵隊配属とされており、被告全員が憲兵隊所属と考えてよいのではないかと思われる。

日本の法務省がまとめた「起訴理由概要」には、この事件の内容を次のようにまとめている（■■■は国立公文書館が公開にあたって伏字にした箇所である。なぜこの二人だけが伏字にされているのか、よくわからな

表　ジョンベル憲兵隊事件被告一覧

階級	被告	求刑	判決
憲・大尉	和田都重	死刑	死刑
憲・中尉	川田原金之助	20年	15年
憲・中尉	今野勝彌	死刑	死刑
憲・中尉	野口　武	死刑	無罪
憲・准尉	山本虎夫	20年	10年
憲・曹長	半沢　勇	死刑	死刑
陸・曹長	河端正次	5年	5年
憲・軍曹	[redacted]	5年	5年
憲・軍曹	石川春雄	20年	15年
憲・軍曹	橋本一義	20年	15年
憲・軍曹	小高　寛	死刑	死刑
憲・軍曹	南　良治	死刑	死刑
憲・軍曹	小野軍次郎	20年	20年
憲・軍曹	佐々木敏夫	10年	10年
憲・軍曹	佐藤和義	5年	無罪
陸・一等兵	梅本行雄	20年	10年
憲・曹長	太田秀雄	死刑	死刑
憲・軍曹	[redacted]	自殺	

（出典）『和蘭戦争犯罪裁判概見表』。ここでは憲兵とされていない二人も別の資料では憲兵隊所属とされている。

い）。

「和田都重はジャワ島ジョンベル憲兵分隊長にして、川田原金之助、今野勝彌、野口武、山本虎夫、半沢勇、河端正次、[redacted]、石川春雄、橋本一義、小高寛、南良治、小野軍次郎、佐々木敏夫、佐藤和義、梅本行雄、太田秀雄、[redacted]等は、同分隊員であるが、同人等は、昭和十七年四月より、同二十年九月に至る間、同分隊または同分隊所属の「ボントウオソ」「バニュウワンギ」等の各分遣隊に勤務中、それぞれその在職期間中、所属地区に於て多数の一般市民である男女を検挙して、その訊問に当り、手拳、竹刀、バット等をもって長時に亘り殴打して出血する傷害を与え、または、火責め、水責め、或は、後手に縛って吊り下げ且故意に飲食物を給与せず、飢えしむる等の組織的兇暴及び虐待を加えて被検挙者を死に至らしめ以て彼等に対し、深刻なる身心の苦痛を与えたが就中和田都重は、部下と共謀して「シャーンポーン」と呼ばれる下宿室を慰安所に当てオランダ国籍の婦女を同所に収容して日本人相手に売淫を強制し野口武は、婦女「●●●●」に暴行脅迫を加えて、日本人松崎と強制的に性交せしめ、■■■■は、「▲▲▲▲」「△△△」の二名を強姦し小高寛、梅本行雄は、昭和二十年八月二十四日頃、「パニュウワンギ」附近の「カリグラタク」に於て、「ア・セ・ツロツコ」及び、「ファンデルツースト」の二名を上司の命を受け殺害した。」（『和蘭戦争犯罪裁判概見表』国立公文書館所蔵）

「慰安婦」強制容疑での起訴

全体としては、拷問致死などジョンベル憲兵隊によるさまざまな残虐行為が一括して裁かれたケースであるが、そのなかで憲兵分隊長であった和田大尉が、強制売春、すなわち「慰安婦」になることを強制した容疑で起訴されている。

起訴状に相当する「臨時軍法会議付託決定書」一九四八年一月二八日付、によると、和田都重憲兵大尉は「一九四三年頃、即ち戦時中敵国日本の臣民として、ジョンベルに於て姓名は不詳なるも他の者等と共同し、戦時公法及同慣習法に違反し戦犯行為をなしたり　即ちシャンボール（バウル）と呼ばれる下宿屋におりし和蘭国籍の婦人等に売淫を強制するため日本人による一般に慰安所として知られているジェンベル内の各建物に閉込め居住せしめ同慰安所を訪問する、すべての日本人の毒牙の餌食になさしめ、ために彼女等に劇しき身心の苦痛を蒙らしめたり」とされている。以上はオランダ語の正本を邦訳したものであり、先に紹介した「起訴理由概要」はこれを要約したものと考えられる。この中で「バウル」と呼ばれているのは、ホテルバロー（Hotel Baroe）と表記されている。

この裁判の判決は一九四八年九月一一日に下され、和田大尉は死刑判決が下されたが、逃亡を図って一〇月二五日に射殺されたとされている。

和田大尉は、いくつかの残虐行為の責任を認定されて死刑判決を受けたが、強制売春容疑については、被告は事件が起きたときにはジョンベルにはいなかったとして、無罪となっている（「判決要約抜粋」）。和田大尉は尋問調書のなかで、問題となっているボンドオソのホテルに設けられた慰安所は「軍政当局の監督下に開設」されたもので、憲兵隊は「本慰安所には全然関与にあらず」とし、慰安婦の募集についても憲兵隊は「如何なる方法によせ関与しあらず」と主張していた（判決要約抜粋と本人の尋問調書の記述は異なっているが、この点はオランダ語の裁判記録に基づいて判断する必要があろう）。

また野口中尉が、ある女性に松崎大尉との性的関係を強制したという容疑については野口中尉の弁明を採用して無罪としている（「判決要約抜粋」）。

このようにこの裁判では、強制売春あるいは性的関係の強制については二件ともに無罪となったが、前者の和田大尉のケースについては、本人のアリバイが認められただけで、そうした強制売春の事実そのものが否定されたわけではなかったことも確認しておく必要がある。この点については、一〇人の尋問調書が証拠書類として裁判に提出されており、貴重な証言となっている。

抗日容疑で逮捕した女性や逮捕した者の妻、あるいは目をつけた若い女性を警察署や憲兵隊事務所に連行し、特定の日本軍人の性的相手を強制したり、あるいは「慰安婦」にするぞという脅迫（言い換えると不特定多数の日本軍人の相手をさせるぞという脅迫）を使って、性的相手を強いる方法が広く取られていることがよくわかる。この点は、拙稿「資料紹介　「慰安婦」など性的強制事件と軍による隠蔽工作」『季刊戦争責任研究』（第八二号、二〇一四年六月）で紹介した事例と共通している。

関連する証言

ところでボンドオソに女性たちが慰安婦などとして連行された件について、葉子・ハュス–綿貫『わたしは誰の子？　父を捜し求める日系二世オランダ人たち』（梨の木舎、二〇〇六年）に次のようなケースが紹介されている。

日本軍がジャワ島を占領（四二年三月）してから一年ほど経ったころ、七、八人の若い娘が憲兵隊にどこかに連れていかれるという事件が起きた。ある女性の証言によると、インドネシア人警官が家にやってきて「日本軍のケンペイタイがホテルで働く娘たちを求めているので、この家にいる若い娘も同行するように」と命令され、やむなく付いて行った。ガラハンという村に連れて行かれるとあわせて五人の娘が集められており、そのうちの彼女を含む三人が日本人のクルマに乗せられてボンドオソに連れて行かれた。彼女以外の二人はホテルに連れて行かれたが、コウロという名前の日本人は彼女に憲兵隊に連れて行かれないようにインドネシア人の格好をするように言い、インドネシア人の服を調達してきてある家に匿い、一週間後に自宅まで送り届けてくれたという。その後、コウロと彼女は「恋仲」になり妊娠したがコウロの意見に従って中絶した。だが二度目に妊娠したとき長女を出産した（四四年九月生まれ）。敗戦後、コウロは日本に帰国し、母子はインドネシアに残されることになったという（同書一三八―一四二頁）。

このケースが、ここで紹介する尋問調書のケースと重なるのかどうかはよくわからないが、日本軍の憲兵がインドネシア人警察を利用して女性を集めさせ、慰安婦あるいは日本人の性的相手にさせたことがわかる。

被害者の尋問調書

ここでは、これらの被害者の尋問調書を中心に紹介したい。

ここで紹介する資料は―この解説で引用したものを含めて―、国立公文書館に所蔵されている「ＢＣ級（オランダ裁判関係）バタヴィア裁判　第八十八―一号事件」「ＢＣ級（オランダ裁判関係）バタヴィア裁判　第八十八―二号事件」の二つのファイルに収録されている資料である。事件名としては第八十八号事件であるが、「第八十八―一」にはオランダ語資料、「第八十八―二」には日本語の資料が綴じられている。両者合わせて約千頁に上る。

裁判に提出された日本人以外のオランダ人らの尋問調書はすべてオランダ語であり、その概要が邦訳されている（「第八十八―二」に含まれている）。その邦訳は、英訳と対照すると、ほぼ正確に訳されていると思われるが、日本語表現についてはかなり問題があるものなので、それを参考にしながらも、正本であるオランダ語の尋問調書を英訳したものを、筆者が邦訳したものである。オランダ語からの英訳については、De Mos Johannes 氏にお世話になった。記してお礼申し上げたい。

なお梶村太一郎・村岡崇光・糟谷廣一郎『「慰安婦」強制連行　史料　オランダ軍法会議資料』（金曜日、二〇〇八年、二二二―二三三頁）で、この事例がかんたんに紹介されている。またこの事件を含めて、国立公文書館に所蔵されている各国の『戦争犯罪裁判概見表』から強制売春など性暴力関係のケースを抜粋して紹介したものとして、佐治暁人「ＢＣ級戦犯裁判と性暴力（１）―『戦争犯罪裁判概見表』を手がかりに」（『大阪経済法科大学　アジア太平洋研究センター年報』第一一号、二〇一四年三月）があり、今後、ＢＣ級戦犯裁判と性暴力について研究する際の基礎データを提供してくれている。

以下、「　」は尋問調書からの引用、【　】は筆者による要約、〈　〉は筆者によるコメントである。被害者の名前は伏せた。被害者は名前から見るとすべてオランダ人女性あるいはオランダ系女性と見られる。

【資料】被害者の尋問調書

Aさん　女性（事件当時二八歳）　一九四六年一〇月一九日付調書

「和田都重は一九四三年にジョンベルの憲兵隊長で、彼が○○○○夫人と一緒にジョンベルの慰安所をシャンポールの下宿屋に設置しました。私は、少女たちの誰かが強制的に連れてこられたかどうかはわかりません。一九四三年八月時点で、慰安所の隣の家に約二〇人の女性が監禁されており、そして彼女たちは日本の憲兵たちによって非常に苦痛を経験していたことを知っています。」

Bさん　女性（事件当時三二歳）　一九四六年一一月七日付調書

【一九四三年八月二二日にプランテーションにいたとき、電話をうけ、ジョンベルの憲兵隊に出頭しなければならないと言われた。出頭すると約二〇人の女性が集められており、うち一〇人が選ばれて、当時空家だったシャンポールの家に入れられた。一〇人のうち実際に八人が入れられた。そのうち本人を含めて四人は子どもがいた。】〈本人の被害については語っていない。〉

Cさん　女性（事件当時二一歳）　一九四七年四月七日付調書

【一九四三年一月二七日、○○○○夫人と一緒にキャンプ・ケシラーに行くためにグレンモア駅にいたとき、三人のインドネシア人の警官に捕まり警察署に連行された。そこに憲兵のハンザワがいた。ハンザワは彼女をボンドオソの憲兵隊に連行した。そこで「親米」だと取り調べられた。そこで二人の男性が海外放送を聞いていたという疑いで逮捕されていたようで、ひどく殴られてあざがあった。彼女はそうしたことには関係なかった。ハンザワは取り調べの間、私を殴り、一度は水責めにあった。】

「ボンドオソの憲兵隊ビルから同じ町にあるホテルバローに移されました。そこは少女たちが日本人を接待する施設でした。そこで私は○○○という少女と会いました。彼女は私が一月二四日にボンドオソに列車で行ったときに警官に付き添われて列車に乗っているのをみた少女です。私はホテルバローに一九四三年三月まででいました。それから、ホテルバローの支配人だったイデタから、ここに留まるか、一人の日本人と同棲するか、という選択を求められました。私は後者を選び、憲兵隊のアマノとバニュワンギで同棲を始めました。彼は仕事については何も話しませんでした。(中略)アマノが日本に帰らなければならないと言って、帰ったときに、私はグレンモアに戻りました。」

Dさん　女性(事件当時二二歳)　一九四七年八月一五日付調書

【一九四二年の終わりごろ、アメリカ人を匿ったとして妹とともに逮捕され、取調べを受けた。二人は約一週間後、釈放された。】

「一九四三年三月に妹はまた逮捕され、サヌマツから何度も殴られたあと、彼から性交渉を強要されました。その後、同棲する一人の日本人を選ぶか、日本人全部が彼女を妻として利用するか、どちらかの選択を迫られました。妹は結局、日本人のナガタというエコノミストを選び、彼は妹に子どもを産ませました。その子はいま妹と一緒にいます。」

【一九四三年九月に彼女の夫やほかに七人が地下武装組織を組織しているという容疑で逮捕され、日本の降伏後、四人は帰ってきたが、彼女の夫はほかの何人かとともに、虐待と食糧不足のために刑務所で死亡した。】

Eさん　女性（事件当時二五歳）　一九四七年九月一九日付調書

【父は亡くなっていたので、母と二人の妹と一緒にバニュワンギの薬局で働いていた。】

「一九四三年末、私はインドネシア人の警官に逮捕されバニュワンギで一晩拘禁されました。翌日、ボンドオソに移され、警察署にこう留されました。その長は日本人のイデタでした。そこに着いた日に、イデタによってあるホテルに連れて行かれました。そのホテルは後に慰安所になったようです。私は抗議しましたが、私の年老いた母と二人の妹のことで脅迫されました。そのとき母は反日的、反インドネシア的なことを言ったということでバニュワンギの憲兵隊に捕まっており、二人の妹だけで家に残っていました。私は、知らない日本人に自らを委ねるしか、ほかに方法はありませんでした。その日本人は後に、モトムラ・サダチという名前の憲兵将校であることがわかりました。その日本人から私は子どもを産みました。女の子でいま四歳です。モトムラが日本に呼び戻されるまでの約五か月間、彼と同棲しました。その後は、また薬局の仕事に戻り、日本の降伏まで続けました。」

Fさん　女性（事件当時三一歳）　一九四六年六月一五日付調書

「一九四三年四月に夫が憲兵隊によって逮捕されました。そのとき、バニュワンギのセンバー・マンギス農場に住んでいました。（中略）一九四三年八月三〇日に、ゲンテンの警察署に三一日に出頭せよという連絡を受け取り、三一日午前一〇時ごろにその警察署に出頭しました。そこには一〇人から一二人くらいの女性が出頭してきていました。部屋には、グニ〈グンイ（軍医）のことか？〉と呼ばれた日本人が机の背後に座っており、女性たちは一人ずつ彼の前に出頭しました。彼の机の上には女性の名前の入ったリストがあり、そのうちに何人かには青と赤の鉛筆で線が引かれており、生年月日には円で囲われていました。私の生年月日も丸で囲われていました。グミからは子どもがいるのかどうか、私が何歳か、などをきかれました。そして、九月四日にボンドオソに行かなければならないと言われました。ほかに三人の女性も同じようにボンドオソに行かなければならないと言われました。その三人の女性は◯◯◯夫人、△△△夫人、□□□夫人です。彼女たちの住所は知りません。ほかの女性たちは旅行許可書を受け取り、マランに行かなければなりませんでした。

私は、自分でボンドオソのソーシャルクラブに出頭するように言われたので、出頭しました。そこで△△△夫人と□□□夫人の二人と会いました。◯◯◯夫人は病気だったので猶予されました。ソーシャルクラブに行くとインドネシア人が二、三人いましたが何もわからないので、私たちは警察署に行き、そこから電話で日本人の警察部と連絡をとりました。そこに行くと、日本ホテルに行くように言われました。そこでノグチという日本人の憲兵隊長に迎えられました。ノグチは、私たちにそのホテルの背後にある三つの家を割り当てました。私たちにその中から一つを選べと言いました。その通りはベンゲベックでした。私は□□□夫人と一緒に一四番地に入りました。

私たちが着いた日の午後、私たちみんなは一つの家に呼ばれ、ヒロミツという名の警察部の次長から、お前たちは親切な女でいるように、またそうすればキャンプ・マランに行かなければならなかったほかの女たちよりもいい待遇を受けるだろうと言われました。

私たちは一人ひとり自分の部屋に住むことが許されました。ヒロミツは、許可なく外出することは許されないと言いました。ですから私たちは売春をさせられるのだろうと疑いました。その夜、□□□夫人と私が寝室にいたとき、深夜一二時ごろ、家の外の階段で音がして、ドアがノックされるなどのことで驚かされました。家の玄関のドアがきちんと鍵がかかっていなかったようで、突然、寝室のドアが開けられました。誰かがマレー語で「恐がることはない」と叫び、それから電灯がつけられました。

グニとイデタという二人の日本人が寝室に入ってくるのが見えました。かれらはベッドとイスに座りました。かれらは些細なことばかりを話して、半時間くらいたつと部屋を出ました。

一九四三年九月一三日、日本ホテルのバーでパーティが開かれました。私たちはそれぞれに家のドアの鍵をしっかりとロックし、服を着たまま寝ました。夜中に、ドアが激しくたたかれました。しかし私たちはドアを開けずに、裏庭に行きました。しかしドアをたたく音はどんどん強くなり、恐くなってドアを開けました。

三人の日本人が家の中に入ってきました。その日本人の名前はイデタ、ササキ、ヒロミツです。私たちがすぐにドアを開けなかったので、彼らはすごく怒っていました。□□□□夫人は家にうずくまっていました。イデタは、彼女が好意的ではないと言いました。その後イデタが鞘に入ったサーベルで□□□□夫人を殴るのを見ました。彼は夫人の背中をたたき、そして平手で顔を何度も殴りました。それからイデタが言いました。

「われわれがお前たちに望んでいることがわかっているのか。お前たちが日本人の子を孕むことを望んでいるのだ。」

もう一人の隣人の△△△△夫人も私たちと一緒に同じ部屋にいました。ササキは、日本刀を出して、□□□□夫人に近づき、殴ろうと脅しました。私はヒロミツにそのことに注意を向けたので、ヒロミツはササキから武器を取り上げました。そうするとイデタはサーベルと手で△△△△夫人を殴ってから、抜き身の日本刀で殴ろうとしました。ヒロミツはこれも止めました。その後、かれらは部屋を出ましたがまもなくイデタが一人で戻ってきて、私たちの部屋に座り、おまえたちのことはもう見捨てた、おまえたちは日本のご主人に奉仕する用意をしなければならないと言いました。

もし軍がお前たちを首にするという命令を出せば、彼は従わなければならないと言いました。このようにして、私たちはまったく無力であり、命令にしたがわなければならないということを示して、彼は去りました。

一九四三年九月一六日、私は一六番の家に移りました。そこは△△△△夫人の所でした。（中略）私たちの家が慰安所になったとわかりました。私たちの部屋のドアにはそれぞれ番号が付けられ、インドネシア人が日本人にチケットを売り、購入したチケットの番号の部屋の女性と性交渉する権利がその日本人に与えられるというものでした。お金はその女性に後で渡されることになっていました。

一九四三年一一月初めの夜一一時ごろ、ノグチとマツサキという二人の日本人がやってきました。ノグチはマツサキを私に紹介し、マツサキは愛人を探していると言いました。マツサキはオランダ語もマレー語もわかりませんでした。私は彼の話すことを理解できないし、彼も私の話すことがわかりませんでした。

ノグチが通訳をおこない、マツサキが私と一緒に寝たがっていることがわかりました。私は拒否しました。ノグチは、私は悪い女で、反日的だと言いました。しかし私は拒否し続けました。するとノグチは「そうならば、お前を殺すぞ」と言いました。そして彼はサーベルをテーブルの上に置きました。

私は緊張して取り乱し猶予を頼みましたが、許されませんでした。恐怖のあまりとうとう受け入れざるを得ませんでした。この後、彼はさらに八回来ました。そのうち二回は拒否しました。私は病気だとか言って、苦労してようやく彼を遠ざけることができました。しかし、私はこのまま続けることは無理だとわかり、無力さを理解しました。そのためその日本人と六回性交渉を余儀なくされました。

正確な日付はわかりません。一九四三年一一月のある日ですが、正確な日付は思い出せません。△△△△夫人が私に、理由は言えないが、ノグチが私をなぐる理由を探していると言いました。その午後、私が部屋にいたとき、ドアがノックされ、私がドアを開けると、ノグチがドアの前に立っており、すぐに顔を平手で殴られました。それから彼は拳固で何度も殴り、私が床に倒れるまで顔を殴りました。それから彼は私の髪の毛をつかんで立たせ、また殴りました。足で蹴ったりもしました。

一か月後まで、私の顔は腫上がり、皮膚はあざで青くなっていました。私の目はほとんど開けることできませんでした。なぜノグチがこんなふうに私を殴ったのか、理由はわかりません。

一九四四年一月、私はスマランのハルマヘラ・キャンプに入れられました。そこでようやく無理やり性交渉をさせられることから解放されました。」

Gさん 女性（事件当時一七歳） 一九四七年九月一六日付調書

「一九四二年、正確な日付を覚えていませんが、バニュワンギの警察隊長セブロートが日本人の憲兵と一緒にウォンソロジョの両親の家にやってきて私と話しをしました。その憲兵はスギヤマという名前であることが後でわかりました。彼はスギヤマを私に、バニュワンギのライオンだと紹介しました。また彼はスギヤマを恐れることはない、なぜなら彼は親切な男だからとも付け加えました。少し話をしたあと、セブロートとスギヤマは帰りました。

翌日、夜一〇時ごろ、三人の憲兵が来て、サリマツ、ハシモト、スギヤマと自己紹介しました。その三人の兵士は私の母に対して、私が一緒に映画に行けないか、尋ねました。母や「娘は男と一緒に一人で外出するには若すぎるし、それにもう遅すぎます」と言って断りました。

兵士たちは日本語で相談していましたが、その後、一人が—誰だったか覚えていませんが—私に対して、バニュワンギに一緒に来て店で働きたくないかと誘いましたが、私は断りました。するとスギヤマがまた一緒に映画に行かないかと誘いましたが、私はまた断りました。するとその兵士たちは怒り出して、サリマツは私をつかんで彼らが乗ってきた車まで地面を引きずっていきました。私がサリマツを押したところ、彼はよろめいて転びました。サリマツはそのためにすごく怒って、イスを持って私の頭を殴りました。続いてブーツをはいた足で私を蹴り、私の体のあちこちを殴りました。

私の母は、兵士たちが私に加えている虐待を見ていられず、兵士たちの前にひざまずいて暴力をやめるに頼みました。しかしサリマッは母に向かっていき、母の喉元をつかみました。

ちょうどそこにいた七歳になる私の弟が泣き始めると、サリマッは弟をつかもうとしました。しかし弟は暗闇の中に走っていったので逃げることができました。そうこうしているうちに、母が、スギヤマがすでに座っていた車に行き、スギヤマに対して、「あなたは私の娘を好きなのではないのか。娘への暴力をやめるようにサリマッに頼んで助けてください」と頼みました。スギヤマは「あなたの娘が私と一緒に来ると約束すれば、娘を助けてやろう」と答えました。絶望のあまり、そしてこれ以上の暴力をやめさせるために、母はスギヤマに私を連れて行くことを認めました。そうして私は行かなければならなくなり、車に乗り、去りました。暴行によって私はひどい頭痛になり、またひどくめまいがしていたので、クルマの後部座席に横になることを許されました。私たちがバニュワンギに着いたとき、私はスギヤマとハシモトに支えられて憲兵隊の建物に入りました。そこで私はスギヤマの部屋のベッドに横になりました。私がベッドに横になっているとき、スギヤマは氷袋を頭に置きました。私の顔は、暴行を受けて腫上がっており、ひどい頭痛がすると訴えたので、スギヤマは医者を呼びました。バニュワンギのモジョカート通りに住んでいたドクター・チャンがやってきて、私を診て、何も悪いところはないと言いました。次の日、スギヤマは、私に対して彼の部屋で泊まらなければならないと言いました。スギヤマの部屋で一週間すごした後、彼は私に性交渉を求めましたが、私は拒みました。私は部屋から出たかったのですが、部屋は鍵がかけられていたので、出られませんでした。スギヤマは私の腕をつかみ、ベッドに押しやり、服を脱がせ始めました。そうしながら、彼は私の服を引き裂いて脱がしました。私を完全に裸にすると、スギヤマは私と無理やり性交渉をおこないました。それまで私は処女だったので、男の人と性交渉するのは初めてでした。どうすることもできなかったので、もはや抵抗しませんでした。

スギヤマとは三か月間、一緒にすまなければなりませんでしたが、その後、私が彼から二五ギルダーを盗んだと責めました。それは事実ではありません。そしてスギヤマは私を母の元に送り返しました。数日後、スギヤマは、ブラサン・ケシラーに住む○○○○という名前の新しい少女を得たということを聞きました。

私は（五人ほどの名前を挙げて）彼女たちがバニュワンギの日本の憲兵隊に逮捕されて特にジョンベルやバニュワンギの日本軍慰安所に入れられたことを知っています。」

（スギヤマがいないときに逃げようとしなかったのかという質問に対して）

「もしそうしたければ、逃げることができたかもしれません。しかしもしスギヤマが逃げた私を捕まえたならば、慰安所に入れられることが恐かったのです。ですから逃げようとしませんでした。」

補論　「和解」をめぐって

事実を歪める『帝国の慰安婦』

ここで朴裕河『帝国の慰安婦―植民地支配と記憶の闘い』（朝日新聞出版、二〇一四年）について少し触れておきたい。この作品は、文学作品と同じように、朴氏の頭のなかで想像したもの、願望したものを描いたもので、事実に基づくものではない。そのため、多くの事実の間違いを指摘してしまうが、ここで描かれたものが、あたかも実態であったかのように受け止められてしまう傾向がある。

この本は、日本軍は悪くなかったのだ、悪かったのは業者（多くは朝鮮人業者と主張）だったのだ、日本政府はアジア国民基金で誠意ある対応をしたにもかかわらずこの問題をこじらせたのは韓国の運動団体だ、という全体としての日本軍・政府弁明論である。そうした大枠が頭のなかでイメージされて、それに応じて物事が解釈されていく（同書への批判としては、鄭栄桓氏のウェブサイト「日朝国交『正常化』と植民地支配責任」http://kscykscy.exblog.jp/、鄭栄桓「歪められた植民地支配責任編―朴裕河『帝国の慰安婦』裁判」『季刊戦争責任研究』第八四号、二〇一五年六月、ウェブサイト「『慰安婦』問題をめぐる報道を再検証する会」http://readingcw.blogspot.jp/）。

一つ例をあげると、軍が慰安婦募集過程でだましなどの違法な行為を取り締まろうとした（二二四頁）、不法で強引な募集を「取り締まった」（二二四頁）と断定され、軍による管理は慰安婦たちを守る役割を果たした（九六頁）、少女まで集めたのは軍の意志よりは業者の意志だったと考えられる（一〇六頁）という議論があちこちで繰り返されている。犯罪の主体は業者（三四頁）というように、すべて悪いのは業者だという結論に流し込まれる。

　本書のなかでも述べているが、軍が慰安婦を大量に集めるために業者を使ったのであり、その業者が犯罪になる手法を使って女性たちを集めていたことは警察に逮捕されたことからも軍は十分に承知していた。しかし軍が警察に業者への便宜を求め、警察に逮捕された業者の釈放を求めていたことは警察文書からも明らかである。不法な募集を取り締まったというのは何を根拠にしているのだろうか。多くの日本軍将兵の戦記・回想録でも、詐欺など不法に慰安婦として連行されてきた女性たちの存在を軍は知っていた。しかしそうした女性たちが慰安婦をやめ故郷に帰る手立てを軍は採ったのだろうか。

　あるところでは「軍ではなく戦争を始めた国家」（二二一頁）が悪いのだというが、国家には軍は含まれないかのような書き方である。国家とか帝国という抽象的なものに原因を転嫁させることによって、国家責任をうやむやにし、業者にすべて悪を押し付けている。帝国の問題を指摘しているからといって、あたかも植民地問題という視点があるかのように理解する向きがあるが、逆に抽象化することによって、誰に責任があるのか、なぜそうなったのかをあいまいにする役割を果たしているにすぎない。

　事実の歪曲、間違いは挙げ始めるときりがないが、わかりやすい例を一つ取り上げると、ビルマで保護された朝鮮人慰安婦の「平均年齢は二五歳だった」と米報告書から引用し（六五頁）、「資料や証言を見る限り、少女の数はむしろ少数で例外的だったように見える」（一〇六頁）とし、「韓国での慰安婦のイメージが『少女』に定着したのは……そのことが韓国の被害意識を育て維持するのに効果的だったための、無意識の産物だったと考えられる」（六五頁）ときめつける。そこからソウルの日本大使館前などに建てられた日本軍慰安婦の「少女の像」を批判していく。

　朴氏が利用しているのは、米戦時情報局心理作戦班の尋問報告書と思われるが、その報告書には、捕らえた二〇人の朝鮮人慰安婦について「平均的な朝鮮人慰安婦は二五歳くらい」という記述があり、それを引用したものと見られる。邦訳が英語の原文からは微妙にずらされている点は問わないとしても、実はこの二〇人の年齢が報告書には書かれている。最低一九歳から最高三一歳までであるが、平均すると二三歳（厳密には二三・一五歳）となる。これは四四年八月に捕らえた時点の年齢であり、彼女たちが慰安婦としてビルマに連れてこられたのは四二年八月、つまり二年前なので、そのときの平均年齢は二一歳となる。未成年は満二一歳未満を指すが、その時点での未成年者は一二人である。なお報告書には生年月日は書かれておらず、年齢しか書かれていないが、数え年で答えた可能性もある。そうであれば平均年齢はさらに一、二歳下がることになる。いずれにせよ資料をきちんと読んだのであれば、この二〇人の朝鮮人が慰安婦にされた平均は二一歳であり、しかも過半数は未成年者であったことを書くべきであろう。

また慰安婦にされた女性の年齢を示す資料としては、一九九〇年代に名乗り出た女性たちの証言に基づき、年齢を調べたものがある（ウェブサイト「Fight for Justice」日本軍「慰安婦」の「証言」の頁にある「連行一覧」http://fightforjustice.info/?page_id=445）。

その一覧では各地から連行された女性の年齢がわかるが、朝鮮半島について見ると圧倒的に一〇代が多い。その傾向は中国や台湾、フィリピンなどでも同じである。九〇年代まで生き延びた方たちのデータなので平均よりは少し若い可能性があるが、こうした貴重なデータを無視するのは不可解である。「少女」が慰安婦にされたことを否定したくて、「二五歳くらい」という記述に飛びついたのかもしれないが、朴氏の資料操作の恣意性がよくわかる。

問われる知識人の感性

さらに問題は、こうしたひたすら日本軍を免罪し、日本政府の責任を免罪弁護するものを賛美する一部の日本の「知識人」たちの感性である。韓国人が韓国の運動を批判するのが、日本では受けるようだが、韓国の運動も二〇年の取り組みの中で大きく変化してきているし、この数年の韓国世論の硬化も、二〇〇〇年代に日本で進んでいる否定論の強まり、特に第一次安倍内閣（二〇〇六―二〇〇七年）、そして第二次安倍内閣以降の河野談話さえも攻撃否定する動きに触発されたものが大きい。

韓国でこの問題に取り組んできた運動は、当初はナショナリズムをばねとする性格が強かったが、より普遍的な女性の人権の視点を重視するようになり、日本帝国主義の犯罪を批判するだけでなく、たとえば、韓国軍によるベトナム戦争での残虐行為や性暴力、あるいは韓国軍の慰安所の問題や米軍の相手をさせられた基地村の女性たちの問題など、韓国（軍）の犯罪や人権侵害も取り上げてきている。日本軍慰安婦問題に取り組んできた韓国の挺身隊問題対策協議会（挺対協）の最初の共同代表であった尹貞玉氏は二〇〇六年ごろからベトナム戦争における韓国軍による残虐行為、性暴力について取り組み始め、二〇一二年からは挺対協がナビ基金を設け、ベトナムでの韓国軍による性暴力被害者や、コンゴでの戦時性暴力被害者への支援活動をおこなっている。挺対協は、二〇一四年三月に韓国政府に対して、「ベトナム戦争における韓国軍民間人虐殺および性暴力問題解決のための要請文」を提出し、真相究明、犯罪事実の承認、公式謝罪と法的責任の履行などを求めている（巻末資料編参照）。そのなかで、朴槿恵《パククネ》大統領が日本政府に向かって語った「過去の過ちを振り返ることができなければ新しい時代を開くことはできず、過ちを認めることができない指導者は新しい未来を開くことができないことは当然の道理です。真の勇気は過去を否定することではなく、歴史をあるがまま直視し成長する世代に正しい歴史を教えることです」という言葉を引用し、「この道理は日本だけでなく韓国、そして全世界すべての国と指導者に適用するものです」と韓国政府自らがその言葉を実践するように求めている。

国家対国家の対立としか見ることの出来ない否定派に対して、国家の枠を超えた視点で取り組んできていることを、日本社会は認識しなければならない（林博史「日本軍「慰安婦」問題に取り組むアジア市民の交流と連帯」矢嶋道文編集責任『クロスカルチュラルスタディーズ　シリーズ1　互恵〈レプロシー〉と国際交流』クロスカルチャー出版、二〇一四年）。

加害者を免罪する「和解」論

日本社会では「和解」という言葉が安易に使われる傾向がある。長年にわたる日本の戦争責任・植民地責任の問いかけにウンザリしているのかもしれない。しかしこの数年、この問題で国内外から批判が強まっているのは、事実を否定し日本軍国主義のおこなったことをひたすら正当化しようとする政治勢力が影響力をのばし、教科書から慰安婦記述を削除させるだけでなく学校で教えなくするように政治的圧力をかけ、かつそうした勢力が政権中枢で大きな力を持つようになり、そうした発言を繰り返すようになったからである。第一次安倍内閣はそうした勢力が政権を握ったことを意味しており、さらにいったんは挫折したその試みが、維新の会の台頭、さらに第二次安倍内閣によって復活強化されているからである。河野談話や村山談話はこれまでのところ外面上は維持されているが、今日の安倍政権はその内容を完全に否定する考えを持ち、それを否定する取り組みを進めていることは明らかである。こうした日本側の対応こそが、問題を悪化させているにもかかわらず、「和解」論は、ただ韓国や中国などに譲歩を要求するものが多い。朴裕河氏の議論が歓迎されるのもそうした中においてである（彼女の前の本は『和解のために』平凡社、二〇〇六年だった。この本への批判としては、金富子『継続する植民地主義とジェンダー――「国民」概念・女性の身体・記憶と責任』世織書房、二〇一一年、参照)。

韓国政府が慰安婦問題で公式に発言をおこなうようになるのは、二〇一一年に韓国の憲法裁判所で、違憲判決が出されてからであって、それまで韓国政府は、日本政府が自発的に対処することを期待していた。しかし日本政府が一貫して等閑にしていたのである。

現在は悪循環に陥ってしまっている。加害者が、加害の事実を否認し、償わない↓それに対して被害者は怒り、被害の大きさを声高に主張する↓加害者は、被害者が大げさだと攻撃する↓被害者はますます怒り、被害の大きさを主張する、というように、日本の加害事実・責任を否認し、日本を正当化する安倍政権の下で、この悪循環が一層増幅されている。

この悪循環を断つためには、加害者側のイニシアティヴが必要であることは言うまでもない。加害者が加害の事実を認め、謝罪・償ってこそ、被害者は冷静になり、事実を客観的に見られるようになり、和解が可能になる。ドイツが加害事実を認める償うことによって、連合国の側も自分たちのおこなった非人道的行為の事実を認め謝罪し、相互に自己反省しながら、新しい関係を作りつつあることを見るべきだろう。

この場合、もっとも重要なことは、韓国政府の対応がどうであれ、被害者への誠実な対応が必要なのであり、韓国政府への対応をサボる理由にしてはならないということだろう。国家対国家の対立の論理ではなく、被害女性の人権回復こそが大事である。日本政府も、ほとんどの日本のマスメディアも、日韓関係といった国家間の問題という取り上げ方をしており、そこには人権問題という視点が欠落している。かつての日本がおこなった賠償が、国家の視点しかなく、人権の視点が欠落していたことへの反省こそが生かされるべきなのに、そうした反省はまったくない。

「和解」とは加害者が加害の事実を認め、その事実に真摯に向き合うことが前提でなければならない。加害者が事実を否定するようなところで、いったいいかなる「和解」が可能なのだろうか。

解決等は示されている

ところで朴裕河氏が言うように、そして朴氏を持ち上げる人々が考えているように、韓国の運動団体が強硬だから問題がこじれているのだろうか。韓国は、日本がとうてい受け入れることのできないようなことを主張しているのだろうか。

二〇一四年六月に、日本、韓国、中国、フィリピンなど各国において、日本軍「慰安婦」にされた女性を支援している市民団体が東京に集まって開催した第12回日本軍「慰安婦」問題アジア連帯会議は「日本政府への提言　日本軍「慰安婦」問題解決のために」を採択して日本政府に提出した（巻末資料編参照）。

ここでは、何よりも「被害者が受け入れられる解決策」という基本点に立って、日本政府が事実を認めること、そのうえで明確な謝罪と賠償などの措置をとるように提言している。その趣旨の基本は、「謝罪が真摯なものである」ことを示す措置をとることが必要であり、「賠償」についても「謝罪の証として被害者に賠償すること」と位置づけている。これが今日、多くの「慰安婦」被害者に寄り添い、支えてきた市民団体の総意として合意された解決策である（日本軍「慰安婦」問題解決全国行動『今だからこそ！日本軍「慰安婦」問題解決のために—日本政府への提言』二〇一五年、参照）。

この提言では「法的責任」「法的解決」という表現を使っていない。そのことはそうした主張を放棄して譲歩したのではなく、その中身を具体的に示し、提言で示したような事実認識と被害回復措置を取ることが、「法的責任」を取ることを意味し、また「法的解決」と理解できるということである。私の個人的な解釈では、「法的責任」という用語を使うかどうかでの論争は避け、実質的に何をすべきかを詰めていくことによって日本政府を含めて幅広い合意を作ろうという意図と理解している。

この提言については、朴裕河氏らに攻撃されている挺身隊対策協議会（挺対協）もこの会議に参加し合意している。この提言は、韓国政府も十分に受け入れ可能な案であるとともに、日本政府にとっても受け入れられないような内容ではない。日本政府はきわめて不十分であるが、一九九〇年代から河野談話、村山談話など一連の首相ら政府首脳の談話を出してきた。日本政府が立ち上げたアジア女性国民基金について――被害女性には日本政府の資金を渡さないなど日本の国家責任を回避しようとするものである点など、私は賛成しないが――、日本国家が「慰安婦」にした女性たちに与えた加害の事実認識においては、細かな言葉遣いは別とすれば、この提言と基金の認識との間にはそれほど大きな違いはない。「謝罪が真摯なものである」ことを示すためにも「謝罪の証として」日本政府の資金が被害女性に渡されることがなされれば、提言の2-②「謝罪の証として被害者に賠償すること」の条件に十分に答えることができる。そういう意味では、これまで日本政府が積み重ねてきたこと――安倍政権がひっくり返そうとしている攻撃対象でもある――の上に、あと一歩踏み出すならば、十分に実行可能な提言となっている。もちろんその一歩がたいへんな困難な課題であるのだが。

韓国の運動団体を含めアジア諸国の市民団体がこういう提言を出しているのである。解決を妨げているのは、もちろんなによりも安倍政権や事実を歪曲してはばからない極右的なマスメディアであると言える。しかしそれにとどまらず、市民団体の取組みの事実を無視歪曲し、韓国の強硬姿勢が悪いのだという嫌韓ムードの日本社会に迎合する姿勢に、ちょうどうまく当てはまる朴氏の議論に飛びついて、彼女を持ち上げている日本のマスメディアと少なくない知識人の言動もこの問題の解決を妨げていると言うべきであろう。口先で日韓和解を言えば和解ができるのではない。歴史的事実などどうでもよいと考える人々は、同時に現在の市民の運動の事実も無視してはばからない。事実を大切にすべきメディアがなぜこれほど事実を無視するのだろうか。

日韓を含めてアジアの市民団体は、日韓両政府が——特に日本政府が一歩踏み出せば——受け入れることが可能な提言を出しているのである。その提言こそが解決への道である（和田春樹『慰安婦問題の解決のために——アジア女性基金の経験から』平凡社新書、二〇一五年、第七章参照）。

第Ⅳ部　米軍の性売買政策・性暴力

第一章　アメリカ軍の性対策の歴史――一九五〇年代まで

『女性・戦争・人権』第七号、二〇〇五年三月

はじめに

二〇〇二年三月アメリカのＦＯＸテレビが、米陸軍第二師団が駐屯する韓国・東豆川のキャンプ・キャスィー郊外で、軍の警察である憲兵が人身売買の実態を知りながら米兵の買春を容認している様子を報道した。この東豆川で米軍専用クラブで働いていたユン・クミさんが、一九九二年に同師団の兵士によって残虐な殺され方をして人々の怒りをかったことはよく知られている。このＦＯＸテレビの報道に対し、五月三一日には一三人の上下院議員がラムズフェルド国防長官に対して徹底的な調査を要望した。これを受けて陸軍は調査をおこなったが、陸軍長官は売春、とりわけ人身売買に関連するような売春を奨励、支持、容認するようなことは一切していないと回答した(1)。

東アジアの米軍をよく知る者にとっては、この回答がうわべを取り繕ったものに過ぎないと思うだろう。朝鮮戦争やベトナム戦争時の米兵の振る舞いは買春と性暴力にあふれていたし、韓国ではその問題は依然として

深刻である。湾岸戦争の際には米軍はサウジアラビアでは将兵に厳しく買春を戒めたが、空母ミッドウェイらは帰還途中にタイのパタヤビーチに立ち寄り米兵を遊ばせたことに見られるように買春は司令官たちによって大っぴらに容認され、その機会が兵士たちに積極的に提供されていた。(2)

米軍内部での性犯罪も深刻である。二〇〇四年三月に報道されたところでは中東に駐留する米軍内で女性兵士が同僚から性的暴行を受けた被害が一四か月間で一〇六件にのぼり、うち陸軍内の犯罪八六件中軍法会議が開かれたのは一四件だけと報告されている。(3) さらに同年四月に明るみに出たように、イラクのアブグレイブ刑務所内において広範に性的虐待がおこなわれていた。

本章では、その中でも米兵による買春について取り上げる。現在の世界の戦争と平和を考える上で、米軍を内在的に分析しそれを批判する作業が求められている。ここでは米軍の内部資料を使って、米軍が将兵の売買春問題をどのように考え、どのような対策をとってきたのか、一九五〇年代（朝鮮戦争期）までの歴史的変化を跡付け、現在の問題を考えるうえでの歴史的背景を明らかにしたい。これまでの日本での議論は、将兵の性病予防のために娼婦を隔離、登録、性病検査をおこなうヨーロッパの公娼制、ならびにその極端な暴力的なケースである日本軍慰安婦制度から類推して米軍の対応を判断してきたが、はたしてそれでよいのかどうかも検証したい。

利用した資料は米国立公文書館や米議会図書館に所蔵されているもので、陸軍省や各地の派遣軍の高級副官部、憲兵隊、法務総監部、監察官部、軍医総監部、チャプレン部などの文書・年次報告、軍医関係の雑誌、公衆衛生関連機関の報告書や雑誌などである。(4)

1 米軍の海外駐留の開始と性病対策の確立

近代国家の軍にとって性問題とはなによりも将兵の性病問題であり、その性病との関係で売春が問題とされた。米軍に関しては、一九世紀の南北戦争の際に北軍が南部のいくつかの都市において娼婦を登録し性病検査を実施したという経験があるが、全体としては陸軍が主体的に性病問題にはきちんと取り組むことはなかった。当時は治療法がなかったことに加え、陸軍は二万数千人の小規模の軍隊にすぎなかったことが背景にはあるだろう。淋病や梅毒などの主な性病の病原体が発見されたのは一九世紀末から二〇世紀にかけてであり、梅毒の最初の治療薬であるサルバルサンは一九一〇年に開発された。しかし副作用がきつく、治療に数か月から時には一年以上かかり、かつ効果も限定されていた。淋病にはようやく一九三七年ごろからサルファ剤が開発されて治療ができるようになった。

さて二〇世紀に入ると医学の発達とともに米軍をめぐる状況が大きく変わりはじめた。つまりハワイ併合や米西戦争、義和団事件などの結果、ハワイ、フィリピン、キューバ、パナマ、プエルトリコ、中国など海外各地に米軍が駐留を始めたのである。米陸軍の将兵の性病罹患率のデータは一八一九年から残っているが、年間千人あたりの罹患率が一九世紀末は七〇台で推移していたのが一八九九年以降二倍に急増した[5]。特に海外駐留部隊の罹患率は二〇〇から四〇〇台ときわめて深刻な状態になった。性病にかかると将兵は治療のため勤務から外される。つまり兵力の損失になるわけで軍にとっては大問題であった。ようやく軍中央でも性病問題の重要性が認識されるようになり、各駐留軍の経験を集約したうえで陸軍省の軍医総監部では一九一〇年末までに結論がまとまった。娼婦をいわゆる赤線地区に隔離し、登録、性病検査、治療させる方式（いわゆる公娼制ないし集娼制）は「将兵の性病管理において効果的ではない」という結論だった[6]。この結果は一二年五月に陸軍省一般命令第一七号として全軍に通達された。そこで示された対策は、第一に買春は不道徳な行為であり、しかもその結果ほぼ確実に性病に感染してしまうこと、性病は恐ろしい病気であることなど、兵士への教育である。第二に性病感染の危険に身をさらした兵士が部隊にもどってきた場合（つまり買春からもどってきた場合）、ただちに消毒予防策をとらせることである。もし兵士がこの消毒予防策をとらずに性病に罹った場合は任務を怠ったという理由で軍法会議にかけることも定めた。第三に抜き打ちで月二回の徹底した身体検査（性病検査を含む）をおこなうことも規定された[7]。

その三か月後の八月には議会で、麻薬や酒、その他の自らの不品行により勤務を外れた者はその間の給与を差し止めることが承認された。これは二年後には恒久法となった。性病という言葉を法律に入れることに抵抗があったので「その他の不品行」という言葉が使われているが、そこに性病が含まれると解釈された[8]。

このように米軍の対策は、性病罹患者を軍法会議にかけ、あるいは給与をカットするなど処罰という厳しい態度でのぞみ、買春自体をさせないようにすると同時に、それでもあえて買春する者には予防策を講じて兵力の損失を抑えようとするものであった。

女性を管理するのが公娼制の発想であるが、米軍は逆に兵士を管理するのが効果的であると考えたのである。そのためには何よりも買春自体を不道徳な行為としてさせないことが強調された。ただ消毒予防策を提供することは買春を公認あるいは奨励することになってしまうのではないかということを軍は自覚しており、「不道徳な性交を避けるのが性病から逃れる唯一の確実な方法である」としながら、「予防策は兵士自らのおろかさの結果から保護するためだけに提供されるのであって、不道徳な性交を陸軍省が認めていることを意味するものではけっしてない」と弁解している（陸軍規則四〇―二三五、一九二四年）。

この段階での対策は軍内部でできるものに限定されている。軍駐屯地周辺での売春については軍の権限外であるのでアウトオブバウンド（後にはオフリミッツという言い方が一般的になる）に指定して将兵の立入りを禁止するという以外には明確な対応はなされていなかった。しかしヨーロッパや日本の軍の認識とはまったく異なる、米陸軍の基本的な考え方が一九一〇年から一二年にかけて確立したことは確認しておかなければならない。

2　売春禁圧策の実施——第一次世界大戦

一九一七年四月アメリカは第一次世界大戦に参戦し、五月に選抜徴兵法が制定され、米軍はフランスに派遣された。同月議会は陸軍長官に対して、軍施設から一定の範囲内において売春宿などの経営や設置を禁止するために必要なあらゆる手段をとる権限を与えた。(9)

一般命令第一七号の内容に加えて、基地周辺から売春宿を禁止し娼婦を排除するという方針が実施されることになった。同年八月に陸軍長官は軍施設のある市長や郡長に送った手紙のなかで「基地周辺での赤線地区の存在を陸軍省は容認することはできない。（中略）この問題について唯一の実際的な政策は断固とした禁圧策である」と軍の意思を表明している。(10) 陸軍省が一九一七年に出したパンフレット *Smash The Line* は、娼婦を隔離登録し性病検査をおこなう赤線地区方式はかえって売春を拡大すること、医学検査をおこなっているから性病にかかっていないという偽りの安心感をあたえて予防策をとらなくなりかえって性病が拡大すること、定期的な性病検査では性病を見つけることは不十分であり、かりにそこでチェックできてもその後すぐに感染すれば次回の検診まで感染させることを阻めないこと、見境のない性交渉を刺激することにより女性への犯罪を増加させること、地域社会のモラルを悪化させ青少年を誘惑すること、警察の収賄を増加させることなど、問題点を列挙している。

米国内において陸軍省が設置した訓練キャンプ活動委員会は行政当局などの協力を得て基地周辺からの売春排除をすすめ、多くの赤線地区を廃止し、ＹＭＣＡなどの団体と提携して将兵のための図書館、劇場、スポーツ、社交クラブ、その他のレクリエーションの機会の充実を図った。「兵士を不道徳な目的で誘惑する女は大体が病気持ちであり敵の味方だ」と娼婦を非難するとともに性病の恐ろしさをフィルムやパンフレットなどを通じて教え込んだ。「性病に罹った悪い女は、ロンドン上空にやってくるドイツ航空部隊よりも害を与えうる」「ドイツの銃と同じように、あるいはそれ以上にそうした女は兵士を効果的に破壊する」という言い方もされた[11]。娼婦は敵であると認識され、娼婦あるいは不道徳な女とみなされた女性は逮捕されて強制検診を受けさせられた。性病に罹っていると知りながら性交渉をした男は咎めを受けず、また売春宿の経営者や斡旋業者はほとんど処罰されない一方で、もっぱら娼婦だけが罰せられた。しかも上層階級の男を相手にする娼婦はあまり取締りの対象にならず、街娼など比較的下層の娼婦が厳しく処罰された。売春禁圧策にはこうした性的階級的差別が貫かれていた[12]。

米軍が駐留したフランスでは現地当局が公娼制を採用していた。米軍の上陸地となったセントナザレには娼婦が集まってきた。米派遣軍司令部（司令官パーシング）は性病に罹ったものは予防策をとったかどうかにかかわりなく国家への義務を怠ったとして厳重に処罰すること、部下に性病罹患者が多いことは指揮官としての能力の欠如の表れとして勤務評定の対象にすることなどの対策を打ち出した。フランス当局の検診により安全とされた娼婦から感染した兵士が多かったため当局にも対策をうながし、一八年八月にはフランス全土にわたって売春宿をオフリミッツに指定した[13]。その直前の七月にロンドンで英軍とこの問題について協議し、英軍も売春宿の禁圧措置に同調することが合意された[14]。この報告を受けたパーシング司令官はミルナー英陸軍大臣に手紙を書き、英軍の決定に満足の意を表するとともに「我々多くは公娼制あるいはそれに類する方法が肉体の悪魔（性病）を最小限にとどめることを期待してきましたが、そうした規則の廃止こそがこの古くからの悪魔と戦う唯一の効果的な方法であるという結論を認めざるを得ないでしょう」と述べている[15]。

米軍のなかには娼婦の登録、検診制度を認めるべきだという意見もあり、部隊長によっては売春宿をオフリミッツにしなかった例もあったが、軍全体としては売春禁圧策を維持した[16]。こうした対策によりフランスに派遣された米軍の性病罹患率は一九一八年後半（一一月の停戦まで）一六〜一九というきわめて低い水準に抑えられた。これは本国内よりも低い数字だった。しかし停戦になるととたんに軍紀が弛緩し、将兵たちも帰国前に休暇を取って遊びに行くようになると罹患率が急増した。軍は性病が治るまで帰国させないなどの対策をとったが効果なく、ピークには一〇四七（一九年九月）にまで達した[17]。

こうした米軍の売春禁圧策と予防策の二つを柱とする対策は、ピューリタニズムと当時の革新主義を背景に成立したと言ってよいだろう[18]。革新主義とは、一九世紀末から第一次世界大戦期にかけてアメリカで高揚した思想・運動であるが、政治腐敗や児童・女性問題など社会問題に対して社会改革を求めた。一九一九年に成立した全国禁酒法もその表れの一つである。革新主義思想は、科学性と効率性を重視し、かつ人間の道徳性・自己規律を信頼した。そして理想的な社会が人間の理性によって実現可能であると考えた。性的禁欲も自己規律により可能であると考えた。と同時に兵士の性病予防にあたっては合理的に対策を考え、禁欲を説くと同時に自己管理できない兵士のための予防策（性交渉後の洗浄消毒など）を徹底することを提案した。一方、売春は道徳的に悪であると断定し厳しい措置によって撲滅できると考えた。道徳主義的な要素はピュアリタニズムとも重なるところがあった。買春後の洗浄消毒策は買春を奨励するものであると批判を受けたが、兵士の性病罹患を防ぐという合理的理由でそれらの批判を退けた。ただ兵士に禁欲を強いる方針は現場の将校たちからは必ずしも歓迎されず、その対立は以後くりかえされることになる。

3　第二次世界大戦前の政策の修正

第一次大戦の経験はその後整理され一九二三年に新しい陸軍規則四〇―二三五が定められたが原則は継承された。ただヨーロッパで戦争が勃発した直後の三九年一〇月陸軍規則四〇―二三五の重要な改正がなされた[19]。性病に罹った者は直ちに司令官に報告することが求められ、それを怠った者のみが軍法会議にかけられることになった。しかも軍法会議にかけるかどうかは司令官の裁量に委ねられることになった。この改正点は翌年二月にくわしい説明が付けられ、淫らな性交渉の後に予防策をとらなかったという理由で、あるいは性病に罹ったという理由では軍法会議にかけられないし、規律処分も受けないことが明記された。

この改正とは別だが、米国内では売春宿の禁止措置が徹底される一方で自動車を使った売春や酒場でのピックアップ、街娼など売春が一定地区でおこなわれず拡散している状況では予防策だけでは効果的でないと判断され、兵士個人が携帯できる予防具セット（コンドームを含む）をＰＸ（軍販売部）において安価で販売する措置がとられるようになった[20]。道徳的観点よりは性病予防・治療の効率を重視し、コンドームの使用を奨励することと兵士の処罰を緩和するこうした措置はその後の米軍の方向を示す重要な変化であった。こうした対応は一九三六年に公衆衛生総監に就任し大戦終了後まで米国内における性病対策を主導したトーマス・パーランが道徳的な観点を排除し科学的な観点から性病対策をおこなったことと対応している[21]。この点は革新主義の影響が強かった第一次大戦期との大きな違いである。

さてヨーロッパで戦争が始まり世界的に緊張が増す中で一九四〇年五月「八項目合意」が陸海軍、公衆衛生局など政府機関の間で取り決められた。ここで警察や関連諸機関の協力により売春を禁圧するなど性病を撲滅するための包括的な対策を採ることが合意された。[22]さらに四一年七月には、提出者である下院軍事委員会委員長アンドリュー・メイの名前を取って呼ばれる法律、メイ法が制定された。この法律は第一次大戦中の法にきわめて似たものであり、陸海軍基地などの軍施設周辺の一定範囲内において、売春に従事すること、売春宿の維持設置、売春の幇助、教唆など売春にかかわる行為を禁止する権限を、必要な場合には陸軍長官あるいは海軍長官に付与するというものである。この法律は四五年五月までの時限立法であったが一年延長され、その後恒久法となった。メイ法は四二年にテネシーとノースカロライナで二回発動されただけにとどまったが、それは軍が前面に出ても地元行政や住民の協力がなければ効果的でないという反省からであって、実際には軍は地元に協力を要請し、軍官民が協力して売春禁圧策が実施されることになった。[23]行政当局は基地周辺の売春宿を閉鎖し、街娼、ピックアップなどの如何を問わず娼婦を逮捕し性病検査をおこなったうえで追放する措置をとった。将兵や住民に対して性病の恐ろしさを宣伝し、将兵にリクレーションを提供するなどの施策もとられた。その手法は第一次大戦時にすでに実施されていたものである。

四〇年八月に陸軍省が製作した入隊者向けパンフレットでは、男は健康でいるためにはセックスをする必要があるなどという愚かな考えがあるが、すぐれたレスラーやボクサー、スポーツ選手はセックスを控える。男はセックスをしなくても健康で強くいられる、と説明して、性的禁欲と男らしさは両立すると説いている。同時に娼婦はみんな性病にかかっている、ふしだらな女とセックスするな、と将兵を説得しようとしていた。その一方で「よき兵士は性病に罹らない。おまえがおろかにも淫らな女と接触するようならば予防手段をとれ」と表紙に書いた、予防所についてのパンフレットを作製配布していた。[24]

4 第二次世界大戦下の米軍

こうした中で日本軍が真珠湾を攻撃しアメリカも参戦した。第一次大戦とは違って米軍はヨーロッパだけでなく、中東、アフリカ、太平洋諸島、オセアニア、インド、中国など世界各地に派遣された。第一次大戦のフランスでは戦線は固定し兵士の管理もまだ比較的容易であったが、今回は状況が異なり、戦線の移動も激しく兵士の管理体制を整備することは容易ではなかった。参戦前後から売春禁圧策に従わない将校がいるとの警告が何度も発せられているが(たとえば四一年一一月陸軍省高級副官通達、一二月陸軍省回報など)、戦線の拡大はそうした事態を一層広範に引き起こしていった(25)。

米国内においては陸海軍と行政当局、社会衛生協会など諸団体との協力において売春禁圧と性病撲滅策が実施された。一部の地域あるいは基地司令官は売春を公認するなどの例外はあったが全体としてはその方針が実行され、国内で六〇〇以上の売春地区を消滅させたと報告されている(26)。こうした対策の結果、米国内にいた陸軍の性病罹患率は二〇台から四〇台という低い水準で維持された(27)。もちろん第一次大戦時と同様に娼婦あるいはその疑いをかけられた女性のみが犯罪人視され処罰されたことは同じだった。

しかし海外では事情が違った。海外に派遣された米軍のなかに売春禁圧策に従わずに売春を容認あるいは公認し、米兵向けの娼婦の登録、性病検査をおこなった例が多かった。そうした事例については田中利幸氏がいくつか紹介している(28)。ほかにも各地でそうした事例が確認できるがここでは省略する。問題はそうした事例がどのように位置づけられるのかということである。

参戦してから陸軍省は第一次大戦の経験を再現しようと考え、売春禁圧と性病予防の方針を徹底するようにくりかえし注意を促した。しかし売春が公認ないし容認されている地域に進出した米軍には駐屯地の周囲にいる娼婦を取り締まる権限はなく、米兵を取り囲む娼婦を排除できないので、一定の売春管理をおこなおうとする部隊が少なくなかった。このことは軍中央や派遣軍司令部にも知られ、陸軍省内でもそうした方法を認めてはどうかという議論が出されたが、陸軍省やヨーロッパ方面軍などは、売春に対して直接間接を問わず容認、公認、援助をしてはならない、売春禁圧という軍の方針に従うように何度も通達を出している（四三年七月高級副官通達、四四年三月ヨーロッパ方面軍司令官通達など[29]）。

第一次大戦時との一つの決定的な変化は治療法の発達である。一九四三年からペニシリンによる治療が試行錯誤を経ながら実用化されていった。当初は梅毒に、さらに淋病にも適用され、四四年九月には陸軍省は例外を除きサルファ剤からペニシリン治療に完全に転換することを決定した。四五年春には国内外の軍の需要を満たすだけのペニシリン生産がおこなわれるようになった[30]。ペニシリンは米兵の間では one shot cure とも呼ばれた。つまり注射一発で直るという意味である。ある米兵がサンフランシスコの父親に送った手紙のなかで「フランス女は簡単に手に入るよ、タバコとチョコレートがあれば、彼女たちの目から見れば僕らは英雄だから」と書き、「ペニシリンがあれば性病に罹っても九五％は一日で直ると聞いている。そちらではまだ使っていないの？　でも心配しないで。注意するから」と書き送っている[31]。つまり性病は不治の病ではなくかんたんに治療できると将兵に受け止められるようになったのである。

こうした事態は軍にとって性病罹患がただちに兵力の損失とは言えない事態を生み出した。三七年からのサルファ剤の利用により治療期間の短縮がなされ、性病に罹っても軽度であれば入院させずに勤務させる措置が四一年以降試行され始めた。四二年秋より軽度の梅毒患者、淋病・軟性下疳患者を軍に受け入れるようになり、四三年二月からは軽度の梅毒患者は国内ならびに後方部隊で勤務させることが試行されはじめた。四五年六月までに陸軍は一九万五千人の性病罹患者を徴兵し治療のうえ勤務に就かせた[32]。

それに対応して、給与カット問題についても四三年より議論が進み、四四年九月議会は性病感染者を原則として勤務させること、給与カット条項を削除することを承認した[33]。三九年の陸軍規則改正以来のこうした対応は、処罰はかえって感染隠しと不完全で危険な自己治療を招いてしまうという判断からだった。性病に罹った場合はすみやかに報告させ治療させた方が兵力の維持という点からも効果的であると判断されたのである(感染を知りながら隠していた場合のみ処罰される規定が残された)。性病による勤務損失日数は一件あたり一九四〇年の三二日から四四年には七日に、千人あたりの勤務損失日数は年間、四〇年の一二八〇日から四四年三二五日へと大幅に減少した[34]。ただペニシリンはすべての性病に効くわけではないし、効果には個人差もあり、軍にとっては性病問題がなくなったわけではなかったことにも注意しておく必要がある。

ただ兵士から見れば、買春によって性病に罹っても、処罰もされずかんたんに直るようになった。買春を慎むように教育しようとしても兵士からは「勤務扱いですよね」と言い返されてしまう[35]。将軍クラスの将校の間でも性病は「普通のかぜほど深刻でない」と平然と述べるものが生まれ部下の性病管理への関心を低下させていった[36]。ヨーロッパでの戦争が終わった直後に地中海方面軍が二七二九名の将兵におこなったアンケート調査によると、イタリアでセックスをした兵士は白人兵七三%、黒人兵九六%、月に平均二、三回という結果が出ている[37]。性的禁欲という方針はほとんど効果がなかったことがうかがわれる。こうした状況下で、海外の各地で米軍が売春を容認、公認する状況が生まれたのである。

このような事態の背景として、第二次大戦中にアメリカ社会において性意識が大きく変化したことも指摘しておく必要があるだろう[38]。労働力としての女性の動員は女性の社会的進出を大きく進めてそれまでの伝統的な性的役割分業を揺るがせ、離婚の増加、青少年の非行の増加などモラルの崩壊が繰り返し問題にされるようになった。特に二〇代の青年が多い軍隊ではその影響は大きかったと思われる。

しかし四四年から四五年にかけて事態は変化した。一つは、米軍の性病罹患率の増大である。連合軍は四三年七月にシシリーに、ついでイタリア本土に上陸、四四年六月にローマを解放した。他方、同月ノルマンジーに上陸した連合軍は八月にパリを解放した。その直後からパリなど大都市での米兵の性病感染が増えていった。イタリアに入った米軍の多くの司令官が売春を肯定し売春宿の公認管理政策をとった。フランスへの進攻にあたってヨーロッパ方面軍司令部（アイゼンハワー最高司令官）は売春禁圧策を指示していたが、民政を担当したＧ５（参謀第五部）は売春を容認する各部隊の対応を放置した[39]。第三軍司令官であったパットン将軍は四四年一〇月にアイゼンハワーに手紙を書き、人間の本能に逆らう企ては無駄だと述べ、売春宿に米軍のペニシリンを提供すること、米兵向けに開いていると言わなければいいのだと売春宿の利用を提言した。もちろん軍中央の方針をよく知っているアイゼンハワーはそれを却下したが[40]。

アジア太平洋地区では太平洋諸島での戦闘が続いていた時期は米兵の性病罹患率はきわめて低かったがフィリピンに米軍が入っていくと四五年に入り急激に罹患率が上昇していった。こうしたデータはすべて陸軍省に集約されており、問題にせざるをえなくなった[41]。

もう一つは、軍が売春を容認・公認していることが国内でも知られるようになり、厳しい批判が寄せられたことである。従軍していたチャプレン（従軍牧師・司祭）から陸軍省へ批判の手紙が寄せられ、あるいは兵士が郷土の牧師に手紙を書いて問題化した。時には国会議員にその情報を持ち込んで陸軍長官や参謀総長に直接訴えることもあった[42]。こうした情報が多数寄せられた陸軍省では四五年に入り、このままでは大衆的な議論と非難が巻き起こってしまうことを危惧し、軍医総監部とＧ１（参謀第一部）の間で対策が検討された。この結果、出されたのが、四五年四月二四日付で陸軍長官の命を受けて高級副官名で各派遣軍に出された通達「海外作戦方面における売春について」である[43]。この中で、売春に軍が関与することを禁じ、売春禁圧策という軍の政策を徹底するように指示した。組織的な売春の容認は医学的に不適当であり（つまりかえって性病を増やしてしまう）、社会的スキャンダルとなって陸軍省への非難を引き起こすなど社会的に好ましくないし、市民と軍の士気をそこなう、などの理由を挙げて、売春容認は陸軍省の方針にまったく反すると戒めている[44]。

陸軍省では各地での経験を集約し整理しているが、売春宿を公認し娼婦の性病検査をおこなっているケースと売春禁圧策を実施したケースを比較し、前者ではいくら性病検査をおこなっても無意味であり、買春に行く兵士が多ければいくら娼婦の検査システムを整備しても性病罹患率が高いという結論であった（四五年一月のヨーロッパ方面軍司令部公衆健康部の報告、四五年六月太平洋方面軍軍医部通達も同様の結論[45]）。ドイツ軍から没収した文書によりドイツ国防軍専用の売春宿のデータを分析し、女性を隔離し性病検査を厳しくおこないながらも将兵の性病罹患率が高いという結果から、こうした公認売春宿方式は性病予防の観点から見て失敗だったと結論づけるレポートも出されていた（四六年七月ボーク中尉メモ[46]）。

したがって陸海軍ともに軍中央が売春公認策を否定したのは国内の批判やスキャンダル化を恐れたためだけではなく、医学的にもそれが性病予防にはならずかえって性病拡大の原因になってしまうという合理的実際的な判断からでもあった。本音では買春を奨励ないしは認めたかったが、スキャンダル化を恐れて表向き禁止する振りをしただけだという議論は一面的すぎるだろう。また売春を公認することがスキャンダル化するということは将兵を海外に送りだしているアメリカ社会において売春を許さない性モラルが―大きく変化しつつあったとはいえ―依然として強いことを意味しているのであり、軍としては国民の支持を得るためにも売春を公認することはできなかったのである。

第二次世界大戦中の米軍の売春・性病対策は、売春禁圧と予防策の二本立てが維持されていた。国内ではそれが行政当局や住民の協力を得て強力に実施されたが、海外では前者が建前化していた。その理由としては、現地社会で売春が容認されていたこと、現場の部隊長らが将兵に禁欲を強いるのをいやがり、同時に娼婦の性病検査により性病を防ぐことができるという考えが根強くあったこと、ペニシリンにより性病が恐るべき病気ではなくなり買春への大きな抵抗要因がなくなったこと、性病罹患に関する処罰が基本的になくなったことなどから、国内とは明らかに違う状況が生まれたのである。また軍中央のくりかえしの説得にも関わらず、買春を容認し公娼制を支持する司令官や将校たちが少なくなかったことも軍中央の政策が徹底しなかった一因であろう。

現地で売春が容認されており、米軍にはそれを取締る権限がないという弁解について言えば、インドのシロン地区に駐留した米軍内での性病問題対策会議（四五年二月）の際に、元々性病は少なかったこの地域に米軍が性病を持ち込んだのであり、むしろ米軍が非難されるべきだと発言した大佐がいた。しかしこの意見はまったく無視されている[47]。また太平洋の島のなかには米軍が淋病や梅毒を持ち込んだことを認めている報告もあるが（たとえば仏領ボラボラ島[48]）、米軍が来たことが売春を拡大させ、あるいは性病を持ち込み拡大させたという視点はほとんど欠落していた。悪いのは悪徳の売春を容認・肯定し、あるいは淫らな性慣行のある現地社会であるというのが米軍の認識だった。性病の感染源は娼婦だと一方的に決めつけ、女性のみを犯罪人扱いしたのと同じ発想である。

さて四五年四月の売春禁圧の通達の効果はどうだったのかと言えば、性病罹患率から見る限りまったく効果はなかったと言えるだろう。その直接の理由はヨーロッパについでアジアでも戦争が終結したからであろう。ヨーロッパ方面軍では四二年から四四年まで罹患率が四〇前後で安定していたが五月の戦争終結とともに急上昇し、八月には一五〇を越え、一二月には二一三まで上がった[49]。南西太平洋方面軍（マッカーサー司令官）ではフィリピンに進出した部隊の罹患率が上昇し、特に日本に上陸してからは急上昇する。こうした問題は次に見ることにしよう。

5　占領下日本での米兵向け売春宿

第二次世界大戦後、日本の内務省が進駐してくる米兵向けの売春宿ＲＡＡ（特殊慰安施設協会）を用意提供したことはよく知られている。これを米軍も積極的に支持し利用した。ＧＨＱの公衆衛生福祉局長に就任したサムス大佐（のち准将）や性病管理将校であったゴードン中佐、第八軍や第六軍の関係者らは陸軍省の政策に従わず、管理された売春制度（公娼制）の再確立を主張し、日本側にもそれを求めた。サムス局長は、四五年一〇月一六日、売春宿をオフリミッツにしている司令官たちを批判し、オフリミッツにしても私娼が散在するだけであるから日本の現存する売春統制の法と手続きを拡張し厳密に実施することが実際的で緊急な対応として求められると参謀長に提言さえしている[50]。その五日後の会議の席上、第八軍軍医ライス准将は、売春宿をオフリミッツにするだろうと言いながら、ホステスと性交渉できる「アミューズメント・ハウス」を日本側が設置してくれないかと示唆していた。サムスは大戦中、北アフリカ、イタリアに軍医として行っていた。これらは米軍が売春を公認し陸軍省から問題にされた地域である。そうした行為にサムスがどれほど関わっていたかはまだ確認していないが、関わっていた可能性が高いし、少なくとも知っていたはずである[51]。

さてここでも第二次大戦中と同じような問題が出てきた。一つは米兵の性病罹患率の急増である。第八軍の罹患率はフィリピンにいたときは高くても三〇台にとどまっていたが、日本に来てから、九月三三、一〇月五四、一一月八六、一二月一五三、四六年一月一七九、二月一九七、三月二五〇と急上昇した[52]。概ね五〇以下に抑えるのが米軍の性病管理の原則であったがその危険水準をあっという間に超えてしまった。そのため一二月五日には太平洋陸軍司令部（マッカーサー司令官）の軍医部から第六軍と第八軍に対して、米兵専用の売春宿で性病感染が繰り返されており、性病管理に問題があると警告が出された。

同時にRAAのような売春公認策は米軍内部からも批判を生み出した。すでに一一月五日の時点で第五空軍司令部は、基地周辺五マイル以内の地域から娼婦を排除するように日本政府に要請することを太平洋陸軍司令部に訴えた。メイ法の精神を日本でも実施したいという要望であり、売春禁圧こそが唯一効果的な性病管理方法であるという陸軍省の政策を強調した。空軍（正確にはまだ陸軍の一部）としては売春宿をオフリミッツにしたいが陸軍がオフリミッツにしないので困っているとも訴えている。極東空軍司令部もこの要望に賛成した。

日本に来ていた軍のチャプレンたちもさまざまな方法で売春公認策を非難し改めさせようとした。第四一師団のチャプレンは師団長に注意を喚起したが改善されないのでワシントンのチャプレン部長に訴えた。チャプレン部長はこれを陸軍省人事部長に伝えている[53]。あるいは日本に来ていた兵士が家族に手紙を書き、上院議員を通じて陸軍長官に実態を訴える者もいた[54]。米本国でも『ニューズウィーク』がこの問題をレポートした。四五年一〇月二二日付で米兵たちが「ゲイシャ・ガールズ」たちとダンスしている写真が一挙に五枚も掲載され、二九日付では「娯楽協会」としてRAAのことを取り上げ、東京の米兵たちはまもなく五〇〇〇人の新しいゲイシャ・ガールズから歓待を受けるだろうという記事を掲載した。そこではまだ売春については言及されていなかったが、一一月一二日付では「水兵とセックス——日本で売春がはびこる：海軍の政策が非難」と題して全面記事が掲載された。記事の材料は、日本に来ていた海軍のチャプレンから『ニューズウィーク』に送られた手紙だった。その中で、ミズーリ号艦上で降伏調印式がおこなわれた九月二日には軍医から娼婦の検査など売春地区を管理するのが政策だと告げられたことをはじめ、海軍が売春を公認する措置を取っていることが告発されていた。こうした報道は陸軍省と海軍省でも問題にされた。

海軍においては、一〇月三一日付で海軍長官が売春禁圧の方針を占領地でも適用するという通達を出し、一一月二日には太平洋艦隊兼太平洋地区司令部（最高司令官ニミッツ）もそれに基づいて同趣旨の通達を出していた[55]。ところが一一月に、『ニューズウィーク』の記事が下院で取り上げられた。海軍長官フォレスタルは一二月七日付で回答を送り、売春禁圧が海軍省の一貫した政策であることを強調した。これを受けて一三日海軍省軍医部長と人事部長名で全艦隊・部隊に対して、売春を奨励、暗黙に公認、容認すると解釈されるような措置は一切とってはならないという通達を出した[56]。おそらくこれを受けてと思われるが、太平洋艦隊兼太平洋地区最高司令官ニミッツの名前で四六年一月一四日に通達「売春に関する政策——性病管理」が出された。ここではいく人かの司令官が売春禁圧への協力を売春婦を隔離することと解釈したものがいると批判し、それは売春禁圧策に反する、海軍省の政策は売春の抑制ではなく禁圧であると強調している[57]。

日本においては陸海軍チャプレン協会東京横浜支部がこの問題を取り上げて議論し、一月八日には八八名が参加した会議で全員一致でこうした売春宿の利用をやめ売春を禁圧するようにとの決議を採択し、一一日付で連合軍最高司令官マッカーサー宛に書簡を送った。

こうした状況の中で太平洋陸軍司令部内では軍医部がチャプレンたちの意見を受け入れて米兵向け売春宿への関与を直ちにやめることに賛成したが、買春を奨励する予防所をなくせという要求に対しては性病予防の点から拒否するという意見であった。こうした動きに対して第八軍は、すべての売春宿をオフリミッツにするには憲兵を大幅に増員する必要があるので現状ではできないなどと抵抗を示した[58]。

そうしたところに三月四日付で陸軍省から太平洋陸軍司令官マッカーサーに対して、売春禁圧の陸軍省の政策を厳格に遵守すること、陸軍次官を派遣するので協議し状況を報告せよと通達がなされた。陸軍省では各地に派遣した米軍が売春禁圧策に反して売春を公認し、性病罹患率が急上昇している状況を解決するために性病罹患率の高い軍司令部に次官を派遣することにした[59]。日本もその一つに含まれていた。ケニス・ロイヤル陸軍次官は日本に来てマッカーサーと会談した。三月一二日付の次官より陸軍長官宛の報告によると[60]、マッカーサーは太平洋地域での性病の多さに当惑しているが、これまで取られてきた方策以外にできることがわからないので、ほかに考えがあれば歓迎すると述べた。またマッカーサーは売春宿をオフリミッツにする政策を含めてあらゆる可能な方法で売春を禁止する陸軍省の政策に厳格に従っている、ある一つの師団でこれに反する方策がとられているのを発見したので直ちに変えさせたとも述べている。いずれにせよ自己弁明に終始しながらも陸軍省の政策に従うことをマッカーサーは約束した。太平洋陸軍司令部はすでに二月一八日に高級副官名で第八軍などに対して、陸軍省の売春禁圧策に反する、現在のいかなる手段も直ちにやめるように通達していたが、この次官とマッカーサー会談をうけて、ようやく三月一八日第八軍はその通達を実施して売春宿をすべてオフリミッツにするように指揮下の部隊に通達した[61]。この通達を受けて二五日に東京憲兵隊司令官が内務省にその旨通告し、RAAにはオフリミッツが実施されたのである[62]。

RAAの利用は、日本に駐留していた米軍内部からの批判と陸軍省からの批判をうけて取り消されることになった。米兵の性病予防という観点からRAAあるいは売春管理方式は失敗だったからであり、サムスら公衆衛生福祉局や第八軍もそれを受け入れざるを得なかった。陸軍省では陸軍次官の派遣を受けて、四月五日付で参謀総長アイゼンハワー名で陸軍規則六〇〇―九〇〇を全軍に通達した。その中で、売春の組織化は、性病予防策としては完全に非効果的であり逆に性病が増えてしまい、医学的にも不健全であるということ（医学的理由）、社会的に批判を受け、道徳を破壊し、さらに米国市民の希望に反すること（社会的理由）などの理由を列挙して売春公認策を強く否定した。そしてすべての売春宿をオフリミッツにし売春禁圧策をとるように指示した。[63]

6　兵士処罰の廃止と人格指導計画の導入

さて世界各地に駐留する米軍の性病罹患率が増大する問題に頭を悩ませた陸軍省は、性病に感染した兵士への処罰をやめたことに問題があるのではないかと考えた。一九四六年六月一二日陸軍省高級副官名で各方面軍司令官に対して、処罰方式の復活についての意見を求めた。[64]日本の第八軍は六月二八日アイケルバーガー司令官名で意見を送っている。そこで彼は性病患者を勤務扱いにしたのが間違いだと指摘し、そのことにより性交渉は軍によって「公認されたレクリエーション」とみなされてしまい、淫らな性交渉を増長させてしまった。さらにペニシリンがあるから大丈夫という誤った認識を奨励し予防策をとらなくなってしまったなどの理由を挙げて、処罰方式の復活を支持した。太平洋陸軍司令部もこの第八軍の意見を取り入れた意見書（七月一三日付）を陸軍省に送った。[65]

こうした海外の軍司令部の意見をふまえて、四七年一月三一日陸軍長官より「規律と性病」と題した通達が出された。そこでは禁欲の奨励と予防策の徹底、売春の禁圧、部隊長の性病予防責任の強調、性病罹患者の最低三〇日間の外出禁止、くりかえし性病の罹るものは昇進の考慮材料にすること、性病罹患後すみやかに報告しない者は軍法会議にかけること、などが指示された。[66]この方針では、規律処分が少し強化されるとともに、道徳的精神的アプローチ、兵士の自己規律と自己責任が強調され、それを管理する部隊長の責任も強調された。この方針を具体的に実施するために各部隊に性病管理協議会が設置されることになった。

戦争中の性病対策はなによりも兵士の性病感染を防ぐという予防策に重点が置かれていたが、予防策の強調とペニシリンの普及によって兵士の性的乱交に拍車がかけられてしまい、軍紀の悪化を招いたという反省から、兵士たちの自己規律を強化して軍紀を高揚させ、そのことを通じて性病罹患を減らそうとするものだった。第二次大戦を通じて、結婚外での性交渉が増えそれを許容する意識が広まるなどアメリカ人の性意識が大きく変化したことに対する軍としての対応でもあった。またペニシリンはまだ完全な治療薬ではない（特に淋病には効かないケースが多かった）という状況が背景にあった。この方針を徹底させるために性病問題講習会が各地で開催されたが、そこでは多くの司令官が売春公認策を有効だと考えているのは問題であると批判し、その方法は性病予防策としては失敗であることがあらためて強調された[67]。

ところがこの政策はすぐに見直しがなされた。規律処分がかえって性病罹患者の性病隠しと不十分な自己治療を招いたこと、部隊の性病罹患率を部隊長の勤務評定と結びつけた点について、性病率は駐屯地の状況に左右されるのであって必ずしも部隊長の指導性とは関係がないことなどから四八年八月三日陸軍回報第二三一号が出され、その中で四七年一月の陸軍長官の通達は廃棄され、人格指導計画が導入された[68]。これは四七年一月の方針から処罰・規律処分を廃止し、もうひとつの柱であった道徳的精神的心理的アプローチのみをとるものであった。各部隊に設置されていた性病管理協議会は人格指導協議会に組織替えされて軍紀の改善にあたった。同時に毎月定例の性病検査を含む身体検査は廃止された。

こうしたモラル・アプローチが強調される一方で、日本では四八年九月に施行された性病予防法を使って、街頭での娼婦の摘発が強化されていった。第八軍では、売春自体が非合法化されていない日本での可能な対策として性病に感染している女性の逮捕、拘留による売春禁圧しかないという議論になった（四八年一二月一五日付メモなど）[69]。四七年九月・一〇月の第八軍のデータでは性病に罹った米兵が感染した相手は、ピックアップ八九六人、娼婦一七八人、友人二四二人、街娼一四人、コールガール八人、となっており、いわゆる売春宿の娼婦よりも街頭やバーなどで相手を探すピックアップなどが性病の大きな感染源であると見なされていた[70]。したがってそうした疑いのある女性を日本警察の協力を得て逮捕拘留し、強制的に性病検査と治療を受けさせるというやり方がとられた。この結果、街頭でむやみやたらに女性が逮捕され問題になる事態が各地で頻発した。

米兵には自己規律が強調され処罰はなくなる一方で、娼婦や性病感染の疑いを持たれた女性が一方的に逮捕、検診を受けさせられ、性病に罹っていると強制入院・治療を受けさせられた。四九年一月・二月に別府でおこなわれた摘発では一〇五三人の女性が逮捕されたが、警察は娼婦はせいぜい四分の一程度と推測しており、多くの関係ない女性たちまで犠牲にされた[71]。もちろん娼婦であったとしても人権侵害であることは言うまでもないが。

ところで本土とは切り離されていた沖縄では、那覇だけでも四～六〇〇〇人と言われた娼婦をどうするのかが四七年二月に軍政部内で議論されている[72]。沖縄の米軍の性病罹患率は四八年末までは二桁と低い水準で抑えられており、かつ沖縄内での感染はそのうちの約半数と報告されていた（四七年一月の数字）。軍政部の公安局、公衆衛生局、法務局らの代表が集まって議論したが、そのなかで公認売春宿も有効であると言えるが、陸軍省の政策に反するので採用することはできないと判断し、具体的には、売春のための前借金の禁止、米軍人への売春禁止、性病に罹った者の届出と治療の義務化、逮捕した娼婦の性病検査と治療、などの施策とともに、米兵に対してレクリエーションや趣味の施設を提供すること、売春をなくすことはできないし若い男を性から遠ざけることはできないのでコンドームを簡単に手に入るように公然と展示し予防所をあらゆる軍事施設に設置する、性病予防とその危険性についての教育をおこなう、などの方針を決めた。米軍人への売春のみを禁止するという措置は、沖縄社会では売春は認められてきたのでそれを一方的に否定できないからと説明されている。この会議の決定に基づいて、三月一日付で占領軍への娼業禁止、花柳病取締り、婦女子の性的奴隷制廃止の軍政特別布告が出された。このように表向きは陸軍省の政策に従わざるを得なかったが、買春はやむをえないものと認めて予防措置の徹底と性病感染した娼婦の取締りに重点がおかれた。娼婦と疑われた女性の逮捕、強制検診・治療は本土と同様におこなわれた。なおこの時期、沖縄はワシントンからも極東米軍からも見捨てられた状態で軍紀は乱れていた。売春を取り締まる警察を武装した米兵が襲撃したり、米軍内の女性が米兵に襲われるので外出時には武器を携帯しエスコートをつけるようにと軍が警告せざるをえないほどであった。[73]

規律処分の廃止とともに大きな意味を持った施策がある。性病治療の進歩はさらに状況の変化を生み出した。第八軍は軍医総監部の回報にしたがって、四九年八月から特別なケースを除いて複雑でない性病については外来患者扱いする方針を実施に移した。この結果、一週間あたりの平均損失日数は四九年前半が五九二二日であったのが八月〜一二月では一〇四日に激減した。[74]フィリピンと琉球でも五〇年から実施することになった。病気による勤務除外のなかで性病によるものは、米陸軍全体で第二次大戦前には一八％を占めていたのが五三年には一％以下にまで減少し、性病は兵力の損失にとってきわめてマイナーな病気になったのである。[75]ペニシリンの試用から始まった治療法の改革はここに一段落を告げたのである。

7　朝鮮戦争の勃発と基地売買春の拡大

朝鮮戦争の勃発により、朝鮮半島に大量の米軍が投入されるとともに日本はそれらの部隊の経由地となり、また在日米軍も増強された。日本では陸軍の駐屯地やR＆R（休養回復）センター周辺が売春地域となった。

朝鮮戦争勃発後、いくつかの司令部から極東軍司令部に対して、売春勧誘を禁止する法令を出すように要請があったが極東軍司令部は反対して実現しなかった。[76]日本が独立を回復するとGHQの命令は出せなくなった。そこで米軍の経済的影響力を使って、性病感染源をオフリミッツにすることにより、その経済的打撃を憂慮する行政と地元の協力（性病に感染した女性の摘発と治療）を得るという方式をとった。極東軍司令部はオフリミッツがそうした道具に利用できることを理解していた（五二年七月七日の指揮下部隊への通達）[77]。売春地区をオフリミッツにして売春を認めないという建前を維持しながら、街娼の排除と米兵相手の娼婦の性病検診を行政と業者にやらせる方式を意識的にとりはじめた。

韓国では米軍政は公娼制廃止を宣言しながらも他方では接客婦の定期検診と性病治療を警察を使って実施していた。四九年には韓国全土で五万三六六四人の接客婦を検診していた。[78]朝鮮戦争開始後しばらくは性病罹患率が急低下するが、戦線が三八度線付近で停滞しはじめた五一年に入ると米軍の罹患率が急上昇した。その対策として国連軍文民援助司令部が五一年七月八日付で作成した計画によると、売春婦に週二回、ダンサーに週一回、ウェイトレスに月一回の性病検査をおこない、保健社会部がIDカードを発行する、登録されていない娼婦は警察が集めて検査を受けさせ引き続き私娼を続ければ二九日以内の拘留をおこなう、国連軍がペニシリンを供給するなどの計画を策定し、まず釜山《プサン》から実施することとされた。[79]こうして警察を表に立てながら売春管理をおこなう方策はその後、形成されていく基地村にも拡大されていった。

朝鮮戦争下で売春禁圧方針は実質的に空洞化したといえるが、この変化はなぜ起きたのだろうか。一九五〇年代の米軍の関連資料は現在順次公開中であり、資料的に確認できるものとまだ推定にとどまるものがあるが、現在の段階でその要因を整理しておきたい。

第一にすでに述べたように治療法の進歩により、通常の性病は外来患者扱いで治る病気になり怖い病気ではなくなったことである。五四年の時点では医療部隊にとって「性病の治療は何の問題もない」と言われるようになった[80]（ティンマーマン中佐の報告より。以下「テ報告」)。

第二に部隊の性病罹患率は部隊長の勤務評定の材料であったのが四八年に廃止された。この結果、軍幹部のこの問題への関心が急速に低下した。朝鮮戦争中の五三年八月七日極東軍は、部隊の性病率は部隊長の性病管理活動の正確な指標ではないと説明する通達を出している（テ報告)。まさに韓国で基地村が形成され、日本で基地売春が横行していた時に、である。

第三に性病罹患者の処罰・規律処分は徐々に取り除かれ、パスを取り上げるなどの単なる規律処分さえもなくなった。将兵は買春が公認されたと受け止めるようになった。

第四にこうしたことから軍にとって性病問題の比重・関心が著しく低下したことである。五二年一月陸軍疫学委員会の性病問題特別委員会は「現代の治療法によって、性病は軍人の勤務除外を起こす主要な原因ではなくなった」と報告し、軍医総監部の一九五三年度年次報告は「性病は一〇年や一五年前のような軍にとっての問題ではもはやなくなっている」と明言している[81]。五四年の性病による勤務除外は一日平均一〇万人あたりわずか八人にすぎなくなっていた[82]。五〇年代に入ると軍医総監部の年次報告や雑誌でも性病問題に関する記事数が急減していった。アメリカで性病問題をリードした社会衛生協会の雑誌「社会衛生ジャーナル（Journal of Social Hygiene)」が五四年末で廃刊になったのは象徴的である。

第五に、最初から抱えていた矛盾であるが、禁欲を説きながら他方で予防策をとれという方針の矛盾が明確に指摘されるようになった（テ報告)。予防策ならびに治療法が完全ではないからこそ禁欲が強調されていたのだがもはや禁欲はまったくの建前化してしまった。

第六に韓国や日本にたくさんの娼婦が存在していたことである。売春禁圧には米国内での経験からもわかるように行政当局の協力が必要であるが、売春を容認し集娼制に固執する日本政府と社会にあっては売春禁圧策いった。しかし米軍が来るから売春がおこなわれかつ拡大するという自己認識は皆無であったし、米兵が性病を持ち込み拡大するという認識もまったくなかった。

第七に軍医総監部などの雑誌を見て明らかなのは、五〇年代に入ると戦闘神経症問題が重視されてくる。先に紹介したティンマーマン中佐は、勤務除外日数について第二次大戦中は性病と戦闘神経症の比率が一対四だったのが、朝鮮戦争においては（五二年末まで）一対四五と大きく広がったことを示して、性病問題が重要でなくなったことを説明している。朝鮮戦争さらにはベトナム戦争と米軍が勝てない戦争が続くが、そのことも戦闘神経症の問題と関連しているだろう。そうした問題への対策から将兵のローテーションと休暇制度の充実が図られた。日本に作られたR&Rセンターもそうした施設だった。所属部隊での勤務中よりも休暇で部隊から離れたときに買春をおこない性病に感染する率が多かったのは大戦中からの特徴であったが、ここでもそうしたことが言えた。性病が軍にとって大問題でない以上は、あえて禁欲を強いるよりは自由に遊ばせたほうがよいという判断が生まれても不思議ではない。

第八に米軍自体の変化もあると思われる。米軍は一九三〇年代には陸軍が一三万人あまり、全軍でも二〇数万人の小規模な軍隊しか有していなかった。ところが第二次大戦中は最大時には陸軍八二六万人、全軍一二〇〇万人に膨れあがった。戦後は復員が進み五五万人（全軍一五〇万）規模に縮小するが、朝鮮戦争勃発とともに一五〇万人（三五〇万）体制になる。朝鮮戦争休戦後は九〇万人（二五〇万）規模に縮小するが、ベトナム戦争によりまた朝鮮戦争時と同じ規模に復活する。いずれによせ戦前の小さな軍隊から戦後は一〇倍以上の大きな軍隊に変わり、かつ大量の軍を海外に長期駐留させるようになる（五三年一二〇万人、五五年九二万人）[83]。また第二次大戦、さらには一九六〇年代とアメリカ社会の性意識は急速に変わっていった。第二次大戦前の厳しい規律と禁欲を求める性対策がこうした軍隊には適用できない変化があったのではないだろうか。

こうした中で、売春禁圧は建前化した。予防策をしっかりとって、性病に罹っても早く治療すればよいと考えられた。ただし外来患者扱いといっても病気である以上、性病が少ない方がよいので、現地行政に売春婦の性病検査と強制治療をさせる。軍としての方針があるので米軍自体は表向きは関与しない。検診を受けない娼婦は警察を使って徹底して摘発させた。このことが娼婦を一定の地区に閉じ込める機能を果たしたことはすでに指摘されている。

オフリミッツはかつて売春禁圧措置の一つとして使われていたが、この時期には、オフリミッツにすれば業者や現地社会への経済的打撃になるので、行政や現地社会に性病対策をさせる手段として活用された。つまり米軍は売春地域をオフリミッツにして売春を認めないという建前を維持しながら、現地社会に性病管理・娼婦管理を促す、という方策である[84]。オフリミッツ措置の抜け穴は軍上層部も認識しながら目をつぶり（憲兵の見回りの時刻さえはずせば問題ないというような）、オフリミッツ地区とその周囲におかれた予防所の地図は地理にうとい米兵には売春地区への案内になった。憲兵自体が売春宿に出入りし、オンリーを囲うということが報告されている資料がいくつもあることから、売春宿と警察の癒着と同じ状況が憲兵と業者の間に存在していたこともわかる。

軍中央がこうした状況をどのように考えていたのか、まだ資料的な裏づけがとれないが、性病が兵力の損失につながらない以上、売春問題が重視されなくなったことは間違いない。一九六〇年代後半から七〇年代にかけての性革命によってアメリカ社会は性的自由化が一気に進んだが、他方で厳格な性道徳意識は根強く残っており、そうした人々からの目を軍中央が意識せざるをえない状況はその後も続いていると言えよう。

おわりに

このように米軍の性管理の政策は、西欧や日本の軍隊とは大きく異なっていた。軍隊と性の関連を一つのパターンだけでとらえてきたこれまでの議論は見直さなければならないだろう。たとえば売春に対する国家の政策や社会の売春に対する意識は国によって決して一様ではないし、軍隊のあり方はその社会のあり方と密接に関連していることを考えると、各国の軍隊ごとにていねいに政策と実態を明らかにする作業が必要であろう。売春ならびに公娼制を公式的には否認していたアメリカ連邦政府と軍中央の性政策は、西欧や日本とは異なる一つのタイプとして位置づけられるだろう。そうした政策の背景には、第二次世界大戦期と一九六〇年代に性モラルが大きく自由化したとはいえ、ピューリタニズムの影響もあって売春を忌避する性道徳が強いアメリカ社会のあり方があるだろう。その拘束力は冒頭に記した、在韓米軍の買春問題に対する陸軍の対応にも現れている。

米軍について言えば、米軍の性暴力的な体質の一因はそうした米軍の政策に起因するように考えられる。娼婦を一方的に性病を蔓延させる原因として犯罪人扱いしたのは米軍の一貫した考え方であった。娼婦は兵士に害を与える敵と同様の存在と見なされた。女性の人権はまったく考慮されず、特に性病に罹患している女性は排除の対象でしかなかった。売春で利益を得る者たちへの厳しい措置が欠け、女性のみを犯罪人視し、その一方、買春側（米兵）はあくまで保護されるべき対象だった。娼婦への蔑視観は軍の教育を通じて兵士の意識に叩き込まれていった。売春を禁止し性的禁欲を教え込もうとする、ある意味ではストイックな教育が、女性を犯罪視することを通じて女性への蔑視意識を強化再生産し、そうした女性への非行を逆に促すことになったのではないかと思われる。そして上からの道徳的説教は、たいていの道徳教育がそうであるように、兵士にとっては耳から耳に抜ける建前上の教義に過ぎなくなっていったのではないだろうか。

本論ではほとんど触れることができなかったが、こうした米軍資料を見て気づくことの一つは黒人兵に対する視線である。各種データを見ると、黒人兵の性病罹患率が白人兵の数倍から時には十倍以上になるが、軍首脳部は黒人兵を特に問題視し、外出した黒人兵全員に性交渉をおこなったかどうかに関わりなく強制的に洗浄消毒をさせたり、一律にペニシリンを投与するなど、健康上問題のある実験をおこなっている[85]。確かに罹患率の高さは目立つが、黒人兵全体が自己規律のない問題児集団のように扱われている（第二次大戦の少し後まで黒人兵は白人兵とは別の部隊にまとめられていた）。

民族差別的な意識は、アジアや中東、アフリカなどの社会への視線にも感じられる。米軍はしばしば現地社会が売春を肯定し、現地の娼婦が米兵を誘惑し性病を感染させると批判しているが、米軍の存在が売春を増長させ、あるいは米兵が性病を持ち込んでいるという認識は欠如している。

ただ米軍は国内のように売春禁圧が実施可能なところではそうした施策をおこなっており、その意味では売春を肯定する現地社会のあり方が米軍の対応を規定する一因になっていること、つまり海外に駐留する米軍の買春問題は米軍と現地社会の相互作用によって増幅されている点も見落とせないだろう。売春業が地域経済にプラスになるという思考や、米兵相手の娼婦の存在が一般の女性の身を守るというような考え方が、米兵相手の女性を蔑みながらもその存在を肯定する背景にあった。

軍隊と〝男らしさ〟という点で見ると、従来の議論では、軍隊の〝男らしさ〟と買春奨励が深く関連しているとされている。ただ米軍がスポーツ選手を持ち出して禁欲を訴えたように、大事なときに我慢できるのも〝男らしさ〟の表れであると言えるのではないだろうか。〝男らしさ〟の議論についても一面的な理解に陥ることなく、実態をさらに明らかにしながら理論をより豊かにする作業が必要であるように思う。

今後解明すべき課題は多い。たとえば人格指導計画はその後どのように展開したのか、それはどのように評価されるのか、米軍が兵士の自己責任・自己規律を重視したということはどのように考えればよいのか、五〇年代の日本などで娼婦の性病検査を要求する米軍司令官が依然として多かったのはどのように説明されるのか、など資料的にも理論的にも解明されるべき課題は多い。

また当然のことながら兵士による性暴力を生み出す米軍の構造的要因は別に分析が必要であろう。ただその際にも留意しなければならないのは、たとえば第二次大戦中には米軍の歩兵のなかで敵に向かって銃を発砲した兵士が一五から二〇パーセント程度しかいなかったが、その後軍が殺人への抵抗感を克服させる訓練を工夫し、朝鮮戦争のときには五五パーセント、ベトナム戦争では九〇〜九五パーセントが発砲できるようになったという研究がある。(86) 米軍のあり方も大きく変化したと考えられるだろうし、またこうした兵士の改造は性暴力の現われ方と無関係ではないだろう。

いずれにせよ軍隊と性暴力の関係は、各国の軍隊ならびに時代に即してその実態を明らかにし、あらためて理論構築されるべきであろう。本稿はそのための一つの予備的作業である。

(1) 陸軍長官からの手紙(六月一九日ならびに八月一六日付)。この一連の資料は Katharine Moon 氏より提供していただいた。関連する記事は、Equality Now のウェブサイト (http://www.equalitynow.org/) 参照。

(2) Cynthia Enloe, *Maneuvers:The International Politics of Militarizing Women's Lives*. California : University of California Press , 2000, pp.71-72.

(3)『琉球新報』二〇〇四年三月七日。

(4) 米国立公文書館所蔵資料は、Record Group (RG) /Entry/Box を記す。なお米軍資料には「売春 prostitution」と区別した

「買春」を意味する言葉はないが、米兵（男）が娼婦を買う行為を意味する場合には「買春」と意訳した。

（5）一月に一〇〇〇人中一〇人が罹患するとこれを一二倍し、一二〇がこの数値となる。以下、性病罹患率はこの基準を使う。本章の米軍のデータは、*The Army Medical Bulletin*（以下、AMBと略記）の各号より。No.67（May 1943）は米陸軍の性病対策の歴史をまとめており参考になる。

（6）AMB, No.67, p.79.

（7）AMB, No.67, p.92.

（8）Ibid..

（9）第一次大戦中の対策については、George Walker, *Venereal Disease in the American Expeditionary Forces.* Baltimore: Medical Standard Book,1922, が包括的にまとめている。

（10）Commission on Training Camp Activities , War Department, *Smash The Line!*. 1917（ページ数は打たれていない）。

（11）Allan Brandt, *No Magic Bullet: A Social History of Venereal Disease in the United States Since 1880*(Expanded Edition). New York: Oxford University Press, 1987, Chapter 2, 参照。

（12）この時期の米国内での売春対策全般については、Barbara Meil Hobson, *Uneasy Virtue: The Politics of Prostitution and the American Reform Tradition.* New York: Basic Books, 1987, Chapter 6 & 7, 参照。

（13）AMB, No.67, pp.120-138.

（14）この会議の内容は、WO32/11404（イギリス国立公文書館所蔵）。

（15）Walker (1922), pp.49-50.

（16）軍による売春公認・管理を正式に提案した事例（司令官によって却下されたが）は、RG112/31/1267に関連資料が収録されている。

（17）AMB, No.67, p.107 & pp.138-148.

（18）こうした米軍の考え方と革新主義との関連については、Brandt（1987）が興味深い分析をしている。

（19）AMB, No.67, pp.164-168.

（20）Brandt(1987), pp.164-165; Medical Department, United States Army, *Preventive Medicine in World War II,* 1959, Chapter 10, pp.110-112（以下、PMと略記する）。

（21）トーマス・パーランについては、Brandt（1987）,pp.138-160, ならびに公衆衛生総監 Office of the Surgeon General のウェッブサイト（http://www.surgeongeneral.gov/）参照。

（22）*Journal of Social Hygiene*, January 1942, また PM, p.32 などにくわしい。

（23）一九四〇年から四二年ごろのこうした対策については多くの文献でくわしい解説がなされているが、RG112/31/1272, RG107/102/85 など参照。なお第二次大戦期の米国内における軍の性対策についての日本での研究としては、島田法子「第二次世界大戦期におけるアメリカの軍隊と性—売買春と性病の政治学」（科学研究費補助金研究成果報告書、研究代表者白井洋子『戦争と女性—アメリカ史における戦争と女性に関する多文化主義的社会史的研究』一九九八年）、ハワイについては、同「第二次大戦期のハワイにおける軍隊と性」（『アメリカ研究』第三四号、二〇〇〇年）がある。ただいずれも海外の米軍については扱っていない。

（24）AMB, No.67, pp.176-183.

（25）RG112/31/1272-1273 にいくつものそうした通達や回報類が含まれている。

（26）PM, p.107. *Journal of Social Hygiene* 各号にそうした取組みの事例が多数報告されている。

（27）RG112/31/1273.

（28）田中利幸「なぜ米軍は従軍慰安婦問題を無視したのか」（『世界』一九九六年一〇月・一一月、後に一部修正されて、VAWW-NET Japan 編『加害の精神構造と戦後責任』緑風出版、二〇〇〇年に収録）。

（29）RG112/31/1272-1273.

（30）米軍における治療法の進歩については、*The Bulletin of the U.S. Army Medical Department*, Vol.8, No.5(May 1948), pp.336-338（以下、BAMと略記）, PM, pp.115-120, にくわしい。

（31）John Costello, *Virtue Under Fire: How World War II Changed Our Social & Sexual Attitudes*. New York : Fromm International Publishing Corporation, 1985, p.248.

（32）性病罹患者の徴兵・軍勤務については、PM, pp.58-62,pp.121-123. RG107/144/509, RG495/230/1534 などにも関連資料が多数ある。

（33）PM, pp.63-66, RG112/31/1265 など参照。
（34）BAM, Vol.9, No.1(July 1945), p.14, PM, p.164. なお RG112/31/1273 には各種統計が含まれている。
（35）チャプレン部長の手紙、四五年一二月六日付（RG247/1/335）。
（36）ストロング准将のメモ、四五年一一月（RG112/31/1269）。
（37）PM, pp.197-200.
（38）第二次大戦が後の性革命の伏線となったことは、John Costello（1985）'Chapter 16 The Seeds of Sexual Revolution' 参照。
（39）RG112/31/1273, RG331/6/45, RG331/56/121 など。
（40）RG331/6/45.
（41）フィリピンでの状況は RG112/31/1273, RG496/187/1584 などにくわしい。
（42）こうしたいくつかの事例については、前掲田中論文参照。
（43）陸軍省内での議論については、RG112/31/1272 などにくわしい。
（44）田中利幸氏はこの通達を紹介して「筆者が入手した数多くの関連資料の中で、これが最初で最後の唯一のものである」としているが、こうした売春禁圧の通達は戦中戦後にも数多く出されている。また氏はこの通達を駐留軍がどこまで徹底させたか知ることができるような資料は入手していないと述べているが、ヨーロッパでも太平洋でも方面軍が下部に徹底させる通達を出していることが確認できる。その前後の通達についても同様である。さらに氏は通達の発信者を軍務局長としているが正確には陸軍長官の命を受けて高級副官が出したものである。別件であるが、氏は海外ではコンドームと消毒剤を無料で配布したが米国内では「無料にしろ有料にしろ」そうした「事実を示唆するような資料は存在しない」と断定し内外でダブルスタンダードをとっていたとしているが（ただし修正版ではこの箇所は削除されている）、米国内でも当初は有料で、途中からは無料で、軍施設や予防所だけでなく民間の病院や消防署、警察署、公衆衛生施設などでも配布していたことはさまざまな資料に明記されている（たとえば PM, p.112）。またメイ法のことを氏は「五月布告」と訳し、さらに陸軍省が「最初から……海外駐留軍への適用を諦めており」としているが、国内法であるメイ法 May Act（May は下院議員の名前である）がそもそも海外で適用できないのは当たり前のことだろう。氏の研究は高く評価するものであるが、こうした点が多いのが惜しまれる。
（45）RG331/65/7, RG112/31/1273.

(46) RG331/SCAP/9370.

(47) RG493/118/723.

(48) PM, p.172.

(49) RG112/31/1273.

(50) RG331/SCAP/9370. 本章で出典を注記していないものはこのボックスより。

(51) なおサムスの評伝がいくつか日本でも刊行されているが、彼が米兵向けの売春宿の公認を支持していたことはなぜか伏せられ、日本の公衆衛生に積極的な役割を果たしたことのみが評価されているのは不可解である。

(52) RG338（第八軍資料）のさまざまなボックスから数値を集計した。

(53) RG112/31/1272.

(54) ここでは福岡の事例が取り上げられている（RG112/31/1272）。

(55) RG331/SCAP/477.

(56) 下院での議論からの一連の動きについては、*Journal of Social Hygiene*, Vol.32, No.2(February 1946), pp.82-89.

(57) RG496/187/1584.

(58) 太平洋陸軍軍医部長メモ（四六年一月二二日付）、第八軍より太平洋陸軍への手紙（二月一日付）。

(59) RG338/A1-136/1048.

(60) RG112/31/1272.

(61) 前者は、RG331/SCAP/477, 後者はRG338/A1-132/312, その他。

(62) ところでほとんどの著作では四六年一月の公娼制廃止、売春のための前借金無効の連合国軍最高司令官覚書について、ＲＡＡのオフリミッツ措置と一連のものとして記述している。しかし周知のように占領軍は、占領行政を管轄する連合国軍最高司令官ＧＨＱ／ＳＣＡＰと米太平洋陸軍司令部の二重構造になっていた。日本で一般にＧＨＱといわれているのは前者である。公娼制廃止覚書は前者の、ＲＡＡをオフリミッツにする措置は後者の行為である。公娼制廃止問題についてはＧＨＱの公衆衛生局や法務局で日本の実態を調査しながら検討し、女性の「意思に反する奴隷化」がおこなわれ「実質的に囚人」であるという実態認識がなされていった（RG331/SCAP/9370）。そこでは娼婦の検診治療にあたっていた医師らの意見が反映していると思われる。公娼制廃止がなされた時点ではＲＡＡの米兵利用問題については議論の最中であり、ＲＡＡ閉鎖までは念頭に置かれていなかった。そしてここで紹介したような議論を経て、太平洋陸軍—第八軍の指揮命令系統を通じてＲＡＡのオフリミッツ措置が取られた。これは日本の内政問題ではなく米軍としての措置であった。両者はまったく関係ないとは言えないが、区別して考えるべきだろう。

(63) RG107/110/221.
(64) RG496/194/1703.
(65) RG338/A1-132/313.
(66) RG554/67/62.
(67) この方針の解説は、RG247/1/458,RG554/67/103など。
(68) RG338/A1-132/394.
(69) RG338/A1-132/394.
(70) RG338/A1-132/349.
(71) RG331/SCAP/9336.
(72) RG554/67/62.
(73) この時期の乱れきった米軍の姿を米軍自らが記録したものとして、『沖縄県史　資料編14　琉球列島の軍政　一九四五—一九五〇　現代２（和訳編）』二〇〇二年、七一—七四頁、参照。
(74) RG407/429/1078, RG554/125/29.
(75) Office of the Surgeon General, Department of the Army, *Annual Report of the U.S. Surgeon General: Medical Statistics of the United States Army*: Calendar Year 1953, p.43.（以下、Annual Report）。
(76) RG554/79A/280.　極東軍は四七年一月に編成された。
(77) RG554/79A/62.
(78) RG331/SCAP/9432.
(79) RG554/A1-1301/27.

（80）ティンマーマン中佐の報告（RG112/31/1267）。この時点での陸軍の考え方をまとめたものとして参考になる。

（81）前者はテ報告、後者は *Annual Report*, Calendar year 1953, p.43。

（82）*Annual Report*, Calendar year 1954, p.55.

（83）米軍の人数について一九四九年までは、U.S. Department of Commerce, *Statistical Abstract of the United States* の各年版、一九五〇年以降については、国防総省のウェブサイトより。

（84）この時期、「売春禁止」やオフリミッツが果たした実際の機能については、平井和子「米軍基地と『売買春』—御殿場の場合」『女性学』Vol.5、一九九七年一二月、菊地夏野「売春禁止の言説と軍事占領」『ソシオロジ』第四六巻三号、二〇〇二年二月、藤目ゆき『東アジアの冷戦とジェンダー』（科学研究費補助金（C）研究成果報告書）二〇〇三年、第二章・第三章、など参照。

（85）その例としては、四九年から五〇年にかけての六か月間に七八六名が延べ二万六三〇〇回の性交渉をおこなったが経口ペニシリンを全員に投与した結果、梅毒には実質的に一人も罹らなかったという、神戸の基地部隊での実験があげられる（RG338/A1-206/1558）。

（86）S.L.A. Marshall, *Men against Fire: Problem of Battle Command.* Norman: University of Oklahoma Press, 2000(Originally published in 1947), p.4, pp.54-57. ただしこのマーシャルの分析にはかなり批判もあるのでこの数値の信頼性については保留しておきたい（同書の Russell W. Glenn の解説参照）。デーヴ・グロスマン（安原和見訳）『戦争における「人殺し」の心理学』ちくま学芸文庫、二〇〇四年（原書房、一九九八年）、四三、三九〇、四九九頁、も参照。

第二章　東アジアの米軍基地と性売買・性犯罪

『アメリカ史研究』第二九号、二〇〇六年八月

はじめに

日本が独立を回復した一九五二年度から二〇〇四年度までの在日米軍による事件・事故は、公務上・公務外をあわせて二〇万一四八一件、それらによる日本人の死者は一〇七六人にのぼっている（表1）。沖縄が統計に含まれた一九七二年度以降をみると、事件・事故の約六割が沖縄に集中している。また一九七三年度以降だけでみると、刑法犯総数は六九三三件、うち凶悪犯は六八三件（殺人三四、強盗四四一、放火三六、性的暴行一七二）である。[1]この数字には、米軍による犯罪がきわめて多かった占領中の日本本土も、米軍支配下の沖縄も含まれていない。米軍が第一次裁判権を有している公務中における日本国民に対する事故や犯罪について、一九八五年から二〇〇四年までの二〇年間に軍事裁判にかけられた者はわずか一人だけであり、懲戒処分を受けたものも三一八人にとどまっている。[2]

たしかに近年、一九五〇―六〇年代に比べれば犯罪件数は減少しているが、沖縄、横須賀、横浜、佐世保を

表1　米兵による事件事故（日本）

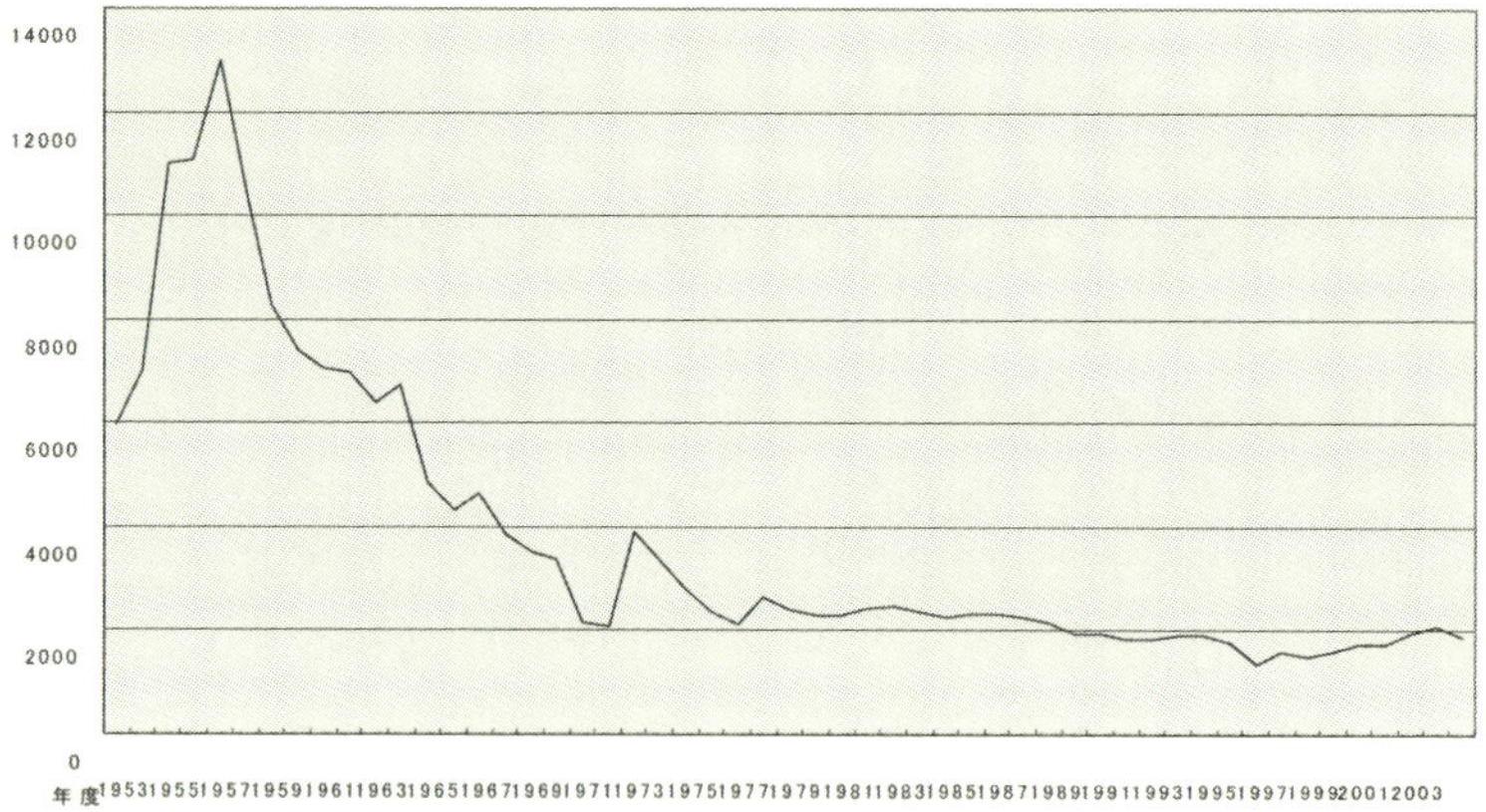

（出典）防衛施設庁資料（『赤旗』2005 年 7 月 19 日）
（注）1972 年の沖縄の施政権返還前は沖縄分は含まれていない。

はじめ各地で米兵による性的暴行や殺人、強盗、強盗致傷、轢き逃げ事件が起こされている。二〇〇五年一一月には沖縄の海兵隊員たちによってフィリピンで集団強かん事件が引き起こされた。二〇〇四年にはオーストラリアで三人の水兵が二人の女性を強かんした容疑で逮捕され、二〇〇〇年にはコソボに平和維持部隊として派遣されていた米軍兵士が一一歳のアルバニア少女を強かんしたうえで殺害した[3]。韓国において、二〇〇〇年から二〇〇五年八月までの在韓米軍兵士による犯罪は、韓国政府の統計によると、殺人三件、強盗一九件、強かん五件などを含む七八〇件にのぼるが、韓国の捜査当局が被疑者を拘束、捜査したケースは皆無である[4]。在韓米軍の報告では、指揮下の軍人による性的暴行は、二〇〇三年八六件、二〇〇二年六五件、二〇〇一年八一件と報告されている[5]。

　米軍による犯罪、特に性犯罪は、駐留地の住民に対するものだけではない。一九九七年には米本国のアバディーン訓練場で訓練教官の軍曹による訓練生に対する数多くの強かん事件が発覚した（アバディーン事件）。二〇〇三年にはコロラドスプリング空軍学校で、数々の性的暴行事件が表面化した。そのため軍が調査をおこなったところ、在籍していた女性軍人六五九人のうち回答の得られた五七九人中、セクシャルハラスメントを受けた者は七〇パーセントにのぼり、さらに一〇九人（一九パーセント）が性的暴行を受け、うち四三人（七・四パーセント）は強かんないし強かん未遂を受けたと答えた。(6)イラクやアフガニスタンに派遣されている米中央軍においては、強かんなどの性的暴行を受けたと報告された件数は、二〇〇二年二四件、二〇〇三年九四件にのぼっている。(7)イラクのアルグレイブ収容所における性的虐待についてはくりかえし報道されてよく知られている。

米軍が海外に大量の軍隊を派遣駐留させるようになるのは、第二次世界大戦中からのことである。ヨーロッパとともに東アジアは多数の米軍基地が置かれつづけている地域である。本稿では、日本本土、沖縄、韓国を対象に、米軍が駐留するようになった戦後すぐから一九五〇年代までの米軍基地と性売買・性犯罪について取り上げ、今日の状況の出発点における問題を明らかにしたい。(8)

1　米軍と性売買

東アジア占領地における性対策

まず沖縄においては、遊郭街であった那覇の辻は10・10空襲で消失し、ジュリ（辻の遊女）たちの多くは日本軍「慰安婦」として動員されていた。沖縄戦によって沖縄本島は焦土と化し、多くの土地が米軍に接収されたため、生きていくために米軍キャンプの近くにやってきて米兵相手に性を売る女性も少なくなかった。戦後しばらくの間、売春の支払いの多くはタバコであり、職業的な売春業が復活した本土とは様相を異にしていた。

そうした状況が反映しているのか、沖縄に駐留していた琉球軍司令部指揮下の将兵の性病罹患率は、統計がわかる四六年一一月より四八年末まで年間千分比で二桁台にとどまり、それほど大きな問題にはならなかった。ただ那覇だけでも四〇〇〇—六〇〇〇人と言われていた娼婦の存在はやはり無視できなく、一九四七年二月の米軍政府内の会議で、売春のための前借金の禁止、米軍人への売春禁止、性病に罹った者の届出・治療義務などを実施する方針を決め、それらの内容の軍政特別布告を三月一日付で公布し三一日より施行した。米軍への売春のみを禁止した理由は、沖縄社会では現地の慣習として売春が認められてきたのでそれを禁止することはできないと判断し、米軍人の健康と安全を守る観点から米軍人相手の売春のみを禁止するという措置をとったからである(9)。

日本の敗戦時点においては沖縄では日本本土進攻作戦のための中継補給基地として基地建設が進められ、陸軍だけで約二五万人が駐留していたが、終戦とともに基地建設はストップし、陸軍の兵員は一九四八年夏には一万人ほどにまで減少していた。しかし四九年五月に国家安全保障会議は沖縄の長期保有と基地建設を決定、一〇月にはシーツ少将が琉球軍司令官兼軍政長官として赴任し、新たな基地建設が開始された。それとほぼ時を同じくして、越来村（現在の沖縄市）に「八重島」特飲街、別名ニューコザが米軍の示唆で作られ、さらに小禄村などにも米兵向け特飲街が生まれた。これらの地域は表向きは飲食店などが立ち並び、売春街ではないとされていたが、実際には売春が公然とおこなわれる歓楽街になっていった。その後、このニューコザについては、極東軍などから軍の方針に反するのでオフリミッツにせよと指示されるが琉球軍はそれを無視してニューコザを維持した。

琉球軍内の米兵の性病罹患率は、一九四九年に入ると上昇し八—九月には年間千分比三〇〇を超える高い水準になった。その後、朝鮮戦争勃発時（五〇年六月）には一二六まで下がるが、その後はまた上昇し朝鮮戦争中は二〇〇台から一〇〇台の高い水準にあった。この朝鮮戦争中、さらには後のベトナム戦争中においても沖縄は米軍の中継兵站基地となり、休暇で沖縄に立ち寄る米兵も多く、米兵相手の売春は大きな社会問題になった。米軍は一九五三年からAサイン方式を導入し、米兵に性病をうつすとその店あるいは地区をオフリミッツにすることによって、経済的打撃をおそれる業者らに自発的に売春女性の性病検査と治療をおこなわせるような対策をとり、米兵による買春行為自体は放任された[10]。

南朝鮮・韓国においては、一九四八年二月に米軍政府は公娼制廃止を実施するが、その措置と並行して「接客婦」の性病定期健診と強制治療の措置を推進した。定期健診を受けない者からはライセンスを取り上げることとし、実質的な売春管理をおこなった。その後、韓国の独立とともに米軍は軍事顧問団を除いて撤退したが、朝鮮戦争が勃発し大量の米軍が再びやってきた。特に三八度付近で戦線が停滞しはじめた一九五一年初頭より、米兵の性病罹患率が急増した。戦争当初は、千分比一〇—三〇台ときわめて低い水準だったのが、五一年一月には八四、三月には一〇〇となり、大きな問題となった。釜山《プサン》など南部には難民が押し寄せ、売春をせざるをえない女性が急増した。そこで米軍は、韓国政府や釜山《プサン》市、警察などを使って娼婦やウェイトレス、ダンサーらの定期健診を導入し、売春をおこなう女性には政府から身分証明書を発行する措置をプサンから順次実施していった。また韓国政府は、一九五一年五月には国連軍向けの慰安所とダンスホール設置を決定し、プサンを手始めに設置していった。同時に韓国軍向けの慰安所・慰安隊も設置した[11]。

韓国においては、米軍が行政当局を指導して売春管理制度を導入していった。韓国政府もその方針を採用するとともに、米軍向けや韓国軍向けの慰安所を設置した。朝鮮戦争後は、むしろ韓国政府が積極的に米軍向け売春街を整備、提供していき、「基地村」と呼ばれる歓楽街が生まれていった[12]。

日本本土では、日本に進駐してきた米軍に対して、日本の内務省が米軍向け慰安施設RAA（特殊慰安施設協会 Recreation and Amusement Association）を設置提供し、占領軍幹部たちもそれを利用する方策を取った。

その経緯はすでにかなり明らかにされているので省略し、一つだけあまり知られていない例を紹介すると、[13]日本占領にあたって米海軍の性病対策にあたっていた海軍の軍医中佐は、東京では売春宿が閉鎖されてまったく管理がなされておらず、娼婦がいなくなるどころか拡散しただけだと考え、二軒の売春宿に衛生管理をおこなってただちに再開させる措置をとった。軍医は二人の有名な業者を訪ね、業者はそれぞれ約五〇人ずつの女性が働く売春宿二軒を二日以内に開業すると約束した。軍医がとった管理方法とは、売春宿を訪ねる兵士や水兵は身分証明書を階下の当番兵に預け、予防注射を受けてから、帰るときにようやく返してもらえるというものだった。占領軍の軍医や各司令官たちが売春禁圧ではなく、積極的に売春管理策をとったことがわかる。ただこうした対応をとった結果、米軍将兵の性病罹患率は急増した。第八軍の将兵の性病罹患率は、年間千分比で四五年九月三三から四五年一二月には一五三、四六年三月には二五〇と一気に増えた。[14]米軍は罹患率を五〇以下に抑えるという方針だったので、こうした性病の急増は軍中央でも問題になり、また米軍が売春禁圧政策に反して売春を公認していることがさまざまなルートで知られるところとなった。そのため陸軍省の指導で一九四六年三月にはＲＡＡをオフリミッツ（立入禁止）にし、利用をやめさせた。その後の占領期における米軍の政策については省略するが、紆余曲折を経て、これから述べる朝鮮戦争期の対応になっていく。[15]

朝鮮戦争期のＲ＆Ｒセンター

朝鮮戦争の時期には、日本本土でも沖縄でも米兵による買春が横行し、社会的にも大きな問題になった。その理由の一つとして休暇制度が整備されたことが指摘できる。兵士としての勤務期間の限定あるいは部隊・将兵のローテーション制度については、第二次世界大戦中から導入されはじめていたが、太平洋戦線では地域が広範囲であり、後方に下げて休暇を取らせるにも輸送上困難だったことなどから十分には活用できなかった。

朝鮮戦争がはじまると、一九五〇年一二月朝鮮半島に派遣された第八軍と日本兵站司令部によって「休養回復計画 Rest and Recuperation Program」が策定された。六か月ないしは七か月の勤務をおこなった陸軍兵士には五日間の休暇を与えられ、日本の休養回復センター R&R Center に送られることになった。

兵士としての前線勤務が六か月を越すと、死傷者が急激に増えてしまうという研究から、その期間が決められた。たとえば、第二次大戦中の一九四四年一二月に米陸軍軍医総監部がまとめたレポートによると、歩兵の前線実戦日数が二〇〇日から二四〇日になると「平均的な兵士の軍事価値はほとんどゼロに」なり、「実戦に役立たないばかりでなく後輩兵士の士気を挫くようになる」とし、交代制度を導入するように提案している。[16]

当初、R&Rセンターは九州の小倉キャンプと羽田空港近くのマックニーリー・キャンプに設置され、まもなく伊丹空軍基地（まもなく奈良に移転）と埼玉の朝霞にも設けられた。R&Rセンターに到着した兵士たちはそこに滞在してダンスホールなど娯楽施設を利用し、あるいは各地を観光した。R&Rセンターを利用した国連軍将兵は一九五三年六月末までに計八〇万人に達した。

このR&Rセンター周辺には米軍将兵を相手としたレストラン、バー、ギフトショップなどが集まり、売春業も盛んになった。売春を含む歓楽街ができあがったのである。そのためR&RはI&I、すなわち「セックスと酩酊（Intercourse & Intoxication）」とも呼ばれた。[17]

奈良のR&Rセンターについて見てみると、[18]以前、米軍宿舎にあてられていた場所に一九五二年五月R&Rセンターが大阪から移転してきた。施設内には宿泊施設をはじめ食堂、売店、ダンスホール、ボーリング場などがあり、利用する兵士は五日間で一ドル五〇セント（後に二ドル）を支払うこととなっていた。五三年六月時点でセンターの正門前には、カフェ・バー二四軒、ギフトショップ一二軒、飲食店（「パンパン・ポン引用」）七軒、キャバレー四軒、ストリップショー三軒、写真店四軒など七三軒が立ち並んでいた。

奈良市内の駐留軍指定のキャバレーなどで作られた駐留軍サービス協会の資料によると、一九五三年六月末時点で、週一回検診をうけ、性病をもっていないという証明であるN・E・Sと書かれたバッジを交付されていた「女子従業員」が三八八人いた。こうした措置をとった背景には、米軍奈良地区司令官より性病対策を取るように要請があったことがある。米兵はそのバッジを目印にし、買春相手を求めることができた。また一九五二年の一年間にセンター周辺などで検挙された売春婦は三七六人にのぼる。その多くがそうした登録をしていない女性と推定されるので、R&Rセンターに滞在する米兵向けの売春に関わる女性はもっと人数が多かったと思われる。兵士たちがR&Rセンターに到着する前からポン引が交渉をすすめ、五日間で二万五〇〇〇円というような契約を結び、娼婦とその場所（民家）を提供することもあった。この奈良R&Rセンターは、五三年九月に神戸に移転し（正式閉鎖は五五年三月）、R&Rセンター前の歓楽街は消滅することになる。

休暇制度とは別にローテーション制度も一九五一年春から実施された。兵士たちは戦闘地域で一月勤務すると四ポイント、後方部隊勤務は二ポイント、日本での勤務は一ポイントなどのポイントを獲得し、三六ポイントになると除隊帰国することができるというシステムだった。一般の歩兵の場合、生き残ることができれば、おおむね一年以内に帰国することができた。五一年四月にはこのシステムによって最初の兵士が帰国し、一九五二年中ごろには毎月平均三万五〇〇〇人が交代した(19)。

五日間の休暇制度はLittle R、ローテーション制度はBig Rと呼ばれていた。ローテーション制度によって兵士たちは次々に交代していったが、その中継地となったのが日本だった。米本国からまず日本に送られ、交代センターに数日滞在してから朝鮮半島に送られた。帰国する場合も日本に寄ってから帰国した。その際に、日本でつかの間の休暇を楽しんだ。そうした事情も米兵による買春の機会を増大させた。たとえば、一九五二年三月に韓国にいた第三歩兵師団では性病感染者が二〇一人いたが、そのうち一〇九人が休暇でR&Rセンターにいたときか、韓国に配属される前に日本の交代センターでの待機中に性病に罹ったと報告されている[20]。

こうした制度は、戦争神経症などによる兵士の精神的消耗や士気の低下を防ぐために導入されたものであるが、そのことが後方の休養基地となっていた日本本土での将兵たちによる買春や飲酒にともなう非行・犯罪の増加を生み出すことにつながった。しかもその時期は、ちょうど性病治療法が改善され、性病罹患がそれほど兵力の損失につながらない段階に入っていたときだった。

日米共同の売春管理策

日本において米兵向け売春が横行し、米軍憲兵隊がそれを容認しているという問題について米議会でも取り上げられ、オハラ上院議員が国防長官に実情調査を要望した。それに対する米陸軍の回答（一九五二年七月二三日付）は「日本では売春は過去数百年来行われており、政府もこれを黙認している」「若干の地方条例を除き、日本の取締法規は売春禁止よりは性病予防を目的としている」「米陸軍当局には売春を行ったり、またはこれに関係ある日本人を取締る管轄権はない」というもので、もっぱら日本社会の問題であるとし米軍の関わりを表向きは認めようとしなかった[21]。

米軍と売春問題の関連について日本の国会でも取り上げられているが、そのなかで外務省国際協力局長伊関佑二郎は、次のように米軍の政策について説明している[22]。

「日本側も同様でございますが、向うのはもつと厳重で、売春婦は認めておりませんから、これを認めるような制度というものは向うとしてはできないのであります。ですから立入り禁止を――むしろこれを認めますならば赤線区域をつくるわけなんですが、立入り禁止区域をつくつて入れぬところをつくる。これがたくさんできれば、結果においては赤線区域になるわけでありますが、初めから直接に赤線区域をつくるということになると、向うは主義上の問題として向うの国内法の適用を受けてできない。ですから今立入り禁止区域というように、間接に赤線区域ができる結果になるようなやり方に持つて行つているわけでありります。向うとしましてもこれは本国の父兄の間で非常な問題になつておるわけであります。ことに母親あたりは、非常に若いいまだかつて遊んだこともないような兵隊がおりまして、それが日本へ来ますと、営門を一歩出ると群がつて来る。こうなればやはり若い者だからつい誘惑に負けて遊ぶ、性病にかかるということで、向うでも非常にやかましい声が起きている。何とか取締れということを言われている。ですから米軍の方でも一生懸命です。また性病の罹病率がふえると基地司令官の成績にもかかわる。[23]病人が出ることもまた司令官としては困る。日本側も米側も取締りたい、何とかしたいという気持は同じなのです。これがなかなか名案が浮ばない。各省で集まりまして、何べんか協議しておりますけれども、結果として出ましたものが先ほど申し上げたようなものであります。」

将兵の買春を認めないという公式立場をとりながらも、実質的には娼婦の性病管理を日本側にやらせて将兵の性病罹患を防ぎたいという米軍の事情と意図を、日本側も的確に把握していたと言えるだろう。

一九五五年に労働省婦人少年局がおこなった調査報告「戦後新たに発生した集娼地域における売春の実情について[24]」では、赤線青線区域三〇か所と基地周辺二〇か所を取り上げている。赤線青線区域については、「昭和二三年頃までは、元業者が最初は進駐軍に備えて、後には日本人相手に切換えて計画的につくったものが多く（中略）、二六、二七年に発生したもの一〇地域のうち、五地域は『警察予備隊、保安隊が設置されたので出来た』と回答に出ている」とされている。調査対象地区のうち一九四八年（昭和二三年）までに作られたのが八地域であるので、調査対象地区五〇か所のうち半数以上は、米軍ないしは警察予備隊・保安隊（のちの自衛隊）を相手にして生まれたことになる。軍隊の駐留が売春地区を生み出すうえで大きな要因になっていることがうかがわれる。基地周辺の二〇か所については、うち一五か所で日米（または英）による地方連絡協議会が設置されており、連絡協議会のない四か所（一か所は不明）についても非公式の協議をおこなっていたり、警察と憲兵の打ち合わせ会を開いて毎夜合同でパトロールをおこなっていたり、米軍病院の担当士官と業者組合の代表者が協力して性病取締をおこなっていたり、なんらかの協力関係にあった。

一九五三年五月の厚生省公衆衛生局防疫課調査によると、日本全土（沖縄は含まれない）における集娼地区は一二八八、業者数一万六八四九、売春婦数五万九〇一八人、ほかに散娼六万三〇三五人（うち「主として外人を相手にする」洋パン二万九二六二人）、芸妓四万五九七八人（うち売春をおこなわない者一万一六〇二人も含まれる）とされている。これらの数字から、売春をおこなう女性は合計一五万六四二九人ということになる。[25]

同じ調査の別のデータによると、「駐留軍基地周辺散娼」は四万四九四三人とされている。R&Rセンターのあった奈良市には一七一一人、小倉市一三六〇人と多く、ほかには横須賀市三五五〇人、横浜市三三〇〇人、東京都立川市一二〇〇人、神戸市四三〇〇人、佐世保市一七〇〇人などとなっている。「駐留軍基地周辺散娼」数が、主に日本人を相手にする集娼地区の五万九〇一八人の八割以上に相当することを見ると、米軍相手の売春業の多さが際立っている。この時期の日本の売春業にとって米軍は大きな存在であった。[26]

なお一九五二年中に日本の警察によって検挙された売春婦は計二万九四七六人にものぼり、彼女たちは健康診断を受けさせられ性病に罹っている者は治療をさせられた（同前調査、八六頁）。検挙される娼婦の多くが「散娼」であり、しかもその多くが米軍相手の女性たちであったことから考えると、日本の警察が米兵相手の娼婦たちに強制的に性病検査と治療を受けさせ、米兵が性病に罹っていない娼婦を相手にできるようにするシステムであったと言える。

日本本土では、一九五七—五八年にかけての売春防止法の施行と、それと時期を同じくする米地上軍の撤退までの時期、米軍は表向きは関わっていないという建前を維持しながら、こうした米軍相手の売春が、日本の行政・業者たちの協力によって維持されていたのである。なお韓国と沖縄においてもこの時期、米軍相手の売春の占める比重はきわめて大きかった(27)。

ベトナム戦争期におけるベトナムでの米軍による売春管理についても触れる余裕がないが、ここでは米軍と南ベトナム当局が協力して売春管理をおこなっていた。この時期、沖縄や韓国はもとよりフィリピンやタイでも休暇でやってくる米兵向けの売春がひどかった時期でもある(28)。米軍による売春の広がりは、東アジアから東南アジアへと一層広がることになったのである。

2 駐留米軍の性犯罪

占領期

一九四五年八月二八日に占領軍の先遣隊が厚木に入り、本格的な日本本土進駐は三〇日におこなわれた。この日午後ダグラス・マッカーサーが厚木に到着し、ただちに横浜の司令部に入った。海軍は第三艦隊が二九日に東京湾に入り、三〇日から海兵隊らが横須賀に上陸した。東京湾の戦艦ミズーリ号艦上で降伏調印式がおこなわれたのは九月二日である。本土に進駐した連合軍の人数は、一九四五年一二月はじめには四三万人に達した。

神奈川県警察資料によると、最初の米兵による強かん事件は八月三〇日午前一一時ごろに起きている。横須賀市内において、「米兵二名検索の為め同家に侵入し一旦引揚げたるも約五分にして再び引返し一名は□□の妻□□当三十六年を階下勝手口小部屋に連行他の一名は□□の長女□□当十七年を二階に連行し何れも拳銃を擬して威嚇の上之を強姦せり」と報告されている。また同日午後六時ごろ横須賀市内でガラス商の留守番をしていた女性を強かんする事件も起きている。[29]

横須賀に上陸した海軍（あるいは海兵隊）が検索と称して市内に入っているので、かれらによる犯行をみられる。この二つの事件について、米軍の捜査報告書が残されている。しかし証拠は不十分であるなどの理由で捜査は打ち切られた。翌三一日には強かん事件は報告されていないが、九月一日には横浜で売春宿から娼婦が拉致されて集団強かんされた事件がおきている。この事件についても捜査報告書があるが、ここでも証拠不十分で捜査は打ち切られている。

内務省警保局外事課がまとめた報告によると、首都圏（東京、神奈川、千葉）における八月三〇日から九月一〇日までの占領軍兵士による強かん事件は九件、強かん未遂六件、計一五件となっている（神奈川一一件、千葉四件、東京〇件）。その他の事件を含めると五一三件である。多くは金銭や物品の強奪である。[30]

九月の米兵による強かん事件のいくつかは日本の警察資料でも米軍資料でも確認でき、日本政府からの抗議を受けて米軍もある程度の捜査をしていることがわかる。しかしいくつかの捜査報告書を見る限り、いずれも証拠不十分や犯人を特定できないとしてうやむやのままに捜査は打ち切られている。[31]

こうした米兵による犯罪は、九月中は新聞でも報道されていたが、その後、ＧＨＱの検閲のためか、一切報道されなくなった。また現在残されている警察資料も一〇月はじめで終わっている。一〇月四日にＧＨＱからいわゆる人権指令が出され、治安維持法をはじめとする一切の弾圧法規の廃止、内務省警保局や特高警察の廃止、警察幹部の罷免がなされるが、民主化政策の実施が、米軍犯罪の実態を隠してしまうという皮肉な結果となった。

ただ日本政府からの度重なる抗議を受けて、南西太平洋方面軍司令部（最高司令官マッカーサー）は九月六日には第八軍（東日本を管轄）に対して、こういう犯罪がおこらないように直ちに措置をとるように指示している。西日本を管轄していた第六軍では四五年一一月までに計六〇四名を軍法会議にかけたという報告がある。少し後になるが、四六年八月中の米兵による日本人への犯罪は、強かん二九件を含む六一九件という報告が日本政府からGHQに伝えられている。一九四七年一年間に米軍が把握している強かん事件は一三六件（日本本土のみ）、うち七〇人を逮捕し、有罪になったものは三一人と報告されている。また一九四九年六月から一一月の六か月間では、強かん事件は月平均六・六六件という報告もある。[32]

米軍占領下の日本本土における米兵の犯罪の全体像はよくわからないが、断片的に報告されている米軍資料による数字だけでもかなりの件数にのぼる。しかも強かんなど性犯罪は報告される件数自体が氷山の一角であることも考慮しなければならない。

米軍の直接占領下にあった沖縄の状況ははるかにひどかったと言わざるを得ない。「基地・軍隊を許さない行動する女たちの会」が作成した「沖縄・米兵による女性への性犯罪（一九四五年四月〜二〇〇一年六月）第五版」[33]によると、米軍上陸まもなくの一九四五年四月から強かん事件が次々と発生している。米軍政報告書[34]においても「不幸にして、少数の兵士は米軍の沖縄上陸と同時に、住民を苦しめた。とくに性的犯罪が多かった」、五月八日に沖縄島司令部司令官が強かんを犯すものは死刑に処すと警告を発したが、強かんは減らなかったと述べられている。女性を拉致した米兵を追いかけていた警察官が逆に射殺される事件もおきている（四五年一一月）。その後、沖縄は「極東軍司令部の落伍者のはきだめ」と米軍自身が嘆くほど軍紀が乱れた将兵が集まっていた。

米兵による米軍内の女性への強かん事件も発生し、一九四六年にはすべてのアメリカ人女性に対して、軍駐留地から離れるときにはピストルを所持するように命令を出さざるをえなかった。米軍政府公安局長であったポール・スキューズは「この措置は、われわれの女性を貧しくて従順な現地住民から守るためではなく、我々自身の兵隊たちから守るために採られたものである」と嘆かざるを得なかった[35]。米軍の構成員である女性でさえも同僚からの性犯罪を恐れざるを得なかった状況は、住民の女性にとってどのような状況だっただろうか。

南朝鮮においては、米軍司令部から軍紀の悪化への警告がくりかえし出されている。ただ具体的な性犯罪についての資料はこれまでの筆者の調査ではよくわからない[36]。

朝鮮戦争期とその後

一九五〇年代にアメリカは各国と軍事同盟を締結して、米軍が駐留する態勢を整備していった。日本や韓国、西ドイツなどでも占領は終了し同盟国への駐留軍に変わったが、沖縄では占領が継続していた。

米陸軍法務総監部の年次レポートの一九五〇年代前半の各年版を見ると[37]、韓国における事例として、盲目の韓国女性への暴行強かん、釜山《プサン》での強盗強かん、五人の米兵による集団強かん、女性が強かんされ別の男性が射殺された事件（以上、韓国）、ドイツで一四歳の少女と淫行した事件、リビヤでの少女強かん事件、場所はわからないが、一六歳少女の強かん、九歳の少女の強かん、夫への暴行と妻の強かん、海兵隊の女性が強かんされた事件、など各地での性犯罪のケースが取り上げられている。

朝鮮戦争が始まると、日本は朝鮮半島に向かう米兵の中継基地となり、特にR&Rセンター周辺はすでに述べたように売春地帯となっただけでなく荒れた米兵による犯罪が多発した。強盗、強かん、オフリミッツ違反、

表2　米兵による犯罪（1953.10.29-55.5.31）

	総計	殺人	強盗	強盗致死傷	強かん	強かん致死傷	傷害	暴行	業務上過失致死傷	窃盗
受理件数	10631	6	178	126	67	48	1285	747	1872	1041
起訴件数	240	2	30	40	4	14	20	0	86	13

（出典）RG554/215/2（米国立公文書館資料）

憲兵への抵抗暴行などが多発した。日本が独立を回復するとマスメディアも米兵の犯罪を報道できるようになった。朝鮮戦争休戦後のデータであるが、日本政府の調査では（二八〇ページ表1）、一九五四年から五七年にかけて事件・事故件数[38]が毎年一万件を超えている（最高は一九五六年一万二九八八件）。事件・事故による死者数では一九五二年一一四人、五三年一〇三人と一〇〇人を超えており、その後は漸減している。一九五七―五八年にかけて日本本土に駐留していた米地上軍（陸軍と海兵隊の歩兵部隊など）が撤退したことにより、件数は急激に減少していることがわかる。

一九五三年一〇月二九日から五五年五月三一日までの米兵による犯罪統計がある（表2）。それによると、犯罪件数は一万六三一件にのぼるが、そのうち起訴されたものは二四〇件にすぎず、不起訴九九三件、未済二五八件となっている。強かんと強かん致死傷をあわせて、一割強しか起訴されていない。凶悪犯罪でもこれほど低い起訴率であり、単なる傷害や暴行などではほとんど起訴もされていないことがわかる。

別の資料では一九五六年中の米兵による犯罪件数がわかるが、それによると計三九九二件、うちに日本によって起訴されたものは一二六人、軍法会議にかけられたものは四七六人にすぎない。全体のうち一四五八件はけが人を出した交通事故であるが、処罰率が極めて低い状況は変わっていない。この年の米兵による犯罪問題が議論された極東陸軍内の会議では日本人による米軍に対する犯罪が三六

表3　米兵による犯罪件数（韓国 1967-1987）

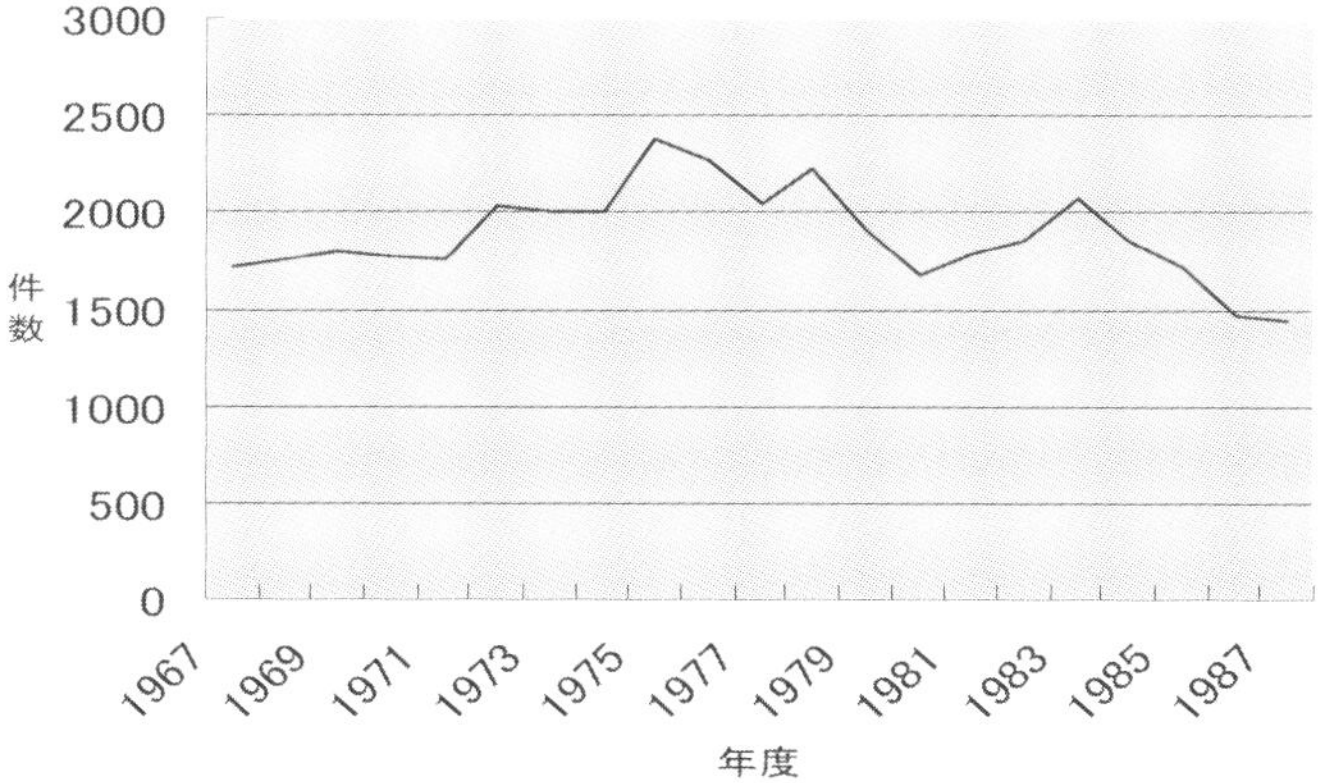

（出典）韓国外務部資料（『駐韓米軍犯罪白書』124-125 頁）

〇四件あると指摘し、犯罪はお互い様であるという旨の指摘がなされている。しかし日本人による犯罪のうち三二一五件は窃盗であり、米軍物資をくすねたものであって、米兵による犯罪とは質的に異なっているのを無視する弁解でしかない(39)。

朝鮮半島では、朝鮮戦争の戦線が三八度付近で停滞しはじめた一九五一年はじめより米兵による韓国市民に対する犯罪が問題になりはじめている。五一年三月には在韓米陸軍司令部は、韓国市民への暴行など米兵による非行が増えており、共産主義の宣伝に利用されると警告を発している。翌四月までに最近六か月で三〇人の米兵が軍法会議で有罪になり、司令部に衝撃を与えた。そこで犯罪者の捜査を迅速におこない処罰すると同時に犯罪の予防措置をとるように指示している。ちょうどこの時期から米兵向けの売春が問題になっていたことはすでに述べたとおりである。

韓国における米軍による犯罪統計は、一九六七年以降しかない（表3）。これは駐留軍の地位を定めた韓米行政協定が一九六六年までなかったためである。それ以前の米兵による犯罪は、「駐韓米軍犯罪根絶のための運動本部」がまとめた報告書でかなりの件数がわかるが、統計はない。なお一九八七年までの二一年間の犯罪のうち韓国に第一次裁判権のあるケースは計三万三一五四件あるが、そのなかで裁判権を行使したのはわずか二三四件三五一人にすぎない。そのうち強かん七二人、殺人三二人などである。[40]

沖縄と日本本土

日本復帰前の沖縄については、たくさんの文献が出されているのでここでは繰り返さない。[41] こうした米兵による犯罪を考えるとき、一九五七―五八年の日本本土からの米地上軍の撤退問題が重要である。日本本土では米兵による犯罪や米軍演習などによる事故、米兵による買春の横行などに対する反発が広がり、反基地運動が盛り上がった。また原水爆禁止運動の急速な発展により、核兵器の持込みも問題にされるようになってきた。そうした中で米軍は、東アジアでの米軍配備について検討するが、地上軍については沖縄に海兵師団、韓国に陸軍師団を配備することとし、日本本土からは地上軍を撤退させた。また核兵器の配備についても地上発射核ミサイルについては、韓国と沖縄に配備することとし、日本本土には配備しなかった。このように日本本土に対しては一定の配慮を示しつつ、軍事負担は韓国と沖縄にかけるという政策をとったのである。軍事負担とは米軍による犯罪や事故による被害をともなうものであったことは言うまでもない。[42]

3　東アジアの性売買と軍隊――日本軍と米軍

日本軍「慰安婦」制度は、帝国日本が「大東亜共栄圏」として東南アジア・太平洋地域にまで拡大したことに対応して、性売買・人身売買のネットワークを地理的に拡大し、さらに公娼制・人身売買を規制しようとする動きを封じ込めて、制約のない、より暴力的な人身売買・拉致のネットワークを作ったものだと言えるだろう。特に戦場や占領地においては、平時の公娼制ではとてもできないような日本軍による拉致・監禁など暴力がむき出しの方法がとられた[43]。

こうした日本の公娼制と「慰安婦」制度は日本の敗戦により瓦解したが、第二次大戦後、進駐してきた米軍将兵を相手として売春が再建された。RAAに見られるように、米軍が将兵相手の売春を積極的に認めただけでなく、日本政府が進んで売春の復活を組織した。売春女性を集めてくるために人身売買も復活した。人身売買の実態はなかなか把握できないが、警察資料では一九五一年中の人身売買に関わる検挙者数は三八六八人、その被害者七二五五人（一九五二年上半期のみでは、それぞれ三七一四人、七六五三人）となっており、売られた先は農業手伝いや子守・家事手伝いもあるが、多くは売春に関わるところである[44]。米軍が現地の売春を復活させるうえで大きな役割を果たしたのは、沖縄、韓国、フィリピンでも同様だった。さらに一九六〇年代のベトナム戦争期には南ベトナムやタイでも同じ状況が生まれた。米軍基地と売春とは密接に結びついていた。

その後、米軍の撤退あるいは現地の経済成長にともなう生活水準の向上とドルの価値の低下などの諸要因により、日本本土では一九五〇年代末の地上軍の撤退後、沖縄ではベトナム戦争の終結と日本復帰後、タイではベトナム戦争終結にともなう米軍撤退後、米軍による買春は著しく減少したが、それに代わって一般の男性を顧客とする売春に切換えられていった。韓国やフィリピンにおいては依然として米軍は顧客の一つではあるが、それ以上に一般男性や観光客が大きな顧客になっている。一九七〇年代以降、韓国への「キーセン観光」やタイ、フィリピンなどへの売春ツアーが問題になるのはそうした状況の表れである。海外からの売春ツアーが送り込まれてくる途上国では、それにとどまらず女性が日本や韓国などの先進国に人身売買などによって送り込まれ、売春女性の供給源にされている。東アジアでの戦後の売春の隆盛は、米軍とともに始まったと言えるし、その人身売買のネットワークはそれに対応して形成された。それが、米軍による買春が減少していくなかで、売春を容認肯定する文化として現地社会に定着し、東アジアだけでなく、それを超えた世界的な規模での人身売買のネットワークが作られている。

東アジアの性売買・人身売買を考える上で、戦前の日本・日本軍の役割とともに戦後における米軍の役割の大きさを指摘しないわけにはいかない。

まとめにかえて――現在の米軍と性売買・性暴力

今日の米軍と性売買をめぐる状況は、一九七〇年代初頭まではかなり異なった様相を示しているように見える。たしかに韓国ではまだ米兵相手の売春地域が存在しているし、フィリピンやタイに米軍が立ち寄った際には、今でも米兵による買春がおこなわれている。しかしその一方で、日本本土や沖縄ではそうした状況はあまり見られなくなったし、韓国でもそうした傾向が進んでいる。ドルと円の関係から、日本で買春できるほどの経済力を米兵が持っていないことが大きな理由であろう。日本女性や韓国女性と米兵との性的関係は社会問題になっているが、少なくとも米兵による買春という関係ではなくなってきている。

また近年の米軍の軍事作戦は中東ないしその周辺地域でおこなわれることが多い。サウジアラビアやクウェートなどに駐留した場合、かつての東アジアのような公然とした売春地区があるわけではないし、またアラブ諸国やその民衆から反発を受けることを危惧して、性的非行について軍指導部はかなり神経を使っているようである。そういう点では買春をやらせないというかつての米軍の政策が――その理由はまったく異なるが――中東では実行されていると言えるかもしれない。海軍の場合、中東で作戦をおこなって帰る途中、タイなどに立ち寄って兵士を遊ばせることはやっているようだが、陸軍兵士の場合、中東にある交代センターでは買春をできるような環境にはなく、また米本国へはそこから直接空輸されるので、かつて朝鮮戦争時に途中で日本に寄って買春していったという状況とも異なる。

断定できるほどの十分な資料がないが、そうした状況を見ると、米軍の駐留するところでは売春がはびこるというのは必ずしも時代を超えた普遍的な現象ではないのかもしれない。軍隊と買春が結びつきやすいという議論は可能であろうが、それ以上に両者が結びつく諸条件の分析が必要であろう。

ただそうした状況は米軍が性暴力を克服したことを意味するものではない。近年、米軍においても重大な問題として認識されているのが米軍内におけるセクシャルハラスメントや強かんなどの性暴力であり、冒頭で触れたように米軍将兵による一般女性に対する性犯罪も依然として深刻な問題となっている。湾岸戦争以来、現在のイラク戦争・イラク治安維持のための戦争を含めて、絶え間なく戦争状態に置かれている米軍においては、戦争神経症が多発し、そうした精神的ストレスが強かんをはじめ、アブグレイブ収容所での性的侮辱などの虐待も含めて他者への攻撃・破壊となって表れているのかもしれない。二〇〇六年一月二七日、退役軍人省は、イラクとアフガニスタンから帰還した退役兵のうち、二万人近くが心的外傷後ストレス障害PTSDと診断され、それ以外にうつ病や薬物・アルコール依存症などが確認された者も同程度いると発表している。つまり帰還後に医療施設などで受診した退役兵一二万人のうち三分の一にあたる四万人が何らかの「心の病気」と診断されたことになる。(45)陸軍の精神医学専門家たちの分析によると、イラクから帰ってきた陸軍と海兵隊兵士の三分の一が精神的な問題で助けを求めており、一二パーセントが治療を受けるべき精神障害を負っていると報告されている。(46)

イラク戦争前のデータしかないが、アメリカにおけるホームレスは一九九〇年代末において二〇〇数十万から三〇〇数十万人と推計されているが、一九九九年一二月に発表された「ホームレスに関する政府省庁間協議会」が発表した報告によると、ホームレスの二三パーセントは退役軍人であり、男性のホームレスに限ると三

三パーセントにのぼっている。(47)

一九九八年時点において、刑務所に収容されている退役軍人は二二万五七〇〇人（退役軍人の総数は約二五〇〇万人）にのぼっている。州刑務所に収容されている退役軍人の一六・八パーセントが殺人、一七・八パーセントが性的暴行という凶悪犯罪であり、非退役軍人がそれぞれ一二・八パーセント、七・二パーセントであるのに比べて大きく上回っている（連邦刑務所でも同じ傾向）。軍刑務所においては一九九七年時点で収容者の三〇・六パーセントが性的暴行によるものとなっている。(48)

イラク戦争開始後、こうした状況は一層深刻になっていると見られる。つまり兵士たちの精神的ダメージは、社会への適応を困難にしホームレス化を促進し、他方では犯罪を犯す傾向が高まり、特に殺人や性的暴行を起こしやすくなると言ってよいのかもしれない。

現在、米軍では買春はやりにくくなりつつあり、また軍隊内でのセクシャルハラスメント対策の強化がすすんでいるが、将兵たちを殺人マシーンに訓練しつつ正当性のない戦争に送り込んでいることが将兵の精神に深刻なダメージを与え、そうしたことがさまざまな形で暴力となって表面化しているのではないだろうか。性暴力はそうした現れの一つと言えるだろう。(49)

一九七〇年代においては、兵士たちのランニングでの掛け声として、"I wanna Rape Kill Pillage'n' Burn, annnn' Eat dead Baaa-bies"（「レイプするぞぶっ殺すぞぶんどって焼き捨てて死んだ赤ん坊を食ってやる」）という歌が歌われていたが、今日ではこのような歌は米軍内では許されない。(50) 兵士の訓練、士気高揚のために女性への蔑視差別を煽るような手法は現在の米軍の中では公然とはやりにくくなっている。女性兵士が大量に増えたこと（二〇〇五年四月末現在、全米軍一三七万九一九八人中二〇万一七五九人、一四・六％）や一九九〇年代に入ってようやくセクシャルハラスメントや性暴力が軍当局によって深刻な問題として認識されるようになってきたことなどが背景にはあるだろう[51]。

しかし、米軍が現在の戦争体制と兵士の訓練システムを維持しているかぎり、建前としていくら性暴力を抑えようとしても不可能であろう。ただ一九七〇年代までのあり方とは違っており、軍隊における性暴力の表れ方も、その軍隊のおかれた諸条件によって異なってくると考えるべきかもしれない。こうした問題はまだよく整理できていないので今後の課題としておきたい。

本稿が扱った時期は、第二次大戦直後から一九五〇年代までの時期であり、その段階では米軍と性売買との関連はきわめて大きかったし、それが東アジア社会に与えた負の遺産も大きい。しかし一九八〇年代あるいは一九九〇年代以降の状況はかなり違った様相を呈しているように見える。いずれにせよ軍隊と性暴力の関連については、歴史的変化を含めた諸条件の中で具体的に分析し解明する作業を一歩ずつ積み重ねる必要があると思われる。本稿はそのための初歩的な一作業にすぎない。

（1）『琉球新報』二〇〇五年七月二日、『赤旗』二〇〇五年七月一九日。
（2）衆議院外交委員会での大林宏法務省刑事局長の答弁、二〇〇五年七月一日。なお軍事裁判を受けたケースの詳細について日本政府は公表を拒否している（同委員会七月一五日）。
（3）アバディーン事件を含め、こうした米兵による性犯罪については、T. S. Nelson, *For Love of Country: Confronting Rape and Sexual Harassment in the U.S. Military,* (New York: The Haworth Maltreatment and Trauma Press, 2002) がくわしい。また *Stars and Stripes* や CNN、国防総省のウェブサイトでもしばしば報告されているので参考になる。
（4）『赤旗』二〇〇五年九月二九日。
（5）*Stars and Stripes*（Pacific Edition）, June 26, 2004（同誌のウェブサイト http://www.estripes.com/ 二〇〇四年一〇月三一日アクセス）.
（6）CNN.com/U.S., August 29, 2003（CNN のウェブサイト http://www.cnn.com/ 二〇〇四年一〇月三一日アクセス）.

（7）*Stars and Stripes*(European Edition), May 15, 2004（同誌のウェブサイト http://www.estripes.com/ 二〇〇四年一一月一七日アクセス）.

（8）戦後東アジアにおける米軍基地の形成過程とそのなかでの性売買問題については、拙稿「基地論――日本本土・沖縄・韓国・フィリピン」（『岩波講座 アジア・太平洋戦争 第7巻支配と暴力 Ⅳ 支配の継続と再編』岩波書店、二〇〇六年）を参照していただきたい。

（9）RG554/67/62. 年間千分比とは一〇〇〇人中一年間に性病に罹る人数の率で、米軍はこの数字を各部隊に報告させていた。

（10）Aサイン方式のその後の展開については、小野沢あかね「米軍統治下Aサインバーの変遷に関する一考察――女性従業員の待遇を中心にして」（『琉球大学法文学部紀要 日本東洋文化論集』第11号、二〇〇五年三月）、参照。

（11）韓国軍向け慰安所については、金貴玉「朝鮮戦争と女性――軍慰安婦と軍慰安所を中心に」（徐勝編『東アジアの冷戦と国家テロリズム』御茶ノ水書房、二〇〇四年）、アクティブ・ミュージアム「女たちの戦争と平和資料館」編『戦時性暴力をなぜ記録するのか』（同資料館、二〇〇五年）所収の金貴玉氏の講演録・資料など、国連軍向け慰安所については、Lee ImHa, "Korean War and Mobilization of Women," unpublished paper（世界女性学大会での報告、二〇〇五年六月二〇日、ソウルにて）参照。

（12）韓国女性ホットライン連合編（山下英愛訳）『韓国女性人権運動史』明石書店、二〇〇四年、第五章、Katharine H.S. Moon, *Sex Among Allies: Military Prostitution in U.S.-Korea Relations*（New York: Columbia University Press, 1997）, 参照。

（13）Harry Benjamin & R.E.L. Masters, *Prostitution and Morality* (New York: The Julian Press, 1964), pp.408-409. RAA の経緯については、拙稿「アメリカ軍の性対策の歴史」のほか、ドウス昌代『敗者の贈物』（講談社、一九七九年）、参照。

（14）RG338（第8軍資料）、RG112（陸軍軍医総監部）のさまざまなボックスの資料（RG338/A1-136/1048,338/A1-132/312,112/1012/402）より集計。

（15）藤目ゆき『東アジア冷戦とジェンダー』（科学研究費補助金（C）研究成果報告書）、二〇〇三年、第三章参照。

（16）日本の戦争責任資料センター編・解説（文責林博史）、川島めぐみ翻訳協力「アメリカ軍ならびに日本軍における戦争神経症についてのレポート」（『季刊戦争責任研究』第39号、二〇〇三年三月）、二五―二七頁。米軍の戦争神経症対策については、この解説を参照していただきたい。

（17）Elizabeth D. Schafer, "Rest and Recuperation (R&R)," in Spencer C. Tucker (ed.), *Encyclopedia of The Korean War* (New York: Checkmark Books, 2002), pp.563-564.

（18）田中はるみ「奈良R・Rセンターと地域住民——朝鮮戦争下の在日国連軍基地をめぐって」（『大阪国際平和研究所紀要 戦争と平和』Vol.10、二〇〇一年）、四五—四七頁より。以下、紹介する資料も本論文より。

（19）Elizabeth D. Schafer, "Rotation of Troops System," in Tucker, op.cit., pp.574-575.

（20）RG338/A1-133/844. 第八軍や極東軍においてもこの問題は取り上げられている。

（21）労働省婦人青年局『売春に関する資料』一九五三年、四三—四四頁。なお本稿で利用した一九五〇年代の文献は、『性暴力問題資料集成』第1巻～第15巻（不二出版、二〇〇四—二〇〇五年、継続して刊行予定）に収録されているものが多い。なお日本側資料では「オハラ上院議員」とあるが、当時の合衆国連邦議会上院に「オハラ」という名前の上院議員を確認することはできなかった。

（22）一九五三年七月一〇日衆議院外務委員会での答弁。

（23）米軍内ではこの時期、部隊の性病罹患率の高さを部隊長の勤務評定の一要素とする方針をやめつつあった（たとえば "United States Army Forces, Far East, Circular," No.152, August 7, 1953, RG112/31/1267）。

（24）労働省婦人少年局『戦後新たに発生した集娼地域における売春の実情について』一九五五年。なお赤線とは公認の売春地区、青線とは非公認の売春地区を指す用語である。

（25）労働省婦人青年局『売春に関する資料』一九五三年、八四頁。

（26）この時期の日本本土における基地と売春については、藤目前掲書がくわしい。

（27）さらにくわしくは、前掲拙稿「基地論」参照。

（28）沖縄の状況については、前掲小野沢論文ならびに沖縄国際大学文学部社会学科石原ゼミナール編『戦後コザにおける民衆生活と音楽文化』（榕樹社、一九九四年）など、フィリピンについては、Cynthia Enloe, *Bananas Beaches & Bases: Making Feminist Sense of International Politics* (Berkeley and Los Angeles: University of California Press, 2000, first published in 1989), pp.84-92, Sandra Pollock Sturdevant & Brenda Stoltzfus, *Let the Good Times Roll: Prostitution and the U.S. Military in Asia,* (New York: The New Press, 1992), 参照。

(29) 神奈川県警察部「進駐軍に対する不法行為申報綴」の八月三一日の項（粟屋憲太郎・中園裕編集・解説『敗戦直後の社会情勢 第7巻 進駐軍の不法行為』現代史料出版、一九九九年、第7巻、五四頁）。この第7巻には、米兵による多数の犯罪が日本側資料によって示されている。

(30) 内務省警保局外事課「進駐軍の不法行為」綴り（『敗戦直後の社会情勢』第7巻、二六一頁）。

(31) 米軍の捜査報告書は、第8軍ならびに南西太平洋方面軍の資料群（RG338とRG496）の中に含まれている。その中の一つである九月四日に横須賀でおきた強かん事件の捜査報告書の全文（RG338/A1-132/162）を『季刊戦争責任研究』第四〇号、二〇〇三年六月、に紹介しているので参照していただきたい。

(32) 九月六日付指示は、RG338/A1-136/1045, 第6軍資料はRG338/A1-135/909, 四六年八月中の犯罪件数は同年一一月一日付の日本政府からの報告（RG496/194/1677）, 一九四七年の数字は一九五〇年三月の極東軍の報告書（RG554/79A/199）, 四九年六月から一一月の数字は第8軍の月例報告より（RG338/A1-135/1031）。

(33) 私家版、二〇〇一年。なお初版は一九九六年二月。また拙著『沖縄戦と民衆』（大月書店、二〇〇一年）三六二―三六四頁も参照。

(34)『沖縄県史 資料編14 琉球列島の軍政一九四五―一九五〇（和訳編）』（沖縄県教育委員会、二〇〇二年）、七一―七四頁。原資料は、"Military Government in the Ryukyu Islands 1945-1950"である。

(35) ポール・スキューズのメモ（日付不明、ポール・スキューズ文書ファイルNo.9、沖縄県公文書館所蔵）。

(36) RG554の中の第24軍団文書にいくつか関連資料が含まれている。

(37) The Judge Advocate General of the Armed Forces, *Digest of Opinions*, Vol.1-Vol.5, 1952-1956（米議会図書館所蔵）

(38) 訓練中の事故なども含まれるので、米兵による犯罪だけではない。

(39) 一九五七年三月二二日におこなわれた極東陸軍の会議録（RG554/USAFFE/7）.

(40) 駐韓米軍犯罪根絶のための運動本部編（徐勝・広瀬貴子訳）『駐韓米軍犯罪白書』（青木書店、一九九九年）、一二四―一二六頁。主な犯罪事件については、同書ならびに「老斤里から梅香里まで」発刊委員会編（キップンチャユ日本語版翻訳委員会訳）『老斤里から梅香里まで――駐韓米軍問題解決運動史』（図書出版、二〇〇二年）参照。

(41) 米兵による犯罪のくわしい記録として、対米請求権記録誌編集委員会編『沖縄対米請求権問題の記録』（沖縄県対米請求権事業協会、一九九四年）をあげておく。

（42）一九五〇年代の東アジアの米軍基地再編については、前掲拙稿「基地論」参照。

（43）以上の大日本帝国内の動きについては、藤永壮「植民地公娼制と日本軍『慰安婦』制度」（早川紀代編『戦争・暴力と女性3 植民地と戦争責任』吉川弘文館、二〇〇五年）、吉見義明・林博史編著『共同研究 日本軍慰安婦』（大月書店、一九九五年）の筆者の執筆分（一〇八―一一四頁）、拙稿「日本軍慰安婦前史――シベリア出兵と「からゆきさん」」（笠原十九司・吉田裕編『現代歴史学と南京事件』柏書房、二〇〇六年、一九二―一九三頁）、など参照。

（44）厚生省・全国社会福祉協議会連合会『社会福祉行政資料一九五二』一九五二年、五七―六〇頁。

（45）二〇〇六年一月二七日時事通信配信記事、『読売新聞』二〇〇六年一月二八日。

（46）*Washington Post*, March 1, 2006（同誌のウェブサイト http://www.washingtonpost.com/ 二〇〇六年四月七日アクセス）.

（47）National Coalition for Homeless Veterans のウェブサイト（http://www.nchv.org/background.cfm 二〇〇六年四月七日アクセス）より。このレポートの正式名は、The Interagency Council on the Homeless, "The Forgotten Americans-Homelessness: Program and the People They Serve," December 8, 1999.

（48）一般ならびに軍刑務所のデータは、Bureau of Justice Statistics, Department of Justice, "Special Report: Veterans in Prison or Jail," January 2000（Revised in September 29, 2000）（司法省のウェブサイト http://www.ojp.usdoj.gov/bis/ 二〇〇六年四月六日アクセス）。

（49）米軍兵士たちの殺人マシーン化については、David A. Grossman, *On Killing: The Psychological Cost of Learning to kill in War and Society*（New York: Little, Brown, 1995）（安原和見訳『戦争における「人殺し」の心理学』筑摩書房、二〇〇四年）参照。

（50）Grossman op.cit., pp. 307-308（邦訳四七〇頁）.

（51）女性兵士の人数やセクシャルハラスメント対策については、国防総省のウェブサイト http:www.defenselink.mil/ 参照。後者については、一九九五年と二〇〇二年におこなわれたセクシャルハラスメント調査 Sexual Harassment Survey の報告書が参考になる。なお同性愛あるいは同性に対する性暴力の問題については今後の課題としておきたい。

第三章　日本軍「慰安婦」と米軍の性犯罪

『平和運動』第五一七号、二〇一四年三月

二〇世紀における国家による最大の組織的性暴力と言える日本軍「慰安婦」制度と、地球上の各地に基地を展開している世界最大の軍事大国である米軍の性暴力、それぞれ大きなテーマですが、日本の現状を考えると、この二つは密接にかかわっていると思います。

1　軍隊と性売買

軍隊と性売買のはじまり

はじめに、歴史的な経緯を述べたいと思います。軍隊と性の問題では、やはり軍隊と売春との関係が非常に大きな問題です。

最近は女性の兵士が増えていますが、軍隊というのは男の社会だというのが一般的なイメージでしょう。しかし、軍隊が男の社会になるのは一九世紀ごろです。それまでの軍隊を考えると、キャンプ・フォローワーという人々がたくさんいました。兵士たちは遠征に行く場合、家族を連れて行きました。独身の兵士たちの場合は、炊事、洗濯から性の相手まですべての世話をするキャンプ・フォローワーという人々が後についてきて、世話をしてもらいました。軍人というのは、特に腕力が必要ですから男が多いのですけれども、その周辺にキャンプ・フォローワーたちが、場合によっては男たちの二倍や三倍、ぞろぞろと生活をしながらついていきました。これが長い間の軍のあり方でした。

このような軍隊のあり方が、一九世紀のいわゆる近代国民国家が成立してから、たとえばフランス革命、アメリカの独立戦争以降、変ってきます。徴兵制が導入されて、いわゆる雇い兵ではない「国民軍」が成立してきます。その中で、いわゆる後方業務も軍自身が担いはじめる。そうすると、軍の周辺から女性が排除されます。それで後方業務もすべて男たちでやることになります。もちろん従軍看護婦など女性もいますが、軍隊という組織からは、ほとんど女性が排除されていきます。

そうした状況の中で問題になってくるのが「売春」です。軍隊というのは金も持っていますし、食べ物も含めて物があります。特に戦場になると経済が破壊されて、人々は食べていけなくなります。人々にとって周りで食べ物がたくさんあるところは軍隊です。どうやってあそこの食べ物が手に入るのか。軍隊が男の集団になってくると、そこに一般の男性が行っても何も相手にされないでしょうが、若い女性であれば、そこでセックスとの交換で生活に必要ないろいろな物が得られる。もちろんその背景には、女性にはきちんとした収入のある仕事がないという女性差別の構造があることはいうまでもありません。

「売春」との関係では、軍隊の主な関心は兵士の性病問題です。兵士が性病にかかると、一九世紀の段階では薬がありませんから治らず、戦力ではなくなっていまいます。兵士として役に立たなくなるのです。ですから、軍隊にとって性病問題というのは非常に深刻な問題です。二〇世紀初めに、サルバルサンという治療薬が登場しますが、これも非常に副作用が強くて、治るのに何か月も、あるいは一年以上かかったようです。ですから、軍にとって、性病の感染源としての売春婦をどうするのかということは深刻な問題になってきます。

ヨーロッパ型の対策

公娼制の前身は、日本では江戸時代からありましたが、近代の公娼制は、ヨーロッパからはじまり、それを日本も取り入れます。

兵士あるいは兵士になるであろう男子が性病にかかると兵士として使いものにならなくなります。ですから、若い男たちが性病にかからないようにするための対策として、売春婦を一カ所に集めて管理をしました。こうして国が公認する性売買、公娼制が確立します。一九世紀に入ってからドイツ、フランス、イギリスなどのヨーロッパ諸国はこの方式をとります。日本も明治政府がこうした方式を導入します。

しかし、ヨーロッパでは一九世紀後半から、女性に対する差別、人身売買だとの批判がおこりはじめます。売春をさせられている女性（ホワイト・スレイブ＝白奴隷）を救おうという運動がおこります。つまりこうした女性を「奴隷」とする認識はこのときからありました。いま、日本軍「慰安婦」を性奴隷というのは捏造だ、「慰安婦」は公娼だから問題ないという政治家や右翼がいますが、かれらは一九世紀よりも人権意識が遅れています。

二〇世紀、特に第一次世界大戦後は、公娼制＝国家が性売買を公認する制度はなくそうということになります。それは日本でも始まります。しかし、第Ⅰ部で見てきたように日本軍はこの流れに逆行します。

米軍の性管理政策の背景

アメリカは、ヨーロッパや日本とは異なる対策をとります。

アメリカは、ヨーロッパ諸国に比べると後発の帝国主義国でした。アメリカは、どのような対策がいいか試行錯誤しますが、ヨーロッパの経験を見て、公娼制は性病予防対策としては失敗だったとの結論にいたります。結論は、兵士が買春しないことが性病を予防するということです。それ自身は真っ当な結論だと思います。ですから、駐屯地の周辺に売春婦がいないようにするという、ある種の禁欲政策、売春禁圧政策をとります。ここには売春をする女性に対する差別的侮蔑的な意識があり、問題なのですが、ともあれ、こうした、軍隊に買春を認めないという政策は一九一〇年代に確立します。

アメリカの政策の背景には、ピューリタニズムと革新主義があったと考えられます。

ピューリタニズムというのは、夫婦以外では性関係を持ってはいけない、というある種の禁欲的な道徳です。ですから、売春などとんでもないことで、しかも、自分たちの善良な息子が国家によって兵隊に連れて行かれ、そこで売春婦と関係を持つ、こんなことは許せない。ましてそれを国が認める、国が公認するとか奨励するなどというのはとんでもないという認識です。こういう考え方は、ブッシュ政権を支えていた、いわゆるキリスト教右派、特に中西部の保守的な地域に強い考え方です。

二〇〇七年に、日本の右翼的な政治家やいわゆる「知識人」が連名で「日本軍の慰安婦制度というのは悪くない」という趣旨の意見広告をアメリカの新聞『ワシントンポスト』（六月一四日付）に掲載しました。広告を出した側は「日本軍慰安婦というのは普通の売春と同じだ。それを軍が管理しただけだ」、だから悪くないんだとしか思っていないようですが、アメリカの保守派からすると、売春を軍が認めること自体がとんでもない話なのです。ですから、アメリカ下院での「慰安婦」決議（同年七月三〇日、満場一致で可決）というのは、リベラル派、人権派が推進していますが、あの意見広告によって保守派まで怒らせてしまったのです。

もう一つの要素が「革新主義」です。アメリカでは、一九〇〇年代から一九一〇年代というのは革新主義の時代だといわれています。これは、人間というのは理性によって感情をコントロールできる。人間の理性によって理想的な社会をつくることができる。人間は非常に理性的な存在で、自分自身も人間の社会も理性的に管理できるのだという考え方です。ある意味、非常に科学主義的な考え方で、性的な欲望についても自分でコントロールできる。売春というものも完全に撲滅できる、人間はそれだけ理性的な存在だという考え方です。この革新主義は、当時アメリカの政治腐敗やあるいは子どもの問題、女性の問題などの社会問題について社会改革を求める運動を支える思想でした。一九一九年に有名な禁酒法が制定されますが、人間は酒（アルコール）なしで自分をちゃんと管理できる、という考え方によるものです。

しかし、日本にやってきた米軍の実態を見ると、米軍が売春禁圧策という考え方をとっていたなんで、まったく違うのではないかと思われるかもしれませんが、この点は後ほどふれたいと思います。

2　日本軍「慰安婦制度」

（注）本節は、本書の他の章と重複するので省略しました。

3　第二次大戦後の米軍の性管理

管理政策のゆらぎ

アメリカ軍は、先ほどふれたように、かなり強固な禁欲政策をとっていました。しかし第二次世界大戦中に世界各地に駐留するようになり、二〇数万人だった軍隊が一二〇〇万人に膨れ上がりました。そうすると、豊かな物資を持っていた世界各地の米軍の駐屯地に女性が集まってきます。

それまでは、性病にいい治療薬がなく、性病にかかると軍務から外れなければならず、軍隊にとっては大きな損失でした。しかし、ペニシリンの発明と実用化が進むことによって、性病患者は入院治療から外来扱いに変わります。そうなると性病に罹っても兵力の損失にならなくなります。軍人の全病気のなかの性病による損失は、第二次世界大戦前の一八%から一九五三年には一%以下になるのです。そのことによって、軍内部では性病問題への関心が急速に低下し、禁欲政策が揺らいできたのではないかと考えられます。

各地に駐留するアメリカ軍の指導部の中には、将兵に禁欲を強いるよりは、適当に遊ばせた方がよいと考え、売春宿を事実上、軍が認めるような事例もたくさん出てきました。

米軍占領下の日本

しかし、アメリカ本国では軍中央は従来の売春禁圧策を維持していましたし、アメリカ社会も軍が売春を公認することは認めませんでした。

戦後、日本はアメリカ軍の占領下におかれます。すると、特殊慰安施設協会RAA（Recreation and Amusement Association）という米軍向けの慰安所を日本の内務省、警察がつくって提供します。はじめ、アメリカ軍はそれを利用しますが、一九四六年三月にはオフリミッツ（立ち入り禁止）にして閉鎖させます。その理由の一つは、従軍牧師の存在です。チャプレンといって、アメリカ軍には多くの従軍牧師がいます。彼らは大会を開いて、買春を認める制度はけしからんと本国の軍に抗議します。ここが日本と違うのですが、アメリカ本国でも、若い有能な青年に買春させるとはけしからんというように批判が拡がっていきます。そこで、軍中央は、マッカーサーに本国の方針とは違うのでやめろと伝えてオフリミッツさせます。

世界各地での事例を見ても、兵士や従軍牧師らが、売春を公認する現地の軍を批判し、それを米国郷土の牧師や国会議員に訴え、かれらが軍中央に申し入れて、売春宿の公認をやめさせた例も少なくありませんでした。軍が買春を認める、売春婦を管理することはできないので、アメリカ軍は、オフリミッツという方法をとります。これによって、性病の管理を地元政府にさせるのです。

つまり、兵士が性病に感染すると、その感染源である建物や地域をオフリミッツ＝立ち入り禁止に設定します。アメリカ兵が来なくなると、その地域は、売春宿だけではなく、バーやレストラン、さらにはお土産物屋さんなど、経済的な打撃を受けます。そこで行政や業者が性病対策をきちんととるようになり、性病に感染した売春婦を治療させ、大丈夫だと判断した上で米軍はオフリミッツを解くのです。こうして表向きには米軍は買春に関与せず、そうした地域には将兵が立ち入らないようにオフリミッツにしているとも説明でき、同時に性病も防ぐことができるということになるのです。このことは日本側も認識していました。

アメリカ軍のこうしたやり方も、もちろん問題があるのですが、公然と売春を認めることはアメリカ政府・軍もアメリカ社会も、少なくとも表向きは許しませんでした。一兵士や牧師が、堂々と軍の問題ある行為を訴え、国会議員などが軍を批判できたという点では、自由主義国だったといえるかもしれません。軍の施設として慰安所を公然と設置運営をし、市民や政治家もそうした軍のやり方を批判できなかった日本とはかなり様相が違います。ですからアメリカ軍の女性に対する対応は、それはそれとして批判されるべきだと思いますが、少なくとも日本軍の慰安所と同じだとはとても言えないと思います。

4　沖縄における米軍占領下の性暴力

在日米軍による事件・事故は、一九五二年から二〇一二年度までに、公務上・公務外をあわせて二〇万九一〇九件、日本人死者は一〇九〇人となっています。これには占領下の沖縄での数字は入っていないので、それを加えると何千、何万という日本人が傷つけられ殺されていることになろうかと思います。米兵に強かんされた女性は何万人にも及ぶでしょう。あるいは何十万人にもなるかもしれません。それでも「日本を守ってもらっている」と言う感覚は理解できません。

沖縄での米軍による性暴力

ここで沖縄戦の最中の米兵による二つの性暴力事件を紹介しましょう。最近、米国立公文書館のサンフランシスコ分館で見つけた資料です（林博史「資料紹介　占領下沖縄における米兵の性犯罪」『季刊戦争責任研究』第八〇号、二〇一三年六月）。

一九四五年四月一四日、米軍が沖縄本島に上陸して二週間後、二人の海兵隊員が民家に押し入って女性を家から引きずり、暴力を加えて離れた場所でレイプしようとしました。彼女が隙をみて叫んだため、憲兵が駆けつけ二人は逮捕されます。軍法会議の判決は禁固二〇年と不名誉除隊となります。しかし、召集官（沖縄の海軍司令官のこと）が一二年に減刑。さらに海軍法務総監の勧告に従って海軍長官代理が「レイプを意図して暴行」を破棄し、軍の秩序を乱したという理由だけで禁固三年に減刑されます。レイプについて有罪判決を破棄したのは、殺されるかと思った女性が「自ら」横になったことが理由です。

同年五月九日、二人の海軍兵が家に押し入り女性をレイプしました。軍法会議はレイプを認定し、禁固九年、降格のすえ不名誉除隊の判決を下します。しかし召集官が五年に減刑。さらに海軍長官が海軍法務総監の勧告を受けて、判決破棄、釈放となります。レイプと認定しなかった理由は、女性が叫ばなかった、最大限の抵抗をしなかった、逃げられたはず、抵抗が無駄であるという状況ではなかった、などです。

こうした事例をレイプとは認定しなかったことは、現場の兵士に少なからず影響を与えたと思われます。この二つの軍法会議は、沖縄戦の最中に行われています。その時の米軍は、沖縄の住民が日本軍とともに抵抗すれば泥沼の戦争になってしまうので、そうならないようにかなり気を使っていたように思われます。ワシントンが減刑にしたのは沖縄戦が終わってからです。資料的な裏付けはありませんが、減刑としたのは沖縄県民対して気を使う必要がなくなったからではないかと思われます。ここに、戦後の米軍の沖縄支配の発想、原点があるのではないかと思います。

沖縄戦の初期には、沖縄本島中部で激しい戦いが繰り広げられていましたから、性犯罪は本島の北部で多く起きています。おもに第六海兵師団の兵士ではないかと思われます。この部隊は、一九四五年八月三〇日に横須賀に上陸しました。米兵による日本本土での最初の強姦事件は、その日の午前一一時頃と午後六時ごろに二件起きています。沖縄での性暴力は、横浜横須賀での性暴力とつながっています。

5　米軍の内外への性暴力

米軍による性売買問題は、韓国では依然として問題であるようですが、今日の日本や沖縄ではそれほど大きな問題とは見なされなくなってきています。全体の傾向として、別の性暴力——軍隊外での一般市民に対する性暴力と軍隊内での性暴力――が問題視されるようになってきました。

軍内部での性暴力の実態

米軍全体の女性兵士の比率は、第二次世界大戦中のピークは三%、一〇万人弱でした。その後は一・五%以下で、一九八〇年には八・五%、一九九九年は一四%、二〇一四年では約一五%、約二〇万人となっています。九〇年代に入り、米軍内部での性暴力が深刻化し、軍の上層部も問題を認識するようになり、多くの事件が表面化するとともに、さまざまな実態調査がおこなわれるようになりました。その一例を紹介すると、一九九六年には、一九八一年以降に入隊した女性の四九%が、レイプまたは性的虐待を経験したとの調査結果が発表されています。

二〇〇二年には、軍によって第三回セクシャル・ハラスメント調査(Sexual Harassment Survey、二〇〇四年二月結果公表)が行われました。サンプル数は六万四一五人です。日本全体の世論調査が二〇〇〇人ぐらいをサンプルにおこなわれていることを考えると、大規模なものです。過去一年間にセクハラを受けた人は女性で二四%(一九九五年は四六%。以下、( )内は一九九五年)、男性は三%(八%)。性的暴行(レイプ、レイプ未遂、強制わいせつ)をうけたというのは女性で三%(六%)、男性で一%(一%)です。女性の三%というのは、米軍全体では約六〇〇〇人に相当します。男性も一〇〇万人以上いますから、その一%でも一万人以上で、深刻です。

二〇〇三年に、コロラドスプリング空軍士官学校での数々の性的暴行事件が表面化しました。女性回答者五七九人(在籍六五九人)のうちセクハラ被害を受けたのは七〇%、うち性的暴行が一九%(一〇九人)、そのうちレイプまたはレイプ未遂が七・四%(四三人)におよびました。女性が訴えなかった理由(複数回答）は、直属ではない上官からの報復の恐れ二七・三％、直属の上官からの報復の恐れ二四・五％、司令官からの報復の恐れ二五・二％、仲間からの村八分四八・三％、何もやってくれないという恐れ四四・五％、embarrassment（当惑？）五七・三％などでした。

人間改造機関としての軍隊

アメリカ軍の訓練方式は、人間を殺人マシーンに変えていくというものです。

人は、〝他人を傷つけてはいけない、殺してはいけない〟と教えられて育ってきますので、大人になって〝人を殺せ〟といわれても簡単にはできません。アメリカでの研究ですが、アメリカの歩兵が敵に向かって銃を撃った割合が、第二次世界大戦でだいたい一五～二〇％でした。多くの兵士は人を殺すことをためらって銃をそらしてしまいました。また、負傷などいろいろな口実をつけて人を殺さないようにしていました。この結果に軍はショックをうけます。そこで訓練方法変えて、朝鮮戦争では五五％、ベトナム戦争では九〇％以上、イラク戦争では九五％以上が人に向かって銃を撃つことができるようになりました（デーブ・グロスマン、安原和見訳『戦争における「人殺し」の心理学』ちくま学芸文庫、二〇〇四年）。

その訓練方法ですが、例えばイラク戦争のときには、「殺せ、殺せ、砂漠のニガーを殺せ」「（アフガニスタンの人々は）テロリストのくそ野郎で、全員死に値する」「一発撃つたび、一人殺せ、アラブ人を一人、アジア人を一人」「女を殺せ、子どもを殺せ、殺せ、殺せ、全員殺せ」などと叫ばせながら訓練をしていました。こういうことなどをして人を平気で殺すことのできる兵士に作り変えていくのです（堤未果『報道が教えてくれないアメリカ弱者革命』海鳴社、二〇〇六年）。

テレビゲームも利用されています。敵がパッと現れたらバンと撃つ、そういうテレビゲームがあります。テレビゲームがうまい人、子どもというのは、ほとんど考えないで手や体が反応しています。人を殺す訓練もそれと同じです。「人を殺す」ということを意識すると殺せなくなるので、何も考えないで無意識のうちに体が動くようにする。つまり、何かが動くと自動的に銃の引き金を引くようにする。さらにテレビゲームのなかで人を殺しても、人を殺したという感覚がない。その感覚があると、人を殺すことに抵抗感が生まれます。ですから人を殺すという感覚をなくさせる、つまり無感覚化の訓練です。これらを「条件付け」といっています。その訓練です。ですから実際の訓練でもテレビゲームをずいぶん使っています。

イラク戦争が始まってからですが、イラクにいるイギリス軍の将校はイギリスの新聞紙上で、「我々は相手を確かめてから撃つけれども、アメリカ兵は確かめる前に撃つ。撃って殺してから確かめるのだ」と批判していました。これはもう誤射ではないのです。そのように条件づけられている。まず撃って、殺してから確かめる。あれはたぶん意識してやっているわけではなくて、そういうふうに訓練で条件付けされているからだと思います。

では、こうして作りかえられた兵士が、日常生活に戻っていけるでしょうか。切り替えることのできる人もいるでしょうが、そうでない人も少なくないでしょう。アメリカ軍自身が、殺人マシーンをつくり、アメリカ軍の基地はそういう人たちが駐屯する場所になるのです。また、元兵士、退役兵による凶悪犯罪、ＰＴＳＤ、重度の障害、家庭崩壊、自殺、ホームレスなども問題になっています。

6　自衛隊の実態

高い自殺率

これまで話をしてきたアメリカ軍の問題は他人事ではありません。自衛隊もアメリカ軍にならってこうした訓練を取り入れています。日米共同作戦でアメリカの海兵隊などと行動作戦をするわけですから、自衛隊が人に向かって銃を撃つことができないと困るわけです。

最近の自衛隊は、いじめや自殺が多くなっています。特にイラクから帰ってきた隊員の自殺率は高くなっています。自衛隊員の自殺は、二〇一一年は七八人で、一〇万人当たり三四・二人です。他の国家公務員は同一七・七人（〇五年）ですから約倍です。イラクから帰ってきた自衛隊員の自殺は、二〇一二年六月までに二五人（陸一九人、空六人）で、陸上自衛隊の場合は一〇万人当たりにすると三四五・五人となります。航空自衛隊でも一六六・七人です。これに退役軍人の自殺者を加えるともっと多くなりますが米陸軍のアフガニスタン・イラク帰還兵の場合が同一二・四人であるのに比べ、自衛隊の自殺率は非常に高いと言えます。

ところで旧日本軍の自殺者は一九三七年から一九三八年までで一〇万人あたり約三〇人で、憲兵隊が約一〇カ国の軍隊の自殺率を調べて「日本の軍隊が世界で一番自殺率が高いといふことになる」（憲兵隊司令部報告書一九三八年一〇月、『季刊戦争責任研究』第三号、二〇〇六年九月に全文収録）と嘆いています。そもそも戦前の旧日本軍も自殺率が高い軍隊でしたが、これに比べても、イラクに派兵された自衛隊員の自殺率は高いことがわかります。

日本社会全体も、一九九〇年代から年間三万人もの人々が自殺に追い込まれるという状況がありますから、自衛隊員も当然そうした社会の一員ではありますが、日米共同作戦態勢の強化のなかで高くなっているといえるのではないでしょうか。

自衛隊内での性暴力

自衛隊内部のセクハラ・性暴力も問題になってきています。女性自衛官は約一万二〇〇〇人で、全体の五％強です。一九九八年に防衛庁は男女一〇〇〇人ずつを対象にセクハラ調査を行っています。女性の回答では、「性的関係の強要」が一八・七％、「(性的) 暴行 (未遂を含む)」七・四％、「わざとさわる」五九・八％、「後をつける・私生活の侵害」一八・二％、「性的なからかい・冗談等」六四・四％です。二〇〇七年の調査では、それぞれ三・四％、一・五％、二〇・三％、二三・九％と減ってはいます。

自衛隊の中での性暴力だけでなく、いじめ、いじめ自殺、暴行などたくさんの問題があります (三宅勝久『悩める自衛官』花伝社、二〇〇四年、同『自衛隊員が死んでいく』花伝社、二〇〇八年)。これら自体も深刻なのですが、自衛隊のイメージ戦略・宣伝のなかでいいイメージだけが国民に広がり、こうした重大な問題が隠されているのは危険なことです。

おわりに

社会と軍隊との関係

軍隊のありようは、社会にも影響を与えています。スポーツの世界では体罰が問題になっていますが、体罰はもともと旧日本軍の私的制裁からはじまっています。そして戦争を真に反省しない日本社会の中で受け継がれてきたものです。

今日の日本社会は、競争社会、格差社会になっていて、ともすれば自己責任が強調されます。仲間といっしょになって何かを解決していくという発想が持てず、とにかく自分が一人でがんばらないといけないという考えになります。本人ががんばらないから非正規雇用になってしまうんだと、弱者になるのは弱者本人の責任だとして切り捨てられてしまう。こうして一人ひとりがバラバラにされ、人間関係が砂漠化していきます。そうなると、お互いに問題を共有し、話し合って物事を解決していくのではなくて、あいつらに話しても仕方ないと、暴力・力による解決を志向していくのではないかと思います。また、相手をあざけり侮蔑したりする言動にあまり疑問を持たなくなります。日本軍「慰安婦」問題についても、被害女性に対してひどい言動がネット上を飛び交っていますが、それに対して「ちょっとおかしいな」とか「ひどいな」とあまり感じない人々が増えているのではないかと思います。こうした状況が、軍隊が社会に影響を与えるともっと促進されていくことになるのではないでしょうか。

共存型の社会、一人ひとりが大切にされる社会、話し合えば理解し合える人間関係が、平和的な思考、平和的に解決する志向を育んで行くのだと思います。

日本軍「慰安婦」問題を人権侵害だということできちんと解決することに取り組むことと、性暴力をはじめ多くの人々が犠牲になることを前提とした安全保障とは一体何なのか、それでいいんだろうかと問い直すことは、つながっていると思います。

補論　慰安所はどの国にでもあったのか――国際比較の視点

ほかの国の軍隊にも日本軍慰安所と同じようなものがあったので、日本だけが悪いわけではないという議論があるが、はたしてそうだろうか。まず第二次世界大戦に限定して考えてみよう。

日本軍慰安所の特徴

第一に、一般に軍が軍人らの性の相手をする女性に性病検査などを行ない、統制するのは軍人・軍属の性病予防が理由である（効果があったかどうかは別だが）。しかし日本軍の場合、「慰安婦」導入の大きな理由が、日本軍人による、中国の地元女性に対する強かん事件が頻発していたことだった。そして軍慰安所をつくったから強かん事件が減ったかと言うと、逆だった。軍慰安所は前線まで十分には設置されなかったため、それぞれの部隊が独自に女性を集めて慰安所を設置したり、あるいは部隊が女性を拉致してきて監禁強かんをする慰安所もどきがつくられた。また慰安所に行くとお金がかかるが強かんならタダだと強かんを促す要因にもなった。ほかの国の例でも強かんを減らすなどの目的がなかったわけではないが、日本軍の場合は強かん事件の頻発という要因が大きいのが特徴のように思われる。

第二に、もっと大きな違いは、日本軍「慰安婦」制度の場合、慰安所設置計画の立案（設置場所や必要人数の算定など）、業者選定、依頼、資金斡旋（業者抜きに軍が直営する場合もある）、女性集め（朝鮮・台湾や日本本土では警察の協力・身分証明書の発行、占領地では軍が直接間接に実施または支援）、女性の輸送（軍の船やトラックを提供）、慰安所の管理（直接経営または軍が管理規定制定、その管理下で業者に経営委託）、建物・資材・物資の提供（軍の工兵隊が慰安所建物を建設することも）、などすべての過程において軍の管理下に置かれ、あるいはしばしば軍が直接実施していることである。米軍やほかの軍隊の場合でも、軍の周辺に来た女性たちを集めて、いわゆる売春婦として管理することはあったが、その場合にも米軍が集めたわけではなく、米兵が何人いるから女性が何人必要で、だからこれだけ女性を調達して来いなどということを軍がしているわけではない。

第三に、米軍の場合、軍が売春宿の利用を認めていることが本国にわかった場合、教会や議員たちから抗議を受け、軍中央はただちに閉鎖させる措置をとっている。本国世論が認めなかった。米軍が現地で売春宿を認めたりすると、兵士が郷里の教会の牧師に手紙を書き牧師が国会議員のところに手紙を持って行って、国会議員が軍を追及する。すると、軍では、そんなことは絶対認めていないと、すぐ現地に、売春宿を閉鎖しろ、オフリミッツにしろという指令が出る。あるいは、チャプレン（従軍牧師）が直接軍に抗議することもあった。米軍の場合、本国の世論、国会議員や彼らの地元の支持者、それに教会などからの批判を意識せざるを得なかった。このあたりは、日本とは決定的に違っている。

しかし、日本軍は公然と慰安所を設置・運営した。日中戦争がはじまった直後に陸軍の「野戦酒保規程」が改正され、戦地において将兵のために日用品や飲食物を販売するにおいて、「必要なる慰安施設」を設置できるようにした。つまり、軍が公然と軍の施設として慰安所を設置・運営を行なっていたのである。

これまで明らかにされているところでは、第二次世界大戦の時に、これほど軍が組織的かつ大規模に軍慰安所を開設し利用したのは、日本軍とドイツ軍（ナチス親衛隊ＳＳを含む）だけだとみられる。なおフランスの例があるが後で述べたい。

第二次世界大戦後

一九五〇年に始まった朝鮮戦争の際に韓国軍は日本軍と同じような慰安所を設け、また、韓国政府が米軍のために慰安所を提供したことがあった。これは韓国において、韓国軍の資料などによる研究で明らかになっている（金貴玉「朝鮮戦争と女性―軍慰安婦と軍慰安所を中心に」徐勝編『東アジアの冷戦と国家テロリズム』御茶ノ水書房、二〇〇四年、金貴玉「日本軍『慰安婦』制度が朝鮮戦争期の韓国軍『慰安婦』制度に及ぼした影響と課題」歴史学研究会・日本史研究会編『「慰安婦」問題を／から考える―軍事製暴力と日常世界』岩波書店、二〇一四年、宋連玉・金栄編著『軍隊と性暴力―朝鮮半島の20世紀』現代史料出版、二〇一〇年）。

大韓民国陸軍本部が一九五六年に発刊した『後方戦史（人事篇）』によると、一九五一年夏ごろから五四年三月に廃止されるまで「特殊慰安隊」が設置されていたことがわかる。ソウル地区に三つ、江陵地区に一つの「小隊」が設けられ、一九五二年には四つの小隊に八九人の「慰安婦」がおり、一年間に二〇万人あまりの将兵を相手にしたという数字がある。「慰安婦」はほかにもいた可能性があるが詳細はまだよくわかっていない。

なぜ一九五〇年代において韓国軍がこうした「慰安婦」制度をつくったのかを考えると、当時の韓国軍の幹部には旧日本軍や、日本軍の指揮下にあった旧「満州国」軍の軍人たちが多数いたことが重要である。つまりいわゆる対日協力者たちが韓国軍を握っていた。

この「特殊慰安隊」を設置した時、これを管轄していたのは、陸軍本部の恤兵監室だったが、その長である恤兵監だった張錫倫は、日本の陸軍士官学校を卒業し「満州国」軍の軍人であった人物である。張の跡を継いで恤兵監になった人物も元日本軍人だった。

慰安所設置との関係はわからないが、親日派の代表的な人物に、のちに軍事クーデターを起こして政権を奪い、長期軍事独裁政権を指導した朴正熙元大統領がいる。彼は「満州国」の軍官学校、さらに日本の陸軍士官学校も卒業し、戦時中は、日本軍の指導下で、「満州」の抗日ゲリラの討伐をやっていた「満州国」軍の将校だった。日本への抵抗派、独立派を弾圧していた人物であり、典型的な親日派である。

なお、朴正熙元大統領は、陸軍士官学校では陸士第五七期であるが、この時の陸軍士官学校校長はのちに沖縄の第三二軍司令官になった牛島満である。第三二軍は組織的に大規模に沖縄各地に慰安所を設置したことで知られている。つまり、旧日本軍出身者が握っていた韓国軍は、日本軍のやり方を真似たと言える。

であるから、この朝鮮戦争での韓国軍の例を持ち出して、日本軍「慰安婦」制度を弁護するのは筋違いでしかない。むしろ日本軍の悪習(犯罪)が、韓国軍にも受け継がれてしまったことを認識しなければならない。

ベトナム戦争において、南ベトナムに派遣された米軍の前線基地では事実上、「売春婦」を囲い込むようにした事例がわかっている。これは米軍が侵略者だったことと関連があり、周囲を住民に囲まれて外出も自由にできない状況でのことである。中国などの前線に慰安所を設置した日本軍も侵略者であり、周囲を住民に取り囲まれていた。うかつに外出できない状況下では軍陣地のそば(あるいはその一角)に慰安所を設けるのは日本軍も同じだったと言える。また都市部における米兵による買春の横行もよく知られている。

さらには朴正熙政権の下でベトナム戦争に派遣された韓国軍は、多くのベトナム民衆を虐殺しただけでなく、性暴力を加えたことが韓国国内でも問題になり、韓国挺身隊問題対策協議会などが韓国政府に真相究明と事実の承認、謝罪と賠償を求めている(巻末資料編参照)。また韓国軍がサイゴン(現在のホーチミン市)に韓国軍兵士用の welfare center、すなわち軍慰安所と言える施設を設けていたと報道されている(山口敬之「韓国軍にベトナム人慰安婦がいた」『週刊文春』二〇一五年四月二日)。

ほかの事例としては、戦後の台湾のケースがある。中国共産党との内戦で敗れた国民党は台湾に逃げてくるが、大陸と台湾との間にある金門島には約五万人とも言われる兵士が配備された。その金門島に一九五二年に

「軍中楽園」「特約茶室」と呼ばれる軍人用の慰安所が設置された。この「軍中楽園」はその周辺の島や台湾本島にも設置されたようで、台湾本島では一九七〇年代に廃止されるが、金門島では九〇年代初頭まで存続していたようである。そこには、警察によって捕まった私娼たちが多数送り込まれていたようである（アクティブ・ミュージアム「女たちの戦争と平和資料館」編『台湾・「慰安婦」の証言─日本人にされた阿媽』二〇一四年）。

この場合、台湾は中国国内と言えるかもしれないが、大陸からやってきた国民党軍は事実上の占領軍とも言える。実際には日本の植民地支配以上に過酷な独裁政権であり、八〇年代末まで戒厳令が敷かれていた。また当時、国民党軍のために旧日本軍将校らが組織した軍事顧問団「白団（パイダン）」が台湾に送り込まれていたが、この白団との関係はよくわからない。

なおアジア太平洋戦争中のことであるが、日本軍の支配下で形としてビルマには独立を与えられ、ビルマ国民軍が設置された（ビルマ独立義勇軍がビルマ防衛軍となり、さらに改組）。このとき、日本軍にならって、ビルマ国民軍がラングーンに「歓楽の館」と呼ばれる慰安所を設置した。ここに一六人の女性がいたという。ただ二軒目の設置を計画したが反対が強く設置されなかったようなので、この一軒だけにとどまっていたようである（「従軍慰安婦」問題を考える女性ネットワーク『ビルマ（ミャンマー）に残る性暴力の傷跡─日本軍慰安所について現地調査報告』一九九八年）。

ビルマのマンダレーの慰安所関係の日本軍文書が残っているが、一九四五年一月二日にマンダレー駐屯地司令部によって制定された「駐屯地勤務規定」に別紙として付けられている慰安所の一覧表とその地図がある。その「軍指定軍准指定食堂慰安所」と題された表には、軍指定慰安所五軒と軍准指定慰安所四軒が掲載されている。そこに慰安婦の出身を示すと見られる項があり、指定慰安所の一つには「内地人」がおり「将校慰安所」となっている。残りの指定慰安所は「広東人」のもの一軒、「半島人」（朝鮮人）のもの三軒となっている。准指定の四軒にいる女性はいずれも「ビルマ人」であり、そのうち一軒は「ビルマ兵補専用」と記されている。兵補とは日本軍が補助兵力として占領地の住民から採用したもので、日本軍の下請けをする植民地軍のような存在である。そのビルマ人兵補用に慰安所を設けていたことがわかっている（林博史「ビルマ・マンダレーの日本軍慰安所規定」『季刊戦争責任研究』第六号、一九九四年。この文書は『昭和十八年　諸規定綴　第三六二九部隊』（野戦高射砲第五一大隊）という綴りに含まれており、筆者がイギリスの戦争博物館の史料室で見つけたものである）。

したがってこれはまさに日本軍の慰安所にならって設けられたものと言える。しかしそれが広がらなかった点は日本軍とは異なっていたと言えるかもしれない。

第一次大戦

問題を第二次世界大戦より前にまでさかのぼると、第一次世界大戦において軍が公然と売春宿を管理し、そこに兵士を通わせる例がヨーロッパで見られた。それ以前にも欧米などの帝国主義国が、植民地化あるいは植民地支配のために軍隊を派遣した際に、現地の売春宿を軍が管理して利用したことは各地で見られた。また地元女性を「現地妻」にすることも多かったし、慰安所に近い形態のものがあったと見られる（永原陽子「『慰安婦』の比較史に向けて」歴史学研究会・日本史研究会編『「慰安婦」問題を／から考える──軍事性暴力と日常世界』岩波書店、二〇一四年）。第一次世界大戦（一九一四年から一八年）においても、軍が公然と売春宿を管理し、そこに兵士を通わせる例がヨーロッパでも見られた。そうした事例の研究はまだ始まったばかりであるので今後の研究の進展に期待したい。

（注）軍隊と性管理に関する研究はようやく始まったばかりであり、今後の研究の進展のなかで実態はより一層明らかにされていくだろう。特に英語圏以外の研究が日本に紹介されるのは時間差がある現状がある。したがって、これまで筆者が書いてきたこともそうであるが、本書も、現在までの研究において明らかにされている限りでは、という留保をつけて論じるしかないことをお断りしておきたい。

永原論文を参考にしながら、フランスの例について見てみると、一九世紀初頭から管理売春制度を導入展開したフランスは、アルジェリアなどの植民地戦争の過程で既存の売春所を軍が管理することをおこなった。そしてさらにサハラ砂漠地帯への占領地の拡大のなかで軍専用の「軍用野戦売春所（ＢＭＣ）」を設置していった。

第一次大戦時には、アフリカなどの植民地から兵士をヨーロッパ戦線に投入するが、かれらが白人女性の売春宿に通うことを忌避したフランス当局は、女性たちを植民地から動員した。第二次大戦においては本国がナチス・ドイツによって占領されたので、ＢＭＣがどれほど設けられたのかはよくわからないが、第二次大戦後のアルジェリア独立戦争やインドシナ戦争でもＢＭＣが設けられた。

第二次世界大戦後、独立しようとするベトナムを押さえるためにフランスがおこなったインドシナ戦争において、フランス軍のなかのアルジェリアやモロッコなどの北アフリカの部隊では、北アフリカの女性たちの性的慰安部隊が部隊について回ったという。

（注）インドシナ戦争を現地で観察したフランス人が記しているところによると、この女性たちはオーラッド・ネイル族、いわゆるベルベル人と呼ばれている人々の一部であり、売春をおこなって花嫁の持参金を稼ぎ、充分に貯まると郷里に帰って結婚する習慣があったとされている（Bernard B. Fall, Street Without Joy: The French Debacle in Indochina, Mechanicsburg: Stackpole Books, 1961, pp.132-135.）。ここで述べられているのは、フランス本国の部隊ではなく、フランスの植民地出身の兵士たちのた

めに植民地の女性が事実上慰安婦となっていたということである。この点は、第一次世界大戦のときにヨーロッパに派遣された植民地兵のために、ヨーロッパの白人女性ではなく、アフリカなど植民地の女性たちが性的相手をするようにしたことと共通している。

なお第一次世界大戦と第二次世界大戦とでは、様相がかなり異なっているように思われる。フランス軍の場合、BMCは継続していたと見られるが、本国がドイツに占領されていた状況で、その広がりは限られていたように見られる。

この第二次大戦において、日本に際立っている特徴をあげるとすれば、日本は日中戦争で中国全土に占領地・戦場を拡大し、さらにアジア太平洋戦争によって東南アジア全域、太平洋の島々にまで広大な占領地を広げた。そのなかで現地の売春宿を利用するだけではとうてい足りず、また性病予防の点でも問題があるため、大量の女性を慰安婦として動員した。当然、既存の売春に関わっている女性だけでは充足できず、関わっていない女性・少女を大量に動員することになった。そのために特に植民地だった朝鮮と台湾から、警察や行政機関を利用し、かつブローカーを活用して、詐欺や人身売買、暴力・脅迫などさまざまな手法を用いて女性を駆り集めていった。犯罪であることを承知しながら軍のためということで警察も黙認、協力した。特に、外征する本国軍の将兵のために、植民地の女性を戦場に大量に連れて行くというのは（朝鮮や台湾の女性を中国や東南アジア、太平洋諸島に連れて行ったように）日本軍の特徴であったと思われる。

さらに日本軍の場合は、それだけでは足りずに、占領地においても各部隊が独自に女性集めをおこなっていった。その場合、占領軍として暴力的あるいは強圧的な方法がしばしば採られたことは多くの資料が示している。

そうしたことを考えると、侵略戦争をおこない占領地を一気に拡大していった日本とドイツが、際立っていたと言えるだろう。今後の研究の進展によってほかの国の軍隊について新たな事実が発掘される可能性はあるが、日本ほどの組織性と広がり・規模をもったものがあったとはほとんど考えにくい。

国際比較の視点

ここで、軍隊と性、特に慰安所に関わる問題の国際比較をおこなう際に留意すべき問題を考えたい。それは、第一にその軍隊の本国の自由民主主義・人権のレベル、第二に帝国と植民地・属領・属国の関係、第三にその国が戦っている戦争の性格、の三点である。それらについて順次、見ていこう。

第一に、その軍隊の本国の自由民主主義・人権のレベルという点である。女性の人権水準を推し量る一つの指標として女性参政権を取り上げてみると、女性参政権が実現した国をいくつか見ると、次のようになっている。

女性参政権（制限付でも選挙権が認められた年）　一八八三年ニュージーランド、一九〇二年オーストラリア、一九一三年ノルウェー、一九一五年デンマーク、アイスランド、一九一七年ソ連、一九一八年カナダ、ドイツ、イギリス（一九二八年完全平等）、一九一九年オーストリア、オランダ、ポーランド、スウェーデン、一九二〇年、米国、カナダ　（一九四五年フランス、ハンガリー、イタリア、日本）

これを見ると明らかなように、第一次世界大戦（一九一四―一九一八年）の前後に欧米諸国で一気に女性参政権が普及していることがわかる。第一次世界大戦後という時期は、帝国主義による植民地支配への批判が強まり、民族独立運動が高まるとともに、他方で、戦争によって新たな植民地を獲得することが事実上できなくなった時期でもある。第一次世界大戦後に二大国として登場した米ソがともに植民地主義を批判したことに象徴されている。一九一九年に署名された国際連盟規約の前文において「締約国は戦争に訴えざるの義務を受諾し」と宣言し、さらに戦争違法化の努力が始まっていき、不戦条約において「第一條　締約國ハ國際紛争解決ノ爲戰争ニ訴フルコトヲ非トシ且其ノ相互關係ニ於テ國家ノ政策ノ手段トシテノ戰争ヲ抛棄スルコトヲ其ノ各自ノ人民ノ名ニ於テ嚴肅ニ宣言ス」と、戦争放棄がうたわれるようになる。第一次世界大戦は、世界史においても大きな転換点であった。

こうした中で日本では第一次大戦後の労働運動や農民運動、無産政党ら社会運動が高まり、また大正デモクラシーと呼ばれる状況のなかで男子普通選挙が実現し（一九二五年）、「政党政治」がおこなわれるようになった。国際連盟常任理事国になるとともに婦女売買禁止条約にも加盟していった。公娼制廃止運動が広がるのもこの時期であった。

ところが一九三〇年代に入ると、一九三一年の満州事変から中国への侵略を進め、一九三二年には五・一五事件によって政党政治が終わった。一九三三年には国際連盟を脱退、一九三五年には天皇機関説を公式に否定し、明治憲法を立憲的に運用する考えが否定された。その後、一九三六年の二・二六事件をへて、一九三七年からは中国に対する全面戦争へと突き進んでいった。度重なる軍事クーデター、他方で警察による政府・軍部批判の取締りの強化により、社会運動は圧殺されていった。一九四〇年には大政翼賛会が結成され、事実上すべての労働組合は解散を余儀なくされた。国家権力から少しでも自立的な組織は一切許されない画一的同質化が進められていった。

こうした動きを思想的にみると、自由主義、民主主義、人権、平等、個人主義、功利主義など近代の自由主義や民主主義に関わる理念・価値が西欧思想であるとして排撃され、徹底的に否定されていった。そして現人神である「天皇への絶対随順のまことを致すことが臣民の道」（文部省教学局『臣民の道』一九四一年七月）と天皇への絶対忠誠が叫ばれた。当時の国際法もまた西欧思想の現れとして否定されることになる。

太平洋戦争にあたっての天皇による開戦の詔書のなかで国際法を遵守する旨の文言は削除されて入らなかった。過去の戦争、日清戦争や日露戦争、第一次大戦における開戦の詔書にはいずれも国際法を遵守するようにとの文言が含まれていたが、太平洋戦争では含まれていなかった。さらにその前の一九三七年八月、中国との全面戦争が始まった直後において、陸軍次官は支那駐屯軍参謀長に対して、「交戦法規の適用に関する件」という通牒を発した。そのなかで「現下の情勢に於て帝国は対支全面戦争を為しあらざるを以て『陸戦の法規慣例に関する条約其の他交戦法規に関する諸条約』の具体的事項を悉く適用して行動することは適当ならず」と命令し、さらに「俘虜等の名称の使用」はなるべく避けるようにも指示している（藤原彰『天皇の軍隊と日中戦争』大月書店、二〇〇六年、一七頁）。この戦いは戦争ではなく事変であるから戦時国際法を適用しなくてもよいという言い訳があるかもしれないが、それにしても国際法を守らなくてもよいという指示はきわめて大きな問題である。なお英米との開戦後は、この支那事変も大東亜戦争に組み込まれることになった（つまり戦争として公式に認めた）が、敗戦にいたるまで中国兵の俘虜収容所は作られなかった。中国兵を捕まえたとしても俘虜としては扱わないという国際法無視のやり方が最後まで採られた。

第二次世界大戦は、いくつかの性格を有する戦争であるが、そのなかで連合国は自由を掲げて戦ったのに対して、日独伊の枢軸国、いわゆるファシズム陣営はその自由を否定しところに特徴があった。もちろん連合国の掲げる自由に多くの問題点があったことは言うまでもないが。

低い女性の人権水準

またさらに言えば、日本に特徴的な女性差別の構造があった（日本だけとは言えないかもしれないが、日本に強く現れているという意味で特徴的と言っておく）。明治憲法体制のなかで、男系天皇制が採られ、妻は無能力者扱いされる家制度が採用された。女性の参政権は敗戦まで実現しなかった。

一八七二年人身売買は禁止されたが、刑法にはないために、事実上、国内での人身売買は野放しにされた。日本の公娼制は、前借金による身柄拘束＝売春強制を事実上容認する制度であり、このことが一九三〇年代初頭に国際連盟から厳しく批判されることになる。

このように女性の地位が不十分ながらも向上していきつつあった連合国諸国と、そうではなかった日本、特に女性の人権水準がきわめて低かった日本との違いがあったことを指摘しておかなければならない。

その国の自由民主主義・人権のレベル、特に女性の人権のレベルが、軍隊の性をめぐる政策・対応にも反映されていると考えられる。

否定派の議論あるいは一般の日本での議論では、一九三〇年代末から四五年の戦時期の日本について、あたかも現在の日本と同じように人々が自由意志で物事を決められ行動できたかのような錯覚があるのではないだろうか。人々の自由と人権の抑圧の程度と仕組みという観点で、この戦時期の日本社会の状況に似ている社会を、現在の世界で探すとすれば、それは北朝鮮と言ってもそれほどの違いはないだろう。侵略戦争を遂行する国家あるいは軍を批判すれば、特高警察によって逮捕され拷問を受け、拷問によって殺されることも少なくなかった。町内会・部落会—隣組など住民を相互監視、密告させる仕組みが作られ、表現言論の自由は徹底して抑圧され、戦争遂行以外の自主的な組織結社はすべて禁止された。いわゆる翼賛体制である。植民地においては日本本土よりはるかに抑圧的暴力的な支配がおこなわれていたことは言うまでもない。

このような社会において、小学校教育もまともに受けていない一〇代あるいは二〇代の少女・女性が、軍がおこなうことについて、さらにその軍が、詐欺や人身売買に長けた業者を使って人集めをするのに対して、自由意志で応募するというようなことがありえたとでも考えるだろうか。北朝鮮は自由な社会だと誉めるようなものではないだろうか。

河野洋平氏がインタビューに答えて、(『朝日新聞』一九九七年三月三一日)、「本人の意思に反して集められたことを強制性と定義すれば、強制性のケースが数多くあったことは明らかだった」。「こうした問題で、そもそも「強制的に連れてこい」と命令して、「強制的に連れてきました」と報告するだろうか」。「当時の状況を考えてほしい。政治も社会も経済も軍の影響下にあり、今日とは全く違う。国会が抵抗しても、軍の決定を押し戻すことはできないぐらい軍は強かった。そういう状況下で女性がその大きな力を拒否することができただろうか」と語っているのは、時代状況を的確に示している。

帝国と植民地・属領・属国

第二に帝国と植民地・属領・属国という関係である。軍隊の本国で自由民主主義や人権のレベルが上がったとしても、その帝国が植民地民衆に対するときは、また異なっている。本国国民は権利を持った市民と認めても、植民地の住民にはそうした人権を認めないのが通常である。欧米の帝国主義国が、植民地化戦争あるいは植民地支配のなかで、売春宿を軍が管理したり、あるいはフランスのように軍用野戦売春所を設けたのは、この点が現れたものと言えるだろう。本国の女性に軍隊の性的相手をさせることは忌避したとしても植民地の女性をそこに利用することは妨げないという傾向がある。日本軍においても日本本土の女性を大量に慰安婦に動員することに躊躇し、植民地である朝鮮や台湾などの女性を大量に動員したこともその一つの現れであろう。この点は、人種差別・民族差別の問題でもある。

米軍の場合は、日本・沖縄、韓国、フィリピン、タイ、ベトナムなどアジアの女性たちへの姿勢には植民地主義的な要素があったと言えるだろう。フランス軍の場合、フランス本土以外の出身兵のために白人女性が売春するのを認めたくないということが見られる。日本軍の場合もビルマ人兵補にはビルマ人女性をあてがったのと同じであろう。

ただ海外に遠征する本国兵のために、植民地や属領の女性をその地域から大量にほかの国・地域の戦場に連れて行くという方法が、日本軍以外ではどれほど採られたのかはよくわからないが、それほどあったとも考えにくい。

日本軍の場合は、集まってきた女性を管理するというのではなく、軍自らが必要な女性の人数を計算して、日本・朝鮮・台湾や各地から女性を集めて、中国や東南アジア、太平洋の島々まで、女性たちが自分ではとても戻ることの出来ないような、はるか遠方に連行していった。売春婦だったからといって（あるいは性の相手をすることをその女性が認識していたからといって）、その女性たちを軍慰安婦にしたこと自体が大きな問題であることは言うまでもないが、軍人たちの性の相手をさせられることを認識していない女性たちを大量に徴集し、かつはるか遠方に連れて行ったというのは、日本軍に顕著に見られる特徴ではないかと考えられる。この点が、日本がなぜこれほどにまで非難告発されるのかという理由の一つではないかと思われる。

なお売春婦だったからといっても、国家管理の「強制売春」施設である軍慰安所に入れること自体が国家による人権侵害であり、彼女たちが日本政府を告発する権利はあると考えるが、社会的に売春婦というレッテルをはられバッシングを受けるような日本社会の状況であることが、彼女たちが名乗り出ることのできない一つの大きな理由であると思われる。

戦争の性格

第三に、その国が戦っている戦争の性格という点である。第二次世界大戦は明らかに日独伊の枢軸国がしかけた侵略戦争であり、連合国はそれに比較すれば、相対的に防衛的な戦争であった。米国の戦いも、日独伊に侵略され苦しめられている人々を解放するための戦いと位置づけることができた。言い換えると、「自由」を守るための戦争と自覚することができた。もちろん連合国側に自らの利権の拡大・維持など別の思惑・目的があったことは否定しないし、かれらの戦争犯罪行為も大きな問題である。

第二次世界大戦時の日本軍やナチス・ドイツ、さらにベトナム戦争の米軍などの事例から言えることは、いずれも侵略者だったことである。台湾の国民党もそれに準じた状況だったと言えるだろう。また植民地化戦争あるいは植民地維持のために派遣された帝国主義国の軍隊も同じである。

一般的に言えば、本国を離れて外国へ出かけていく戦争の場合、将兵たちには戦う理由・意義が明確になりにくく、軍紀が乱れ非行も増える。他方、侵略者から郷土を守る防衛のための戦いであれば、郷土の人々を守ろうとする理由・意義が将兵たちにとって明確であり、士気やモラルも高い傾向にあるだろう。後者の場合、慰安所を作って将兵を「慰安」しようとする必要もない。また仮に慰安所のようなものを作った場合、本国女性は守るべき対象であるので、そうした女性を慰安婦にすることは難しい。

日本軍の場合も日本人慰安婦もいたが、多くは植民地や占領地の女性を慰安婦にしたことは、本国女性、特に売春には従事していない女性を多数、慰安婦にすることの問題性を理解していたからだと思われる。なお一般的に売春婦の場合は、彼女たちへの差別的な意識によって、彼女たちの人権を踏みにじるような扱いが許容される傾向がある。

第二次世界大戦において、日本とドイツが連合軍に比べて、多くの戦争犯罪・非人道的な行為をおこない、また組織的な慰安所を設けていたことも、この点に関係していると言えるだろう。

以上の三点を考えてみると、日本軍が、日本本土や植民地だった朝鮮、台湾、さらには占領地の中国、東南アジアの各地の女性を慰安婦に動員していったのは、女性の人権を認めない国家であり、植民地・占領地民衆への差別であり、自由や民主主義、人権を否定し女性の人権を認めない国家であり、侵略戦争であった、という何重もの問題が凝集されたものだったと言えるのではないだろうか。

連合軍においても、植民地女性に対する対応は問題があったと言えるだろう。フランスが植民地において展開したBMCもそうだった。ベトナム戦争における米軍は、侵略戦争を戦っていた軍隊の問題とベトナムというアジアの属国の女性たちに対する問題があったと考えられる。韓国軍の場合は、日本軍との連続性という面が強い。

慰安婦制度を正当化しようとする議論に、どの国にもあったのだ、戦争だから仕方がなかった、兵士たちも大変だったのだから慰安婦は必要だった、あるいは少なくともやむをえなかった、というものがあるが、他の帝国主義国には一部共通する側面があったことは事実であろうが、日本軍慰安婦制度は際立った暴力性と組織的、広がりがあったのであり、同一視することはできない。かりに共通性を言うのであれば、近代の帝国主義がもつ差別と人権侵害を厳しく批判する観点からおこなうべきである。

売春婦をめぐる二分法

第四に売春婦をめぐる問題について考えておきたい。一般の女性を守るために、売春が必要であるという認識、つまり女性を、社会の構成員である善良な淑女と、汚れた売春婦、とにわける二分法の認識が根強くある。そこでは売春婦が強かんされたり暴行を受けても放置されるなど、彼女たちの人権は無視されることが多い。売春婦が軍慰安婦にされても、それは仕方がないなどとして問題とされない傾向がある。慰安婦制度を容認する考えはこの二分法が背景にある。

第二次世界大戦後におこなわれた連合国による戦犯裁判においてもこの認識があったと思われる。裁判にかけられたのは、売春とはかかわりのない女性が慰安婦にさせられたケースが中心であった。

この二分法が支配的であると、軍隊が売春宿を管理し、そこに兵士を通わせたとしても、好ましくないという批判はあっても、それが犯罪であり人権侵害であるという認識は生まれにくい。したがって、ここで述べた第一の点と関わるが、その国の自由民主主義のレベルが高かったとしても、売春婦に対する差別が一般的であれば、一般の女性を守るために、軍隊が売春宿を管理し、そこに兵士を通わせることが認められる（容認あるいは黙認される）ことがありえる。特に植民地の女性に対してはそうである。

ただ米国の場合は、二分法が支配的であるが、汚れた女性である売春婦を国家が認め（管理するとは認めることでもある）、米国市民から国家が預かった大事な息子たちである健全な青年に、そうした汚れた女性を買春させるとは言語道断で許せないという考え方が強く、それが米軍の公式の政策を規定していた。軍が認めた売春宿での買春で性病にかかれば、ますます国家の責任は大きくなる。この点は公娼制をほとんどの州で認めなかった米国の特徴があるだろう。キリスト教国といっても、フランスとは対照的に、性道徳に厳しいピューリタニズムの強い米国の特徴があるように考えられる。米軍や英軍の史料を見ていると、議会や教会、市民団体などからの批判に敏感になっている状況がうかがわれ、軍の意思で強引に進めた日本とはかなり状況が違うように思われる

この二分法は、売春婦、さらには売春婦から慰安婦になった女性に対する認識にも強い影響を及ぼしているだろう。日本軍慰安婦として被害者であったとしても元売春婦であると、社会的に被害者として認められない危惧があるし、今日でも性暴力被害者が晒されているように、淫らな女性であるなど被害女性がメディアで興

味本位に取り上げられ、被害者が逆にバッシングを受ける心配もある。それだけでなく、売春婦だったのだから慰安婦にされても仕方がなかったと本人があきらめている可能性も高い。

この問題は、日本軍慰安婦の場合、被害者が多数名乗り出て、日本軍を告発していることに比べて、ほかの国の軍隊が売春宿を管理していたとしても被害女性が告発をほとんどしていないという理由でもあるかもしれない。このことは、日本人慰安婦がなかなか名乗り出られない理由でもあると考えられる。日本人慰安婦の場合、詐欺や人身売買の被害者も多いと考えられるが、もともと売春に従事していた女性が多かったと推定されるからであり、他方、植民地であった朝鮮の場合は、大量に集めるために、売春女性にとどまらず、売春には関わっていなかった女性を多数集めたと考えられるし、それは中国や東南アジアでも同じだっただろう。もともと売春とは関わっていなかった女性――しかも植民地や占領地の――を、詐欺や人身売買、あるいは暴力や脅迫によって、多数慰安婦にしたことが、日本軍の特徴と言えるのではないだろうか。

ただし言っておかなければならないのは、売春婦だったからといって、国家がその女性を慰安婦にして人権を蹂躙したことに変わりはない。売春婦だったとしても、その本人の意に反して性行為を強制すれば、強かんである。

第五に、植民地化・属領化された現地における売春をめぐる文化・歴史の違いも考慮する必要がある。第二次大戦後の日本における米軍の性管理政策のあり様は、日本の政策・実態によって影響を受けた側面が強く、米軍と日本政府・社会の相互作用によって米軍の政策・実態が動いていくということが言える。世界各地に駐留する米軍史料を見ていると、現地の性売買の状況、地域社会の対応によって、米軍の対応がかなり違っているように見えるが、この相互作用については今後の研究課題である。

日本に関して言えば、たとえば、日本が朝鮮から多数の女性を慰安婦として動員できたのは、植民地化のなかで日本の公娼制を朝鮮に輸出し、多くの売春宿業者や人身売買のブローカーたちが生み出されていたことが背景にある。ただ他方で、日本軍慰安婦制度は、現地の状況に関わらず、日本軍がいるところには慰安所を持ち込んだという点において、際立っていると言えるかもしれない。

いずれにせよ、侵略戦争をおこない、占領地を一気に拡大していった日本とドイツが、際立っていたと言えるだろう。しかし他方で、帝国主義と植民地・属領という視点では日独に限らず世界的に問題が存在しており、今後の研究の課題である。

資料編

参考資料

1 「河野談話の維持・発展を求める学者の共同声明」（二〇一四年三月三一日）

この間、いわゆる日本軍「慰安婦」問題に関する一九九三年の「河野談話」を見直そうという動きが起きています。「河野談話」は「慰安婦」問題は日本軍の関与の下に多数の女性の名誉と尊厳を深く傷つけたものであることを認め、同じ過ちをけっして繰り返さないという日本政府の決意を示したものであり、これまで二〇年余にわたって継承されてきました。

「河野談話」が出されてからも、学者や市民の努力によって数多くの新たな資料が発見され、多数の被害者からの聞き取りも行われて、研究が深められてきました。「慰安婦」の募集には強制的なものがあったこと、慰安所で女性は逃げ出すことができない状態で繰り返し性行為を強要されていたケースが多いこと、日本軍による多様な形態の性暴力被害がアジア太平洋の各地で広範に発生していること、当時の日本軍や政府はこれらを真剣に取り締まらなかったこと、など多くの女性への深刻な人権侵害であったことが明らかになってきています。こうした日本軍による性暴力被害のなかには、日本の裁判所によって事実認定されているものも少なくありません。

被害者の女性は、戦争を生き延びたとしても、戦後も心身の傷と社会的偏見の中で、大変過酷な人生を歩まざるを得なかった方がほとんどです。

「河野談話」で示された精神を具現化し、高齢となっている被害女性の名誉と尊厳を回復することは、韓国や中国はもとより、普遍的な人権の保障を共通の価値とする欧米やアジア等の諸国との友好的な関係を維持発展させるためにも必須だといえます。

私たちは、「河野談話」とその後の研究の中で明らかになった成果を尊重し、日本政府が「河野談話」を今後も継承し、日本の政府と社会はその精神をさらに発展させていくべきであると考え、ここに声明を発表します。

2 「慰安婦」報道に関する朝日新聞社第三者委員会報告書と朝日新聞社の「改革の取り組み」に対する申し入れ（二〇一五年一月二二日）

二〇一四年一二月二二日、第三者委員会による報告書（委員長：中込秀樹氏以下七名）が公表され、同日に同委員会による記者会見が行われました。今回の第三者委員会は、朝日新聞の過去の「慰安婦」問題に関する記事について一部に誤報があったとし、その訂正または取り消しのあり方が報道として適正であったかどうか明らかにするために、同紙が「行ってきた慰安婦報道に関して調査および提言を行う」ことを委嘱されて発足したということです。

このような場合の検証は、同委員会の報告書に記されているように、「慰安婦」問題の歴史的事実の究明や認定を行う場面ではありませんが、最低限「慰安婦」問題として扱われてきた問題の本質をふまえたうえで、この問題についての同紙の報道が適切であったか、誤報があったとしたら、その取材や報道のどこに問題があったか、取り消しが遅れたとしたらその経緯のどこに問題があったかを事実に基づいて検証し、同じ過ちを繰り返さないための指針にする、ということが重要であると考えます。特に「慰安婦」問題が、現在の日本の政治状況の中で政治問題あるいは外交問題として論じられる場面があることを考慮すると、このような検証は、ジャーナリズムの基本に立って、政治的勢力から独立して、この問題の本質をふまえた議論ができる委員によってなされるべきです。

そのような観点から、私たちは賛同者を含めて二〇四名(最終的に二三二名)で、去る二〇一四年一〇月九日、貴社と第三者委員会委員長に対し、この第三者委員会の構成メンバーが上記のような検証を行うにはふさわしくないことを申し入れ、特に第一にこの問題に関する歴史研究者がまったく入っていないこと、第二に国際法、国内法とりわけ国際人権法の分野の専門家がいないこと、第三に女性の人権侵害事案として問題とされているのに、女性の委員が少なすぎることを問題として改善を申し入れました。

しかしこの意見は、ヒアリングの対象者の選定にあたって多少考慮されたのかもしれませんが、基本的にいれられず、その結果として出された報告は、個別意見でみるべきものはあったものの、以下に述べるような重大な問題を持ったものと評価せざるをえません。

第一　本報告書の内容の問題点

1 「慰安婦」問題の本質を否定する議論について

本報告書の最大の問題は、軍による強制性をめぐるものです。朝日新聞の一九九七年三月三一日付の「慰安婦報道」特集に関連した社説において「日本軍が直接に強制連行したか否か、という狭い視点で問題をとらえようとする傾向」を批判したうえで、「そのような議論の立て方は、問題の本質を見誤るものだ。資料や証言をみれば、慰安婦の募集や移送、管理などを通して、全体として強制と呼ぶべき実態があったのは明らかである」としたことを、報告書は「議論のすりかえ」と批判しています（二二一―二二六頁）。しかしながら、当該社説の見解は、昨年八月五日付の一面でも杉浦信之編集担当の名前で、「慰安婦問題の本質　直視を」と題し、「戦時中、日本軍兵士らの性の相手を強いられた女性がいた事実を消すことはできません。慰安婦として自由を奪われ、女性としての尊厳を踏みにじられたことが問題の本質なのです。」と明確にこの問題の本質を女性の人権の問題として提示しているとおり、まさに「慰安婦」問題の本質を正しくとらえた論述です。昨年の自由権規約委員会の日本政府報告審査についての最終見解でも、自由権規約委員会は、この「強制連行」ではなく「強制性」の存在こそが、日本政府の直接的な法的責任を伴う人権侵害であると結論づけています。

朝日新聞の上記のような強制性ないし「広義の強制性」の存在を強調する議論に対し、報告書では、「議論のすりかえ」であると批判するのです（二二五―二二六頁）。しかし、朝日新聞のこのような強制性をこの問題の本質とする議論は、当初のこの問題に対する朝日新聞の報道からその後明らかになった事実等を含めた見解の深化・発展というべきであり、また一九九二年以来進められた歴史家による研究の蓄積によって明らかとされてきたところに基づくものです。この見解を否定することは、「慰安婦」問題の本質そのものを否定することになります。たとえそれまでの朝日新聞が狭義の強制性を強調していたとしても、本来の問題の本質にそった報道姿勢を確立したものとして、むしろ評価すべきものです。それを「問題のすり替え」と否定的に評価するのは、狭義の強制性がなければ「慰安婦」問題は存在しない、とする一部の政治的勢力の見解にそった結論を持ち込むもので、第三者委員会の記事検証という役割からの逸脱といわざるをえません。

2　女性の人権の視点が欠落していること

この問題は前述のように、被害女性が自らの体験を告発し、その尊厳が奪われたことを訴えて名乗り出たことから、日本社会のみならず国際社会でも認知されるようになりました。つまり問題の本質は女性の人権の侵害とそのような制度を作った日本政府の責任というところにあり、それが問われたのです。したがって朝日新聞の従前の記事作成過程でも、この視点が欠落していたのではないかと唯一の女性でもある林香里委員が述べているのは、本件にあってはきわめて重要な指摘であり、なぜそうであったかはさらに検証されるべき視点であったはずです。しかしながら第三者委員会でもこの論点はほとんど取り上げられなかった、ということであり（九六頁）、これもこの報告書の大きな欠落点であるといわざるをえません。

3　国際社会に与えた影響についての報告書の結論について

報告書は、朝日新聞の「慰安婦」問題に関する報道、とりわけ吉田清治氏の証言に関する報道が、国際社会の世論にどのような影響を与えたか、について、三本の報告を併記しています。そのなかでは林報告がきわめて実証的にこのテーマにせまり、一定の結論を提示しているのと対照的に、他の二本の報告は実証的な根拠を示さず、「論者の立場や状況に左右される主観的な体験、実感、意見に基づく議論」（七三頁）をしているというほかないところがあり、このような議論はできるだけ客観的に記事の影響を検証すべき第三者委員会のこのテーマへの対応としては不適切といわざるをえません。むしろ委員会としては、林委員が定量的、客観的に海外メディアの記事を分析した結論を委員会の結論として採用すべきであったと思われます。

百歩譲って、林見解を委員会の意見とすることが困難であったとしても、三者に共通しているところでいえば、第一に海外でのこの問題に関する日本のイメージの形成に吉田証言は大きな影響を与えたとはいえないということ、第二に朝日新聞が上記のイメージ形成に大きな影響を与えた証拠もない、ということになります。

今回の第三者委員会には主要な課題に答えることが求められている以上、この結論は委員会の結論として明記すべきであったと思われます。

4　個別意見における問題点

本報告書の最後に個別意見が表示されています。全体の報告書に盛り込まれなかった意見を表示することは意味のあることとはいえ、なかにはかなり恣意的な議論も見受けられ、本報告書の公正さに疑念を生じさせています。

たとえば北岡伸一委員は「日本に対する過剰な批判は、……韓国の期待を膨らませた。その結果、韓国大統領が、世界の首脳に対し、日本の非を鳴らすという、異例の行動に出ることとなった。それは、さらに日本の一部の反発を招き、反韓、嫌韓の言説の横行を招いた。こうした偏狭なナショナリズムの台頭も、日韓の和解の困難化も、春秋の筆法を以てすれば、朝日新聞の慰安婦報道がもたらしたものである。」（九四頁）と述べていますが、韓国大統領が慰安婦問題で積極的に発言するようになったのは、二〇一一年の韓国憲法裁判所の決定以降のことです。一方、朝日新聞が「慰安婦」問題の報道をしていたのはほとんどが一九九〇年代のことで、こうした議論は歴史的な経緯を無視しており、何でも朝日新聞のせいにしたい一部の言論とさして変わるところがありません。ちなみに韓国憲法裁判所の違憲決定は、報告書四頁に記す、「韓国政府が元従軍慰安婦の補償につき、日本側と解決に向けた努力をしないこと」が違憲とされたのではありません。韓国政府が日韓請求権協定三条一項に定められた手続きを取ってこなかった不作為を違憲としたものです。韓国政府はこの決定を受けて日本政府に対し、三条一項に基づく協議の申し入れをしましたが、条約上の義務があるにもかかわらず、それを一貫して無視してきたのは日本政府であり、このような日本政府の対応が韓国政府の行動の前提にあることを、委員は事実に基づいて認識すべきです。

また波多野澄雄委員は、「『贖罪意識』のなせる業か、支援団体の国家補償論に翻弄され、揺れ動く韓国政府の慰安婦政策を明確に批判する社説や論説はなかった。問題がこじれた原因が、そこにあることに、控えめな指摘はあるものの、国家補償を認めない日本側にこそ責任があるかのような論述が目立った。」（九六頁）と記述しています。この記述は、記事の検証というより、この問題がこじれた原因を韓国政府の政策にあるとする波多野委員の個人的な政治的主張に基づいて、朝日新聞の記事を批判するもので、客観的であるべき記事の検証からはまったく外れた議論というべきです。

第二　朝日新聞の第三者委員会報告書を受けての「改革の取り組み」について

第三者委員会の報告を受けて、一二月二六日に貴社渡辺雅隆社長が記者会見をして、翌二七日付紙面において朝日新聞の対応が発表されました。しかしながらこれは二〇一四年八月五、六日の特集記事と比べても大きく後退したものとなっています。同年八月五日付紙面では上述のように、総括的な論説「慰安婦問題の本質直視を」（杉浦信之編集担当）においてこの問題は女性の人権問題であるとの指摘がなされ、それを否定することで「自国の名誉を守ろうとする一部の論調が、日韓両国のナショナリズムを刺激し、問題をこじらせる原因をつくっている」のだと、国際関係の悪化を招いている原因の所在もが指摘されていました。

かたや一二月二七日の紙面における渡辺雅隆社長の見解や、朝日新聞の今後の取り組みの方向を示す特集においては、「慰安婦となった女性の多様な実態と謙虚に向き合い」とか「慰安婦問題をみる視点も時代とともに変わってきています。」「いろいろな視点や意見をもつ識者や関係者の見方を紹介するなどして、読者のみなさまがこの問題を考える材料を示していきます。」などと述べています。この問題の本質は、すでに指摘しましたように、日本国家が組織的に女性の人権を蹂躙するような制度を作り実施したことにあります（朝日新聞八月五日の紙面）。「女性としての尊厳を踏みにじられた」被害者の視点も女性の人権の視点も完全に欠落させて、ただ多様な実態に目を向け、多様な意見を紹介するというのでは、むしろ問題の本質から目を背けようとするものというほかありません。

ただ一二月二七日の記事のなかで「元慰安婦の女性たちが、尊厳の回復や救済を求めて声を上げたのは九〇年代初めでした。私たちは被害者の声を受け止め、繰り返してはならない歴史を伝えていく必要があると感じました。それから二〇年余り。高齢の女性たちから証言を聴ける時間は少なくなっています。私たちは原点に立ち戻り、そのうえで、慰安婦問題についての貴重な証言や国内外の研究成果などを丹念に当たります。」と記しています。第三者委員会報告書には慰安婦問題を研究しているとはいえない委員による強引なある種の政治的な主張も見受けられましたが、こうした姿勢からは、なおも真摯にこの問題に取り組んでいこうとする意思がいくらか感じられます。

そうした覚悟によって、日本という国家による重大な人権侵害である日本軍「慰安婦」制度の研究成果をふまえて、正面からこの問題を取り上げて報道し、否定派の過ちとごまかしを厳しく批判して、日本政府と社会が誠実な対応をとり、「平和を維持し、専制と隷従、圧迫と偏狭を地上から永遠に除去しようと努めてゐる国際社会において、名誉ある地位を占め」（日本国憲法前文）ることができるよう、ジャーナリズムとして取り組んでいくことを強く求めるものです。

呼びかけ人（八名略）

3 日本政府への提言　日本軍「慰安婦」問題解決のために

二〇一四年六月二日
第一二回日本軍「慰安婦」問題アジア連帯会議

今、全世界は女性に対する重大な人権侵害であった日本軍「慰安婦」問題の解決を、日本政府に切実に求めている。日本軍「慰安婦」問題を解決することは、近隣諸国との関係を正常化する第一歩であり、世界平和に資するための基礎を築くことである。そして「解決」とは、被害当事者が受け入れられる解決策が示された時にはじめて、その第一歩を踏み出すことができる。

では、被害者が受け入れられる解決策とは何か。被害者が望む解決で重要な要素となる謝罪は、誰がどのような加害行為をおこなったのかを加害国が正しく認識し、その責任を認め、それを曖昧さのない明確な表現で国内的にも、国際的にも表明し、その謝罪が真摯なものであると信じられる後続措置が伴って初めて、真の謝罪として被害者たちに受け入れられることができる。

戦後も心身に傷を抱えて被害回復ができないまま苦しみの人生を生きてきた被害者たちが高齢化した今、日本がこの問題を解決できる時間はもうあまり残されていない。第12回日本軍「慰安婦」問題アジア連帯会議に参加した被害者と支援団体と参加者は、日本政府が「河野談話」を継承・発展させ以下のような事実を認めた上で、必要な措置を講じることを求める。

日本軍「慰安婦」問題解決のために日本政府は

1．次のような事実とその責任を認めること

①日本政府および軍が軍の施設として「慰安所」を立案・設置し管理・統制したこと

②女性たちが本人たちの意に反して、「慰安婦・性奴隷」にされ、「慰安所」等において強制的な状況の下におかれたこと

③日本軍の性暴力に遭った植民地、占領地、日本の女性たちの被害にはそれぞれに異なる態様があり、かつ被害が甚大であったこと、そして現在もその被害が続いているということ

④当時の様々な国内法・国際法に違反する重大な人権侵害であったこと

2．次のような被害回復措置をとること

①翻すことのできない明確で公式な方法で謝罪すること

②謝罪の証として被害者に賠償すること

③真相究明：日本政府保有資料の全面公開

国内外でのさらなる資料調査

国内外の被害者および関係者へのヒヤリング

④再発防止措置：義務教育課程の教科書への記述を含む学校教育・社会教育の実施

追悼事業の実施

誤った歴史認識に基づく公人の発言の禁止、および同様の発言への明確で公式な反駁等

4　ベトナム戦争における韓国軍民間人虐殺および性暴力問題解決のための要請文

二〇一四年三月七日
韓国挺身隊問題対策協議会

私たちが無視してきた歴史
韓国軍のベトナム民間人虐殺と性暴力に対し
韓国政府と韓国社会が振り返り責任を果たせるよう望む

「私たちは知っています。直接経験したから彼女たちがどれほど辛く悔しい気持ちでいるのかわかります。だから、私たちの問題が解決していなくても彼女たちを助けたいのです」

「活動しながら世界をまわり、自分たちだけが被害者でないことがわかりました。辛さを経験したゆえにその気持ちがわかり、何か手助けできないかと考えた末、ナビ基金を作ることになりました」

日本政府から法的賠償を受ければ、その賠償金を自分と同じ苦痛を受けた戦時性暴力被害者のため全額寄付すると約束しナビ基金を創設した日本軍「慰安婦」被害者キル・ウォノクハルモニとキム・ボクトンハルモニの言葉です。

二〇一二年三月八日世界女性デー、コンゴ民主共和国の内戦で幼い娘二人とともに性暴力を受けたが、苦しみを乗り越え他の被害者をサポートするレベッカ・マシカ・カチューバをナビ基金の第一の支援対象に決定し、ナビ基金は大きく羽を広げました。ナビが初めて足を踏み入れたのは、遠く遠いアフリカの地であり、それに続く第二の地は近くて遠い場所、アジアに位置するベトナムでした。

一九六四年から一九七三年まで、大韓民国はベトナムに軍隊を派兵しました。そして、誰かの兄や弟、父であった若者が異国の地で死の恐怖に向かい、時には自分の命を守るため誰かの家族だったベトナム人に銃を向けなければなりませんでした。「国家」に「忠誠」を誓うほかなかった当時の韓国軍の犠牲を私たちは知らないわけではありません。

しかし、その犠牲の後ろにはまた別のもっと悲しい犠牲が存在しました。戦争とは切り離せないレイプそして平凡な個人だった民間人虐殺が起こりました。ある日突然村の住民すべてがやってきた軍人に皆殺しにされ、女性はレイプされ、それこそ阿鼻叫喚の事態が韓国軍のいたベトナムのあちこちに広がりました。まさに韓国軍によってです。そして、暴力的なレイプであれ廃れた戦場でしばし咲いた愛であれ、韓国軍とベトナム女性の間には父の名も顔も知らないまま生きることになる子どもが生まれました。

韓国社会構成員の多くがよく知らなかった、もしくは知っていても無視してきたベトナムでの胸いたむ事実を振り返ることは、キム・ボクトン、キル・ウォノクハルモニがナビ基金に託した気持ちを実現することになります。そのためナビは、韓国軍によってベトナム被害女性と「ライタイハン」という差別用語に表現される苦痛の遺産を受けた子どもたちを助けるため飛び立ちました。大韓民国がベトナムの地に刻んだ恥ずかしい歴史の現場で被害者と出会うため、ナビ基金に賛同した市民と挺対協は二月にベトナムを訪問しました。五泊六日の旅程で、ベトナムの村々に立てられた「韓国軍復讐の碑」と、夫の名を「キム」とだけ知ったまま生涯戻らない夫を待つベトナムのおばあさん、そしてその「キム」の息子、うら若き二〇歳に韓国軍から集団レイプされ父が誰かもわからない娘を産まなければならなかったホンおばあさん、攻め入る韓国軍に目の前で母と姉を殺され手榴弾の破片がささったまま一生証言者として残酷な記憶を繰り返し話さなければならないロンおじさんに会いました。

ベトナム住民ひとりひとりの身体に染み付いたこの苦痛の責任は、果たして誰にあるのでしょうか。私たちはたずねられずにはいられません。アメリカの要請での参戦であったとしても、韓国政府の派兵決定が要請に勝てずどうしようもなくなされたものではないことを私たちはすでに知っています。たとえ力のない国が仕方のない決定をしたとしても、私たちは誰もその責任から自由であるはずがないでしょう。

国家と軍隊という名で国民を戦場へ追いたてた政府にも、軍隊の命令体系と戦争の恐怖感の中で人格を失った韓国軍軍人にも、歴史を清算できないまま今日のベトナムを美しい旅行地と考える若者、すなわち私たち自身にも同じ共同体構成員として責任があります。日本軍の性奴隷となり国家暴力と戦争の中での女性への暴力を身体で体験したハルモニ、そしてそのそばで日本政府に向かって犯罪の責任を問うてきた挺対協が、ベトナム戦争で行った軍隊の過ちを悔いようとの声を出すことは当然のことだと信じます。

ベトナム戦争での韓国軍犯罪を国家的で組織的な暴力だった日本軍の性奴隷犯罪と等価におくことは間違いだと反感を表する人々に、祖国のため命をささげた自身をここにきて犯罪者にしていると怒る人々に、私たちは言いたいです。たとえ犯罪の規模と性格に多少の違いがあったとしても、これは間違いなくひとつの国家の軍隊が行ってはいけない犯罪であり、国家の命令と意志が介入した暴力でした。そして、恣意であれ他意であれ、もしくは虐殺の現場にいなかったとしても、韓国軍の名でたった一件でも犯罪があったのなら、その過ちを認め責任をとることこそが、かの日の傭兵ではなく誇りある勇士として記憶されることにつながるでしょう。

今私たちが訴えているのは、その過ちをすべての責任として受け入れようということです。
今回の三・一記念式でパク・クネ大統領は、日本政府に向かって「過去の過ちを振り返ることができなければ新しい時代を開くことはできず、過ちを認めることができない指導者は新しい未来を開くことができないことは当然の道理です。真の勇気は過去を否定することではなく、歴史をあるがまま直視し成長する世代に正しい歴史を教えることです」と談話で語りました。しかし、この道理は日本だけでなく韓国、そして全世界すべての国と指導者に適用するものです。

両国政府次元では過去を葬り新しい未来を志向するというスローガンがはためいていても、日本軍「慰安婦」被害の痛みを全国民の情緒として感じる私たちに、ベトナムでの過去を認め責任ある一歩を踏み出すことは、運命的課題だといえます。ナビ基金に込められた意味のように、戦争と暴力から真実と正義実現を成す歴史的選択の岐路に立つ私たちが勇気ある決断を下すことを望み韓国政府と韓国国民すべてに要求します。

1．今からでも韓国政府はこれ以上歴史の事実を無視せず正しい真相調査および究明を通じベトナム戦争時の韓国軍による民間人虐殺と性暴力について真実を明らかにしなければなりません。そして、当時韓国軍による民間人虐殺が戦争犯罪であったことを明白に認め、韓国軍による民間人虐殺被害者と遺族に対する謝罪と名誉回復のため努力しなければならず、ベトナム政府と国民に公式謝罪と法的責任を履行しなければなりません。
2．分断と貧困によって戦争に参戦した韓国軍人は非人間的な行為を強要されました。戦争の狂気の中で民間人に虐殺の銃口を突きつける恐ろしい渦に飲み込まれました。また、戦争の傷は枯葉剤被害などによって二次三次被害が今も続いています。この歴史に対する真相究明と正しい問題解決は、今も苦しむ参戦軍人の名誉回復ともなるでしょう。

3．韓国社会が、ベトナムで行った過ちを認め責任ある措置をとり、正しい歴史認識と教育を通じ韓国とベトナムの真の友好関係だけでなく再びこのような戦争が再発せず平和と人権が尊重される世界になるよう積極的に立ち上がり協力しなければなりません。

最後に、挺対協はこれまでの二〇余年間と同じく、日本軍「慰安婦」問題解決が蔓延する戦時性暴力慣行を中断させ、また別の戦争の犠牲者が生まれないようにする大きな一歩となると信じ、世界女性そして各国の市民社会とともに希望の羽ばたきを続けていきます。

5　日本の歴史家を支持する声明（二〇一五年五月四日）

下記に署名した日本研究者は、日本の多くの勇気ある歴史家が、アジアでの第二次世界大戦に対する正確で公正な歴史を求めていることに対し、心からの賛意を表明するものであります。私たちの多くにとって、日本は研究の対象であるのみならず、第二の故郷でもあります。この声明は、日本と東アジアの歴史をいかに研究し、いかに記憶していくべきなのかについて、われわれが共有する関心から発せられたものです。

また、この声明は戦後七〇年という重要な記念の年にあたり、日本とその隣国のあいだに七〇年間守られてきた平和を祝うためのものでもあります。戦後日本が守ってきた民主主義、自衛隊への文民統制、警察権の節度ある運用と、政治的な寛容さは、日本が科学に貢献し他国に寛大な援助を行ってきたことと合わせ、全てが世界の祝福に値するものです。

しかし、これらの成果が世界から祝福を受けるにあたっては、障害となるものがあることを認めざるをえません。それは歴史解釈の問題であります。その中でも、争いごとの原因となっている最も深刻な問題のひとつに、いわゆる「慰安婦」制度の問題があります。この問題は、日本だけでなく、韓国と中国の民族主義的な暴言によっても、あまりにゆがめられてきました。そのために、政治家やジャーナリストのみならず、多くの研究者もまた、歴史学的な考察の究極の目的であるべき、人間と社会を支える基本的な条件を理解し、その向上にたえず努めるということを見失ってしまっているかのようです。

元「慰安婦」の被害者としての苦しみがその国の民族主義的な目的のために利用されるとすれば、それは問題の国際的解決をより難しくするのみならず、被害者自身の尊厳をさらに侮辱することにもなります。しかし、同時に、彼女たちの身に起こったことを否定したり、過小なものとして無視したりすることも、また受け入れることはできません。二〇世紀に繰り広げられた数々の戦時における性的暴力と軍隊にまつわる売春のなかでも、「慰安婦」制度はその規模の大きさと、軍隊による組織的な管理が行われたという点において、そして日本の植民地と占領地から、貧しく弱い立場にいた若い女性を搾取したという点において、特筆すべきものであります。

「正しい歴史」への簡単な道はありません。日本帝国の軍関係資料のかなりの部分は破棄されましたし、各地から女性を調達した業者の行動はそもそも記録されていなかったかもしれません。しかし、女性の移送と「慰安所」の管理に対する日本軍の関与を明らかにする資料は歴史家によって相当発掘されていますし、被害者の証言にも重要な証拠が含まれています。確かに彼女たちの証言はさまざまで、記憶もそれ自体は一貫性をもっていません。しかしその証言は全体として心に訴えるものであり、また元兵士その他の証言だけでなく、公的資料によっても裏付けられています。

「慰安婦」の正確な数について、歴史家の意見は分かれていますが、恐らく、永久に正確な数字が確定されることはないでしょう。確かに、信用できる被害者数を見積もることも重要です。しかし、最終的に何万人であろうと何十万人であろうと、いかなる数にその判断が落ち着こうとも、日本帝国とその戦場となった地域において、女性たちがその尊厳を奪われたという歴史の事実を変えることはできません。

歴史家の中には、日本軍が直接関与していた度合いについて、女性が「強制的」に「慰安婦」になったのかどうかという問題について、異論を唱える方もいます。しかし、大勢の女性が自己の意思に反して拘束され、恐ろしい暴力にさらされたことは、既に資料と証言が明らかにしている通りです。特定の用語に焦点をあてて狭い法律的議論を重ねることや、被害者の証言に反論するためにきわめて限定された資料にこだわることは、被害者が被った残忍な行為から目を背け、彼女たちを搾取した非人道的制度を取り巻く、より広い文脈を無視することにほかなりません。

日本の研究者・同僚と同じように、私たちも過去のすべての痕跡を慎重に天秤に掛けて、歴史的文脈の中でそれに評価を下すことのみが、公正な歴史を生むと信じています。この種の作業は、民族やジェンダーによる偏見に染められてはならず、政府による操作や検閲、そして個人的脅迫からも自由でなければなりません。私たちは歴史研究の自由を守ります。そして、すべての国の政府がそれを尊重するよう呼びかけます。

多くの国にとって、過去の不正義を認めるのは、未だに難しいことです。第二次世界大戦中に抑留されたアメリカの日系人に対して、アメリカ合衆国政府が賠償を実行するまでに四〇年以上がかかりました。アフリカ系アメリカ人への平等が奴隷制廃止によって約束されたにもかかわらず、それが実際の法律に反映されるまでには、さらに一世紀を待たねばなりませんでした。人種差別の問題は今もアメリカ社会に深く巣くっています。米国、ヨーロッパ諸国、日本を含めた、一九・二〇世紀の帝国列強の中で、帝国にまつわる人種差別、植民地主義と戦争、そしてそれらが世界中の無数の市民に与えた苦しみに対して、十分に取り組んだといえる国は、まだどこにもありません。今日の日本は、最も弱い立場の人を含め、あらゆる個人の命と権利を価値あるものとして認めています。今の日本政府にとって、海外であれ国内であれ、第二次世界大戦中の「慰安所」のように、制度として女性を搾取するようなことは、許容されるはずがないでしょう。その当時においてさえ、政府の役人の中には、倫理的な理由からこれに抗議した人がいたことも事実です。しかし、戦時体制のもとにあって、個人は国のために絶対的な犠牲を捧げることが要求され、他のアジア諸国民のみならず日本人自身も多大な苦しみを被りました。だれも二度とそのような状況を経験するべきではありません。

今年は、日本政府が言葉と行動において、過去の植民地支配と戦時における侵略の問題に立ち向かい、その指導力を見せる絶好の機会です。四月のアメリカ議会演説において、安倍首相は、人権という普遍的価値、人間の安全保障の重要性、そして他国に与えた苦しみを直視する必要性について話しました。私たちはこうした気持ちを賞賛し、その一つ一つに基づいて大胆に行動することを首相に期待してやみません。

過去の過ちを認めるプロセスは民主主義社会を強化し、国と国のあいだの協力関係を養います。「慰安婦」問題の中核には女性の権利と尊厳があり、その解決は日本、東アジア、そして世界における男女同権に向けた歴史的な一歩となることでしょう。

私たちの教室では、日本、韓国、中国他の国からの学生が、この難しい問題について、互いに敬意を払いながら誠実に話し合っています。彼らの世代は、私たちが残す過去の記録と歩むほかないよう運命づけられています。性暴力と人身売買のない世界を彼らが築き上げるために、そしてアジアにおける平和と友好を進めるために、過去の過ちについて可能な限り全体的で、でき得る限り偏見なき清算を、この時代の成果として共に残そうではありませんか。

署名者一覧（名字アルファベット順）　　氏名略（一八七名）

＊この声明は、二〇一五年三月、シカゴで開催されたアジア研究協会（ＡＡＳ）定期年次大会のなかの公開フォーラムと、その後にメール会議の形で行われた日本研究者コミュニティ内の広範な議論によって生まれたものです。ここに表明されている意見は、いかなる組織や機関を代表したものではなく、署名した個々の研究者の総意にすぎません。

6　「慰安婦」問題に関する日本の歴史学会・歴史教育者団体の声明（二〇一五年五月二五日）

『朝日新聞』による二〇一四年八月の記事取り消しを契機として、日本軍「慰安婦」強制連行の事実が根拠を失ったかのような言動が、一部の政治家やメディアの間に見られる。われわれ日本の歴史学会・歴史教育者団体は、こうした不当な見解に対して、以下の三つの問題を指摘する。

第一に、日本軍が「慰安婦」の強制連行に関与したことを認めた日本政府の見解表明（河野談話）は、当該記事やそのもととなった吉田清治による証言を根拠になされたものではない。したがって、記事の取り消しによって河野談話の根拠が崩れたことにはならない。強制連行された「慰安婦」の存在は、これまでに多くの史料と研究によって実証されてきた。強制連行は、たんに強引に連れ去る事例（インドネシア・スマラン、中国・山西省で確認、朝鮮半島にも多くの証言が存在）に限定されるべきではなく、本人の意思に反した連行の事例（朝鮮半島をはじめ広域で確認）も含むものと理解されるべきである。

第二に、「慰安婦」とされた女性は、性奴隷として筆舌に尽くしがたい暴力を受けた。近年の歴史研究は、動員過程の強制性のみならず、動員された女性たちが、人権を蹂躙された性奴隷の状態に置かれていたことを明らかにしている。さらに、「慰安婦」制度と日常的な植民地支配・差別構造との連関も指摘されている。たとえ性売買の契約があったとしても、その背後には不平等で不公正な構造が存在したのであり、かかる政治的・社会的背景を捨象することは、問題の全体像から目を背けることに他ならない。

第三に、一部マスメディアによる、「誤報」をことさらに強調した報道によって、「慰安婦」問題と関わる大学教員とその所属機関に、辞職や講義の中止を求める脅迫などの不当な攻撃が及んでいる。これは学問の自由に対する侵害であり、断じて認めるわけにはいかない。

日本軍「慰安婦」問題に関し、事実から目をそらす無責任な態度を一部の政治家やメディアがとり続けるならば、それは日本が人権を尊重しないことを国際的に発信するに等しい。また、こうした態度が、過酷な被害に遭った日本軍性奴隷制度の被害者の尊厳を、さらに蹂躙することになる。今求められているのは、河野談話にもある、歴史研究・教育をとおして、かかる問題を記憶にとどめ、過ちをくり返さない姿勢である。

当該政治家やメディアに対し、過去の加害の事実、およびその被害者と真摯に向き合うことを、あらためて求める。

二〇一五年五月二五日

歴史学関係一六団体

日本歴史学協会　大阪歴史学会　九州歴史科学研究会　専修大学歴史学会　総合女性史学会　朝鮮史研究会幹事会　東京学芸大学史学会　東京歴史科学研究会　名古屋歴史科学研究会　日本史研究会　日本史攷究会　日本思想史研究会（京都）　福島大学史学会　歴史科学協議会　歴史学研究会　歴史教育者協議会

あとがき

日本軍「慰安婦」という存在を知ったのはいつだったのか、よく覚えていません。日本の近現代史を学んだなかで、かなり早くから知っていただろうと思います。日本軍はひどいことをしたなとは思っていましたが、この問題を研究対象にするとか、被害女性に謝罪や賠償をすべきだという発想はずっとありませんでした。その状況が決定的に変わったのは、一九九一年に金学順さんが名乗り出て、それを受けて吉見義明さんが九二年一月に慰安婦関連の日本軍文書を発表してからでした。当時は、日本軍慰安婦というとほとんどが朝鮮半島の女性たちだったというイメージがありましたが、一九八〇年代後半からマレーシア、シンガポールについて調べていたので、むしろ現地の女性がたくさん慰安婦にされており、朝鮮半島だけに関心が向けられるのはおかしいのではないかという感じを持ちました。そこで九二年六月にマレーシアに現地調査に行き、あらためて多数の地元女性（多くは中国系、いわゆる華僑）が慰安婦にされていたことを確認し、そのことを発表しました。ここから私のこの問題への関わりが始まりました。

その後、一九九三年四月に日本の戦争責任資料センターが発足するにあたって、研究事務局長を引き受けることになり今日に至っています。センターは荒井信一さんを代表、上杉聰さんを事務局長として、吉見義明さん、川田文子さん、越田稜さん、故藍谷邦雄さん、西野瑠美子さんをはじめこの問題に取り組んでいた方々が参加していました。そうしたメンバーでまとめた著作である、吉見義明・林博史編著『共同研究　日本軍「慰安婦」』（大月書店、一九九五年）は今日なお参照されるべき研究と思います。センターにかかわった方々や、この問題を通じて知り合ったみなさんから今日に至るまで多くのことを学びました。各国の被害女性をはじめ世界各地の人々との出会いと交流は、私にとってかけがえのない貴重な財産です。みなさんにはあらためてお礼を申し上げたいと思います。

本書は私にとって一三冊目の本ですが、慰安婦問題の単著は初めてです。この問題の研究にあたって、自分の果たすべき役割として、東南アジア地域の研究あるいは新資料の発掘、さらには米軍の性売買政策との比較などに重点を置いてきたことから、全体像をまとめる論文を書いてこなかったということがあります。しかし講演などを引き受けると全体をどう見るのかを語らざるを得ません。本書には雑誌『前衛』に掲載されたインタビュー三点を掲載しています。同編集部の小野川禎彦さんは、私が質問に答えながら適当にしゃべったことや講演のレジメなどを基にして、実にうまくポイントをつかんでまとめてくれました。今回、本書を準備するなかで、同誌に掲載されたインタビューが実にうまくポイントを整理してまとめてくれているので、ぜひ入れたいと思いました。この三点は優秀な編集者との共同作業と言ってよいと思います。こうしたインタビューや講演録、論文を合わせて編集しましたが、今日の状況に照らして新たに書き下ろしたものを補論として付け加えました。花伝社からは絶好のタイミングで本書の企画のお話をいただき、まとめることができたことを感謝しています。なお本書の題名には出版社の意向を受けて「核心」という言葉が入っています。私自身はこういう言葉を入れるのは口幅ったいのですが、いくらかは「核心」に迫ることができたのではないかと思います。

日本軍慰安婦にされた女性たちが生きている間に、誠実な謝罪と償いを日本政府・社会がおこない、被害女性たちが安らかにその人生の最後を過ごせるようにするのが日本の責任でしょう。心ある人たちの輪を広げ、日本社会と政府を変え、そのことを実現するために本書が少しでも貢献できることを心より望んでいます。

二〇一五年六月四日

林博史

林　博史（はやし　ひろふみ）
1955年、兵庫県神戸市生まれ。1985年、一橋大学大学院社会学研究科博士課程修了（社会学博士）。現在、関東学院大学経済学部教授、日本の戦争責任資料センター研究事務局長。専攻は現代史、軍隊・戦争論。主な著書に『暴力と差別としての米軍基地』、『戦後平和主義を問い直す』（かもがわ出版）、『沖縄戦と民衆』、『沖縄戦が問うもの』（大月書店）、『米軍基地の歴史』、『沖縄戦　強制された「集団自決」』（吉川弘文館）、『戦犯裁判の研究』（勉誠出版）、『シンガポール華僑粛清』（高文研）、『BC級戦犯裁判』、『裁かれた戦争犯罪』（岩波書店）、『「慰安婦」・強制・性奴隷：あなたの疑問に答えます』（御茶の水書房）等多数。

日本軍「慰安婦」問題の核心

2015年6月25日　初版第1刷発行

著者 ―― 林　博史
発行者 ―― 平田　勝
発行 ―― 花伝社
発売 ―― 共栄書房
〒101-0065　東京都千代田区西神田2-5-11出版輸送ビル2F
電話　03-3263-3813
FAX　03-3239-8272
E-mail　kadensha@muf.biglobe.ne.jp
URL　http://kadensha.net
振替 ―― 00140-6-59661
装幀 ―― 水橋真奈美（ヒロ工房）
印刷・製本 ― 中央精版印刷株式会社

ISBN978-4-7634-0742-9 C3020